佐藤 裕

ルールの科学

方法を評価するための社会学

青弓社

ルールの科学——方法を評価するための社会学

目次

第2部　社会学とルールの科学

第3部　ルールの科学の応用

装丁――神田昇和

はじめに

本書の書名となっている「ルールの科学」という言葉は、実は「社会学」という学問のことを指している。つまり、社会学という学問は「ルールの科学」なのだという考え方を提示するのが、本書の目的だ。

社会学が「ルールの科学」だという主張には、それほど目新しさは感じられないかもしれない。「ルール」を「規範」などと読み替えれば、それはもともと社会学の中心テーマの一つだ。しかし、本書では「ルール」という言葉にこれまでの社会学にはない独自の意味づけをしている。そして、そのような「ルール」概念を基礎にして社会学を再構成しようとすることが、本書の目的なのだ。本書は社会学にある種の変革を要求している、と考えていただいていい。

「社会学に変革を要求する」、または、そこまでいかなくても「社会学を再確認する」といった試みは、近年いくつもおこなわれている。それは、社会学という学問が現在ある種の閉塞状態にあるという社会学者の自己認識からきているのだと考えられる。

もちろん、社会学の研究がおこなわれなくなっているわけではなく、少なくとも日本では、非常に活発に実証研究がおこなわれている。幅広い領域で、社会学的研究はいまも生産され続けている。しかし、それらの研究はどのような意味で社会学なのか、多様な研究がもっている社会学としての共通の要素は何か、ほかの学問とはどこが違うのか、ということがどんどんわからなくなってきているのだ。

そのようななかで、あらためて「社会学とは何か」と問う研究あるいは主張がいくつも登場していて、本書もそのような系譜に位置づけられると思う。ただ、本書はほかの主張と比べて、「変革」の要素が大きく、その意味でより強い主張になっている。

本書が構想する社会学（ルールの科学）は、以下のような特徴をもっている。

第一に、社会的意義が明確であるということだ。社会学は社会に対してどのような貢献ができるのか、何の役に立つのかを、はっきりと示すことができるようにする。これはかなり私見が交じるが、社会学はこれまで役に立つのか立たないのかよくわからない学問だったと思う。「社会」についての研究なのだからなんとなく社会の役に立ちそうだけど、実際はどんなふうに役に立つのかわからない。あるいは、それを学ぶ人にとってみても、社会のことがわかるようになると自分のためになりそうだけど、どこがどんなふうにそうなのかと具体的に考えてみるとわからない。そのため、社会学に対する変革要求としては、「どのように役に立つのか」を明確にすることが重要であり、それが学問としてのアイデンティティを確立するために必要だと考えている。

第二に、自然科学との関係をはっきりさせることだ。社会科学は、自然科学の方法を社会にも適用しようとしてきたが、少なくとも社会学の場合、それは必ずしも成功していない。そのため、社会学は自然科学とは異なる方法をもっと主張されることもあるが、一方では自然科学的な発想がまだまだ抜けきれないままの部分もある。そこで本書では、「ルールの科学」を自然科学とはまったく異なる方法をもつものとして位置づけ、自然科学との対比によってその性格を明確にしていきたい。

第三に、しっかりとした基礎理論をもつことだ。社会学の最大の問題は、学問を基礎づける理論体系――グランドセオリー――が存在しないことだと筆者は考えている。そもそも、社会とはどのようなものなのかというイメージさえ研究者のあいだでまったく共有されていない。そのような状態で、どうして学問としてのアイデンティティをもちえるだろうか。

そこで本書では、オリジナルの「ルールの理論」を社会学の基礎になる中核理論として提案し、そのうえに社会学全体をカバーできる理論体系を構築するという、新たなグランドセオリーを提案する。これが「ルールの科学」という名前の由来だ。

以上の三点は、相互に深く関わりながら本書のいわば「骨組み」を構成し、全編を通じて繰り返し登場するモチーフになっている。「社会的意義」「自然科学との対比」「ルールの理論」という要素を意識して読んでもらえればよりわかりやすいかもしれない。

なお本書では、「ルールの科学」という言葉を、本書が考える社会学を意味する言葉として一貫して用いることにする。そのため、通常は「社会学」という言葉を使う箇所でも、本書の考え方を説明する場合には「ルールの科学」と表記する。ただし、社会学一般、または本書以外の社会学を示す場合にはそのまま「社会学」という言葉を使用する。

ところで、先に説明した三点のうち、三つめの「ルールの理論」は、「グランドセオリー」とか「基礎理論」とか大げさな表現が出てくるばかりで、それがどんなものなのかまったくイメージできないと思う。そこで、何を目指そうとしているのかがわかるように、簡単な事例を挙げて説明してみたい。

取り上げるのは感染症対策だ。筆者が本書の主要部分を執筆したのは二〇二〇年から二一年にかけてだったが、まさに新型コロナウイルス感染症（covid-19）が世界中で猛威を振るった時期だ（これを書いている時点ではいつ過去形になるのかもわからない）。このウイルスに対抗するために様々な学問が貢献したが、残念ながら社会学の知恵が生かされたという事実は、筆者が知るかぎりなかった。しかし、本来なら社会学はもっと積極的に提言などができたはずだと筆者は考える。それができなかった力不足に忸怩たる思いをしながら、筆者は本書の原稿を書いていた。では、本来ならどのような貢献ができたのだろうか。

まず、ほかの学問の貢献からみてみよう。もちろんなんといっても主役になるのは医学・薬学系の学問だろう。ウイルスの性質や人体への影響などについての知見、治療や予防に役立つ薬物についての知見と開発など、これらについての学問がなければウイルスに立ち向かうことは不可能だ。また、感染の仕組みについては、医療系以外にも、空気の流れのシミュレーションによってマスクや換気の効果を調べたり、人と人との接触頻度から感染の広がりを予測したりする研究もおこなわれた。これらの学術研究からは、人の行動がどのように変化すれば、感染がどの程度広がったり収束したりするのかをある程度予測することができるようになってきた。しかし、このような医療系を中心とした学問の知見だけではウイルスと戦うことはできない。それは、ウイルスの感染を抑え込むには、人と人との接触が少なくなるように行動を抑制せざるをえず、それが経済に著しい悪影響を与えてしまうからだ。そのため、どのような行動抑制をとればどのような経済的ダメージが生じるか、また、そのようなダメージを補うにはどんな方法があるのかということを明らかにする必要がある。もちろんこれらを担当するのが経済学だ。

日本でもこのような領域の専門家が集められ、それに基づいて政策が決定されたが、そのような専門家の助言に基づいた政策がどの程度効果を上げるのかはなかなか予測が難しかった。それはもちろん、ウイルスの性質（変異なども含めて）がまだ十分に解明できていなかったり偶然に左右される部分があったりという不確定性があることも一因だが、それ以上により大きな不確定性があることが、政策の効果を不透明にしている。それは、人々の行動だ。

例えば、公共の場ではマスクをしましょうという呼びかけがされたとする（実際に呼びかけられた）。しかし、すべての人がこの呼びかけに従ってマスクをするとはかぎらない。また、不要不急の外出を控えるようにといわれても、まったく気にせずに遊びに出かける人もいる。念のために書いておくと、筆者はここでそのような行動をとる人を非難しているのではなく、人々の行動は予測しがたい、ということを指摘しているのだ。このような不確定性があるため、例えば日本では「緊急事態宣言」という政策が打ち出されても、それがどの程度効果を上げるのかは予測が難しい。そのため、どの程度強い制限を設けるべきなのかがわからないし、収束する時期を予想したうえで次の対策を考えることも困難になる。いきおい、その場その場の状況に応じて対症療法的な対策に頼るようになり、それが「後手後手だ」などと批判されることになってしまう。

それでは、人々の行動の不確定性を減少させるような、つまり集合的な行動を予測するような科学はないのだろうか。人の行動を予測する科学といえば、まず思い浮かぶのは心理学、特にこの場合は社会心理学だろう。確かに心理学の知見のなかにはどれくらいの人が自粛をするのかとかマスクを拒否する人がどの程度現れるのかということを予測する際の参考になるものもあるだろうし、実際にそうした研究成果が用いられたかもしれない。しかしそれでも、不確定性を劇的に減少させるには至らない。それは、人は「法則」以上に、「規則（ルール）」に従って行動する生き物だからだ。

例えば、「人と接するときにはマスクをする」というのはルールの一種だ。法律などで規定されていなくても、私たちはそれをルールとして理解する。このようなルールは法則のように機械的に作用するのではない。これがもし法則であれば、無条件に、あるいはある一定の確率で人はマスクをするはずだが、ルールとは様々な要因に影響を受ける非常にデリケートなものだ。実際私たちは、ちょっとしたことがきっかけでルールを守ったり守らなかったりする。このようにルールは非常に不安定なものだが、それでも私たちはルールを作り、それを運用して生活している。なぜならそれこそが、人間という生き物の、ほかの生き物とはまったく異なる性質だからだ。そして、そのようなルールの集合体が「社会」であり、社会学という学問の研究対象だ。本書ではこの点を特に強調して、社会学をルールの科学として位置づける。

話をウイルス対策に戻そう。ルールの科学は、それにどのような貢献ができるのだろうか。

例えば「自粛要請」について考えてみよう。不要不急の外出を控えることや、飲食店に営業時間の短縮などを求めるということだ。このような要請はある種のルール作りなのだと理解すれば、ルールについての一般的な知識はルールの実効性を高めることに役立ち、それによって不確定性を減少させることができる。二〇二〇年から二一年ごろの特に自治体レベルの対策をみればわかるように、人々の行動を変えようとしておこなわれた具体的な対策は、必ずしも明確な法的根拠があるとはかぎらず、議会の承認などの手続きを経ていないものも多かった。そのため、罰則などに裏打ちされた拘束力はなく、単なる「要請」「指導」あるいは「宣言」としておこなわれていたにすぎない。にもかかわらず、「要請」などがかなりの効果を上げた時期があることは、ルールについて基本的な理解があればとりたてて不思議なことではない。人々は共通の課題（この場合はウイルスの脅威から身を守ること）をはっきりと認識し、そのための方法を十分に共有できれば、拘束力などなくてもその方法を進んで実行するからだ。実際多くの人は、自らの身を守るため、あるいは身近な人を守るために、マスクをし行動を控えたのだ。そのため、最も必要なのは拘束力ではなく、認識を共有し、対策の必要性を理解し、それぞれがなすべきことを示す具体的な方法であり、それを実行する技術だ。

例えばルールを運用する技術のなかで特に重要なものとして、違反者への対処がある。ルールに反する（と人々が認める）行動を放置すれば、それ自体が「反ルール」（ルールを否定する言説）になり、ルールの効力を弱めてしまうからだ。そのため、「自粛」というルールに反する行動を、ルールを守らせようとする側、例えば政治家などがしてしまい、なおかつそれが人々に広く知られるという事態は、ルール運用という観点からは憂慮すべき事態だ。注意してほしいのは、筆者はここでそのような行動をした政治家（がいたとして）を道徳的に非難したり政治的に批判したりしたいわけではない。あくまでもルールの効果的な運用という観点からは、それを放置することは望ましくないと主張しているのだ。さらに踏み込んでいえば、これは単に憂慮すべき事態なのではなく、ある意味では「チャンス」でもある。

ルール違反は、放置したり対処が不十分だったりするとルールの効果を弱めるが、反対に適切な対応をすればルールをより強固なものにすることもできる。そのため、ルールを守らせる立場にある者がルール違反をした場合、直ちに厳しい対処をしてみせれば、「一般の人々」を罰するよりもはるかに高い効果を期待できる。もちろんこれも、あくまでもルールの運用という観点からだけの判断なので、実際はほかの様々な事情も考慮しなくてはならないだろう。

このような「知恵」は、べつに研究者から教えてもらわなくても、多くの人が「常識」としてもっているものだろう。ただ、それを個別ばらばらな「ノウハウ」としてではなく、体系立った理論として整備し、より詳細でより幅広い知識として蓄積していこうというのが、ルールの科学のイメージだ。

ただ、いますぐにそのような高度な提言ができるほど整備されたルールの科学がすでに存在しているわけではない。社会学はこれまで、必ずしもルールの科学という自己認識のもとで発展してきたわけではなく、その意味で、ルールの科学として使える部分もそうでない部分もあると筆者は考えている。それらを整理したり、基礎理論としての「ルールの理論」を整備したりする試みは、まだ道半ばだ。それゆえ本書は、これまでの蓄積をまとめるとともに、今後の道筋を指し示すことを目的にしている。

本書は、社会学についてまったく学習したことがない人に読んでもらうことを想定しているが、同時に社会学研究者や大学院生などにとっても刺激的で読み応えがあるものになるように考えて書いている。そのため、いくつかの工夫をしているので、最初にその説明をしておきたい。

まず、第1部「ルールの科学の概要」は本書の主張を述べた部分だが、社会学についての知識がまったくなくても読めるように、一般的な社会学の「入門書」のような書き方をしている。平易な文章を心がけ、事例を使った説明も交えているので、かなりわかりやすいと思う。ただし、書いている内容は従来の社会学とはかなり異なるものなので、初学者はこれがスタンダードな社会学なのだとは受け止めずに、あくまでも本書の主張として読んでいただきたい。文章が平易であっても、社会学研究者にとっても十分に刺激的な内容だと思う。

第2部「社会学とルールの科学」では、本書の主張とこれまでの社会学理論を突き合わせている。取り上げるのはまず本書の試みの先達である盛山和夫の『社会学とは何か――意味世界への探究』(〔叢書・現代社会学〕、ミネルヴァ書房、二〇一一年)である。続いて、グランドセオリーとして比較対象になるだろう機能主義、そして本書との親和性が比較的高い構築主義とエスノメソドロジーをめぐって議論を展開している。また、社会学の研究方法である社会調査についても一章を割いて論じている。これらの突き合わせによって、第1部の主張はさらに明確になると思われる。

第2部は基本的に社会学の研究者を意識したものだが、あまり細かい議論に向かわず、大局的な記述を心がけているので、初学者でも十分に理解できると思う。

第3部は「ルールの科学の応用」というタイトルだが、「ルールの科学」という言葉自体が本書で初めて提案するものであり、正確にはまだそのようなものは存在していない。実際に取り上げるのは、筆者自身の過去の研究である『差別論』だが、これは、いわば本書の考え方のプロトタイプであると同時に、ルールの理論の一つの応用領域としても位置づけることができるものだと考え、このような扱いにする。

最終章「ゲームとしての社会学――試論」は、「社会学」という学問の「ルール」を評価する試みである。自分の理論で自分自身を分析するという、ある意味ではとても社会学らしい考察を通じて、読者にルールの科学についての理解をさらに深めてもらうことを意図している。

本書は、グランドセオリーの提案を目的としているだけに、著者独自の概念や、既存の概念であっても著者独自の意味づけをした概念が大量に登場する。そこで、それらの言葉をより深く理解する助けになるよう、索引を設けている。特に何度も登場する用語は本書にとって重要なキーワードなので、索引から掲載ページをたどれば本書を特定の論点に基づいて横断的に読むことも、可能になると思う。

第1部　ルールの科学の概要

RULE

「ルールの科学」という言葉は、実は、かなり迷った末に採用した。というのは、「科学」という言葉が誤解を招きかねないと思うからだ。実はルールの科学は「科学」という言葉を使ってはいるが、それはほかの科学、特に自然科学とはまったく異なるものなのだ。

そのため、本書はまずルールの科学が自然科学とはどう異なるのかということから説明を始める。

第1章　自然科学と社会科学

議論の出発点である本章では、「ルールの科学は何の役に立つのか」あるいは「ルールの科学は何のためにあるのか」という問い（ルールの科学の社会的意義）に答えることを目指す。

これらの問いに答えるため、「役に立つ」ことが自明であると思われる自然科学とルールの科学（対比のために「社会科学」という表現を採用する）を比較するという方法をとることにする。自然科学の場合は、例えば様々な物質の性質を知ることは、私たちが生活に必要なあらゆるものを作り出すために役立っているし、様々な災害の予測や対策、私たち自身の体を守る医療や薬品の開発など、生活に直接役に立つものであることも、容易に想像ができる。これに対してルールの科学、あるいは社会科学は私たちの生活にどのように役立つのかはわかりにくい。それは、自然科学と社会科学では、研究対象の性質が異なるからだ。

そこでまず、自然科学と社会科学の研究対象の対比から話を始めたい。

1 法則と規則

自然科学の研究対象を「自然現象」と表現するなら、社会科学の研究対象は「社会現象」ということになるだろう。それでは、自然現象と社会現象はどのように異なるのだろうか。この問いについて考えるために、それぞれの事例を挙げて、考える材料としたい。

あなたが手にリンゴを持っているとき、その手を離すとリンゴは地面や床に落ちる。これを自然現象の例としよう。

信号がある交差点では、正面の信号が赤であるとき、交差点の手前で車が停止する。これを社会現象の例としたい。

地面に落ちるリンゴと、赤信号で停止する車。この両者に共通するのは規則性だ。手を離すこととリンゴの落下にも、赤信号と車の停止にも、明らかな関連性がみられる。だからこそ、これらが研究対象になるのだ。

リンゴの落下と赤信号での車の停止にはいずれも規則性があるが、その規則性をもたらすものは異なると考えられる。自然現象の規則性をもたらしているのは自然法則だ。リンゴの場合は重力または引力という自然法則が関与している。一方、赤信号で車が停止するのは、社会的規則があるからだ。具体的には交通法規として規則が作られていて、そのような規則があるために車は赤信号で停止する。つまり、**法則**と**規則**の違いというのが両者の背景にあるのだ。

以上のことから、自然の法則を探究する自然科学と社会的規則を探究する社会科学という対比を提示することができる。

しかし、ここまでの議論については、重要な疑問が想定される。自然科学が法則を探究するのは当然だとしても、社会科学は規則の探究だけをおこなっているのだろうか。社会科学は社会的な法則も探究しているのではないだろうか。これはきわめて根本的な問いであり、最終的な答えは少し先になるのだが、現時点で明確にするべきことを説明しておきたい。それは、社会現象を構成しているのは社会的規則だけでなく、自然法則もまた関わっているということだ。

例えば、朝夕の交通渋滞は「社会現象」といえるだろうが、それはなぜ生じるのかというと、必ずしも規則だけで説明できるわけではない。朝夕の渋滞の最大の原因は、多くの人の就業時間が朝から夕方までになっていることであり、これは規則（例えば就業規則など）だ。しかし、なぜ多くの職場でそのような就業規則が作られているのかというと、その背景には生物としての人間の生活リズムがある。私たちは、夜の間に寝て昼間に活動することが自然であるような生き物であり、これはもちろん自然法則だ。ただ、自然法則だけで交通渋滞が起きるわけではもちろんない。そのうえに就業規則などの規則が作られているから渋滞が起こるのだ。

このように、ほとんどの社会的規則は、何らかの自然法則を背景にして作られている。先ほど例にした赤信号でも、なぜ停止は「赤」なのかというと、赤が最も目立つという自然法則を背景にしているのだろう。つまり、社会現象とは自然法則を背景にして、そのうえに社会的規則が作られて生じているものだと考えられる。もし社会的規則がまったく関与していない現象であれば、それはそもそも社会現象ではなく、自然科学でカバーできるものになるだろう。そのために、ルールの科学の特徴を考えるうえでは、やはり社会的規則の性質を（自然法則との対比で）考えることが必要なのだ。ただ、それでもなお、社会現象にも「法則」を見いだすことができるという主張はあるかもしれない。しかし、そのような考え方が成立するかどうかは次節で検討することにし、まずは自然法則と社会的規則の違いについて整理していこう。

規則の可変性

法則と規則の違いとして最初に指摘するのは、法則は人が作ったものではないので人の手で変えることができないが、規則は人が作ったものなので人の手で変更することが可能だという点である。

まず法則について少し補足しておこう。例えば引力という概念は人が考え出したものだが、引力という法則自体は人が作り出したわけではない。人が自然を観察してそこにある法則を見いだし、引力という言葉でそれを表現したのだから、法則それ自体はあくまでも自然のものだ。

これに対して、規則はその中身まで含めて人が作り出したものだ。交通法規はもちろんそうだし、あらゆる法律、成文化された規則はしかるべき手続きによって制定されている。

しかし、文字になっていない規則まで含めると、これは少し怪しくならないだろうか。私たちが日常である種の規則（ルール）として意識しているもののなかには、誰がどうやって決めたのか定かではないものがいくらでもある。朝出会った人に「おはよう」と挨拶するのは確かにある種の規則ではあるが、それは（一般的には）誰かが決めたものでも、何らかの組織によって決められたものでもない。しかしだからといって、引力のように人間の営みとは独立に存在しているわけではない。あくまでも、人の営みのなかで定まってきたものであり、そういう意味で人が作り出したものだ。

このように、本書で規則という言葉で説明していることがらは、厳密にいえばこの言葉が一般的に示す範囲よりも広い。本章では法則との対比がわかりやすいだろうという考えから「規則」という言葉を使っているが、のちに「ルール」という言葉に置き換える予定である。ルールという言葉の定義は第2章「ルールの科学の社会イメージ――ゲームとルール」で説明するが、いまのところは、慣習なども含めた「人が定めた決まりごと」という意味あいで理解してほしい。

さて、法則と規則の違いに戻そう。人が作ったものかどうかという違いは、それぞれの学問の目的にどのような影響を与えるのだろうか。

いま存在する規則がどのように作られたものかを問うこと、つまり過去に目を向けることも（その規則を理解するために）重要ではあるが、それ以上に大きな意味をもつのは、未来に目を向けることだ。つまり私たちはその規則を変更したり廃止したり、新しいものに作り替えたりすることができる、ということが重要なのだ。そんな当たり前のことをことさら強調する必要があるのかと思うかもしれないが、法則との対比で考えるとこれが大きな意味をもつことがわかる。つまり、法則は人間が変更することはできないが、規則はそうではない、という違いだ。そのため自然科学は法則を発見したら、それ以上法則それ自体に関与することはない。あとはその法則を利用するだけだ。しかし社会科学は規則を見いだしてそれで終わりということにはならない。その規則は変更可能なのだから、変更すべきか否か、どのように変更すればいいのかということを問うことが、次の課題になるだろう。そういった問いに答えることも社会科学の目的なのではないだろうか。そうだとすれば、この時点で自然科学と社会科学には大きな違いがあるということになる。では、どのようにして、ある規則を変更すべきかどうか、また、するべきだとしたらどのように変更すればいいのかという問いに、答えることができるのか。これは、第3章「ルールの理論――共有の方法としてのルール」で考察したい。

規則は変えることができる。これが本項の結論だが、これについては「実際には簡単に変えられない規則もあるのではないか」という疑問がありえるだろう。確かに、私たちの社会の基礎になる規則のなかには簡単には変えられないものが多く存在する。例えば犯罪に関する規則。人を殺してはいけないとか、物を盗んではいけないという規則は変更可能なのだろうか。そもそも、ほとんどの人は変える必要性を感じていないだろうし、現実的にも変更可能とは思えない。あるいは、労働に対して賃金が支払われるとか、物を手に入れるために金銭が必要だという経済の基礎になる規則は変更可能なのだろうか。そんなところから変えればそれこそ社会は大混乱になるので、実際には変更不可能だろう。しかしそれでもなお、人が作ったものであるかぎり、人の手によって変更可能なのだと考えなければならない。変更することがいいことかどうか、現実的にそれが可能かどうかということは当然考慮されなくてはならないが、まずは「原理的に変更可能」という考え方から出発する必要があるということなのだ。

規則の顕在性

法則と規則の第二の違いは、法則は誰かが発見しないとその存在が明らかにならないが、規則ははじめからその存在が明らかになっているという点だ。

例えばリンゴの落下であれば、リンゴは手を離すと下に落ちるという規則性自体は、自然科学がなくても経験的に知られているものだが、それが重力や引力という法則によって説明できるということは研究のたまものである。つまり研究によってはじめて法則が明らかになるのだ。しかし、赤信号に関する規則は、研究者が指摘するまでもなく人々はそれを知っている。そうでなくては規則に従うことができないのだから、当たり前のことだ。

法則は研究者によってはじめて明らかになるのに対して、規則は人々があらかじめ知っている。これは自然科学と社会科学の性質を考えるうえで重要な論点だ。なぜなら、自然科学は自然法則の発見が使命になるが、社会科学は社会的規則を「発見」することが使命なのだとは、いいにくいからだ。

「使命」というちょっと大げさな言葉が出てきて戸惑う人もいるかもしれないので、いま議論していることをここで再確認しておきたい。本章の最初に書いたように、ここでの議論の目的は、「ルールの科学は何の役に立つのか」という疑問に答えることだ。そしてそのために、社会科学の研究対象の性質を自然科学との対比で明らかにしようとしている。社会科学の対象は規則であり、それはあらかじめ人々に知られていることなので、それを発見することはルールの科学の使命、つまり**社会的意義**ではない、そういう意味（発見）で役に立つのではない、ということをはっきりさせたいのだ。

これはかなり強い主張であり、当然様々な疑問がありえるだろう。素朴に考えても、「社会科学も自然科学のように社会について何らかの発見をし、それを人々に伝えるからこそ何かの役に立つのではないのか。そうでないならどんな役の立ち方があるのか」というような疑問が生じるのは、ごく自然なことだと思う。

そこで、ここまでの議論を整理して、より詳細に検討してみよう。法則と規則の顕在性に関する議論は以下のようにまとめることができる。

Ａ：自然科学は自然法則を探究し、社会科学は社会的規則を探究する。
Ｂ：自然法則は研究によってはじめて明らかになるが、社会的規則はあらかじめ人々に知られている。
Ｃ：人々が知らない価値がある知識を見いだすこと（発見）には社会的価値が認められるが、あらかじめ人々に知られていることを指摘しても社会的価値はない。
Ｄ：そのため、自然科学は自然法則の発見が社会的使命になるが、社会科学は社会的規則の発見が社会的使命なのではない。

このように整理してみると、実はこれまでの議論にはいろいろと「穴」がある。まず、Ａについては、すでに書いたように「社会的法則」というものもあるという反論がありえるが、ここでは扱わない。それ以外では、Ｂについて、社会的規則はすべての人に知られているのか、という疑問が考えられるだろう。これはかなり重要なポイントだ。

私たちは規則を知らずに規則に従うことはできない。ということは、規則に従っている本人に関しては、その従っている規則を必ず知っているといえるだろう。しかし、ある人は規則を知っていてそれに従った行動をしているが、規則を知らないので規則に従った行動をしていない人もいる、という状況はありえるだろう。例えば新しくできた規則がまだ人々に十分に浸透しておらず、知っている人とそうでない人が混在する状況が考えられる。また、ある組織や集団の規則が、外部には知られていないという状況も想定できる。このように、社会的規則はあらかじめすべての人々に知られているわけではない。私たちは、他者が従っている規則を知らない可能性があるのだ。

では、「他者が従っている規則」を明らかにすることは、社会科学の使命になりえるだろうか。例えば「世の中の一部の人々はこのような規則に従って行動している」とか「ある集団の人々はこういう規則に基づいて行動している」という知識を提供することが、学問の役割として期待されるだろうか。

例えば、「現代の若者はこのような価値観をもち、こういう自分たちなりのルールに基づいて行動している」ということを「発見」したとしよう。実際、このような「発見」を社会科学に期待する人もいると思うが、本当にそれが社会科学の役割なのだろうか。また、社会の多くの人とは異なる考え方や行動パターンをもつ人々について調べて、そこに存在するルールを発見しようとする社会科学的研究もあるだろうが、それが社会科学に期待されている役割なのだろうか。

筆者はそのような「発見」の価値を否定しようとしているわけではない。場合によってはそれが非常に大きな意味をもつこともあるだろう。ただ、ここで注意喚起しておきたいのは、その「発見」はあくまでも当事者以外の人々にとっての発見なのだということだ。若者にとっては「若者論」の見解は（それが正確なものであれば）発見でも何でもない。もともと自分たちが知っていたことだ。様々なマイノリティ集団についての記述は、当事者であるマイノリティにとっては当たり前のことが書いてあるだけのものだ。これは世界史で、西洋社会に生きる人々がアメリカ大陸に初めて到達した事実を「新大陸の発見」と称したことに通じる。つまりそれは普遍的な価値をもつ「発見」とはいえないということだ。

発見それ自体に学問としての普遍的な価値を見いだすことができないとすれば、社会科学は自らの価値を何に求めればいいのだろうか。この問いにはいますぐに答えを出すことはできない。ここで確認しておきたいのは、規則は（少なくとも当事者には）あらかじめ知られていることであるので、発見それ自体を社会科学の使命とするわけにはいかない、ということだ。つまり、発見以外に社会科学の使命を見いださなくてはならない。それが何かはこれから明らかにしていきたい。

意志の関与

法則と規則の三つめの違いは、規則はそれに違反する人が現れる可能性があり、常に規則どおりの行動がなされるとはかぎらないということだ。もちろん、自然法則ではそんなことは起こらない。

規則に反する行動を説明するために、私たちは「意志」という言葉を使う。私たちには意志があるので、規則に反する行動をとる場合があるというのだ。しかし、規則を守るか守らないかがまったく任意であれば、規則の意味がない。そのため、何らかの仕組みで、規則に従おうとしない人も（その人の意志に反して）規則に従わせようとする。そのような仕組みがあってはじめて、規則は実効性をもつ。

このような仕組みを説明する言葉として、社会科学で使われてきた言葉が**権力**だ。しかし、この言葉は、社会科学の基礎理論を構築しようとする際には大いなる「つまずきの石」になると筆者は考えている。なぜなら、この言葉は自然科学の考え方を社会科学に持ち込もうとすることによって生まれた言葉ではないかと思うからだ。

ある物質が、別のある物質に何らかの（運動や形状の変化などの）影響を与えるとき、それを媒介すると考えられる概念が「力」だ。これを社会科学に応用すれば、ある人が別の人に影響を与えるとき、そこに何らかの「力」がはたらいているのだと考えることになる。これが権力である。

自然科学の考え方を援用した権力のイメージは、一見説得的にみえるかもしれない。しかし、ここに意志がどのように関与しているのかを考えていくと、議論は混乱してしまう。

例えばAさんがBさんに、自分のところに来るように命じたとする。Bさんはほかに用事があったのでいやだったけれど、Aさんの命令なら仕方がないと考えて従った。これは確かに何らかの「力」が作用しているようにもみえるが、その理由はBさんの行為が「意志に反する」行為だったためで、自分の行為をコントロールしているはずの意志という力とは異なるベクトルをもつ、より大きな別の力によって行為を変更させられた、という解釈が可能だからだろう。では、BさんはAさんのところに行くことがべつにいやではなく、むしろ言われなくてもちょうど行こうとしているところだった、という場合はどうだろうか。この場合はAさんが命じても命じなくても結果に大きな差はないわけだから、そこに「力」ははたらいていないと解するべきなのだろうか。そうだとすると、権力の有無はそれを行使しようとする相手の意志に依存することになってしまう。権力は相手が抵抗しようとするときにだけ現れる現象なのだろうか。また別の可能性として、Bさんが「Aさんは来てほしいのだろう」と推測し、言われる前に先回りして自らAさんのもとに行くかもしれない。いわゆる「忖度」である。この場合には権力は作用しているのだろうか。忖度はAさんが権力をもっているからこそ生じているのだと考えることもできる。しかし、それはBさんが自らの意志でおこなったことなので、そこには何の力もはたらいていないようにもみえる。このように考えていくと、権力とはどのようなものなのか、よくわからなくなってくる。実は、ここで紹介したのは権力をめぐる理論的混乱のごく一部にすぎない。考えれば考えるほど、わけがわからなくなってくる。それが権力なのだ。

筆者はこのような混乱は、社会的規則という対象に、自然科学の方法論を当てはめようとしたことによって生じたのだと考えている。自然法則は「力」などの(意志とは無関係な)作用によって規定されているのに対して、規則は基本的に「意志」を前提にして構築されている。つまり「力」と「意志」は、何らかの秩序を作り出す点では同じだが、まったく異なる仕組みなのだ。にもかかわらず、社会的規則を権力という力によって説明しようとしたことが混乱をもたらしたのだ(1)。

それでは、社会科学は「意志」を「力」などにかわる理論的なタームとして採用すべきなのだろうか。筆者はそうは思わない。なぜなら、「力」などとは異なり、意志はその存在を客観的に明らかにすることが困難だからだ。ある人がある意志をもっている、ということはどのようにして確かめられるのだろうか。本人の説明が正しいかどうかはわからないし、結果として生じた行為などから確認するのも困難だろう。脳のなかを詳しく調べれば意志なるものが見つかるというわけでもないと思う。そのようなあやふやなものを理論の基礎に据えるわけにはいかない。

それではどうすればいいのか。この論点についても本書は明快な答えを用意しているが、それを説明するにはまだ様々な準備が必要だ。現時点で確認しておくことは、規則には「規則に従わせようとする仕組み」が必要だ、ということである。

自然言語による記述

法則と規則の四つめの違いは、規則が自然言語（私たちが日常的に使用している言語）によって記述されている、ということだ。自然法則は、例えば物理学の法則のように、多くの場合は数式で記述される。これはあいまいさを取り除き、法則をより厳密に記述するために必要だからだが、規則はそのような数式によって記述することはできない、ということだ。

例えば、「赤信号の場合は交差点の手前で停止する」という規則[2]を数式や記号で厳密に記述しようとするとどうなるのかを考えてみよう。

「赤信号」は、「信号の色」という変数の値が「赤」であると考えれば問題なく記号化できそうだが、信号の色というのは時間の経過によって変化するので、どの時点での色なのかということまで考えなくてはならない。車が交差点の手前十メートルに達したときの色が判断基準なのだろうか、それとも、交差点に進入するときの色を予測して判断せよということなのだろうか。また、「交差点の手前で停止する」というのも単純なようにみえてそうではない。ほかに車両がない場合なら、自分の車を停止線の手前で停止させればいいので、「停止線の位置での速度をゼロにする」という記号化が可能なように思える。しかし、ほかに車両がある場合には、停止位置はそこではなく前の車の直後になるので、停止線で速度をゼロにしようとすると前の車にぶつかってしまう。そんなことは当たり前なので、わざわざ規則として書く必要はないということなのかもしれないが、このように、実際には規則として書かれていない部分を私たちが常識で補っていることは、ほかにもいくらでもあるだろう。そして、その常識は多くの場合おおむね一致するだろうが、実際には人によって解釈が異なることも珍しくない。赤信号での停止であれば、どのタイミングなら停止するのかという解釈は人によって違う。自分が信号手前で停止したときに隣の車線の車は停止せずに通過していったとか、あるいはその逆とか、そういう経験は車を運転する人にとっては珍しくないだろう。つまり、私たちが「規則に従う」というとき、必ずしもすべての人が完全に同じ振る舞いをするとはかぎらず、その解釈には一定の幅がある。このような規則のあいまいさは、場合によってはトラブルの原因になるが、その一方で規則を柔軟に運用することを可能にしている。例えば、初心者や高齢者など運転に自信がない人は、より余裕をもって停止しようとするだろうし、十分に自信があればもっとキビキビとした運転になって、交通量が多いときの渋滞緩和に貢献するかもしれない。

規則というものにはこのようにあいまいな部分があり、そのため柔軟性をもつという性質は、規則が自然言語によって記述されているということと関係している。数式や化学記号などの記号体系が、それぞれの要素の厳密な定義の上に成り立っているのに対して、自然言語の要素である言葉の意味は、(ほとんどのものは)明確な定義が先にあって使われているのではなく、私たちの言語実践のなかで意味が作られている。定義してから使うのでなく、使っているうちに意味が確定していくのだ。このような自然言語の性質は規則現象を考えるうえで重要であり、第2章で詳しく検討する。ここでは、規則の性質が自然言語の性質と深く関わっていることを確認しておきたい。

以上のように、法則と規則の間には、いくつかの、しかも非常に重要な違いがある。では、そのような違いはなぜ生じたのだろうか。ここで「なぜ」と問うことに違和感を覚える人も多いと思う。そもそもこの「なぜ」という問いは答えを出せるようなものなのか、という疑問があるからだろう。しかし筆者は、これらの違い(正確にいえば四つめの自然言語による記述だけは少し性質が違うが)は、ある一つの要因によって生じていると考えている。その要因とは、私たち、つまり本書を書いている筆者と本書を読んでいるあなたが、ともに人間である、ということだ。

次節では、この点について説明したい。

２　外からの研究と内からの研究

「私たちが人間であること」というのは、実際にはそれ自体が絶対的な意味をもつのではない。なぜなら、自然科学もまた、研究主体も研究目的も人間なので、それ自体には違いはないからだ。ではどこが異なるのかというと、**自然科学**が「自然の、人間による、人間のための研究」であり、研究対象と研究主体・研究目的が異なるのに対して、社会科学は「人間の、人間による、人間のための研究」と、研究対象と研究主体、研究目的がすべて一致しているということだ。この違いが、自然科学と社会科学を根本的に異なるものにしているのだと筆者は考えている。そしてまた、このことは、「ある条件の下では」社会現象を「法則」と捉えて自然科学と同様の方法で研究することが、（理論上は）可能になるということを示している。

当事者性と選択

例えばリンゴ（物質）を研究対象として、それは地球上では重力に引かれて落下するという法則を、人間が発見したとしよう。その法則の発見は、誰のために役立つのだろうか。もちろんリンゴではない。リンゴが重力という法則を知っても、どうしようもない。落ちて潰れるのはいやだと思っても、なすすべはないのだ。実際に発見の恩恵を受けるのは人間で、手を離すと落ちて潰れるということがわかったので、しっかりと持っていようとするなら、それはこの発見が人間の役に立ったということになるだろう。法則の発見は、人間の役には立つが、研究対象である自然法則には何の影響も与えない。

では赤信号の場合はどうだろうか。例えば、赤信号という規則があまり守られていない、つまりそれがある意味で「うまくいっていない」規則であることがわかったとしよう。この場合その「発見」は誰の役に立つのかというと、交通秩序に責任をもつ人々（警察など）が、規制を強めようとしたり、ドライバーの一部が規則を守るように互いにはたらきかけあったりするかもしれない。そしてその結果、「赤信号があまり守られていない」という事実そのものが変化してしまう可能性がある。つまり、規則についての言及は、（それを人々の役に立てようとするならば）人々の行動に変化をもたらし、規則のありようそれ自体に影響を与えてしまうのである。

意志の関与

このことは、先ほど説明した意志の関与に関わってくる。リンゴについての研究成果がリンゴには何の影響も与えないのは、リンゴが意志をもたないからだし、赤信号についての研究が赤信号という規則それ自体に影響を与えてしまうのは、その規則に関わる人間が意志をもつからだ。しかし、さらに深く考えてみると、実はより正確には研究対象が意志をもつかどうかが問題ではないことがわかる。

例えば、犬や猫などの知能が発達した動物には、人間と同等ではないかもしれないが、ある種の「意志」があることがうかがえる。自分の好みをもち、好きなものにこだわったり、嫌いなものを拒否したりすることもあるし、人間に対して主張をしているようにみえることさえある。だとすれば、動物についての研究は、規則の研究、つまり社会科学になるのだろうか。もちろん、そんなことはない。それは、動物は研究成果を理解することができず、そのため研究成果が動物の行動に直接影響を与えることがないからだ。つまり、「動物の、人間による、人間のための研究」であれば、動物が意志をもっていたとしても、それも含めた法則を、自然科学の方法で研究することができる、ということだ。

ということは、人間についての研究であっても、それをおこなうのが人間以外の場合には、規則の研究にはならないということになる。例えば、人類以外の高度に知的な生命体（宇宙人）が存在し、それが人類にはその存在をまったく知られることなく、人間社会を観察していたとしよう。その場合は、「人間の、宇宙人による、宇宙人のための研究」ということになり、研究結果は人間には還元されず、研究が人間の行動に影響を与えることもない。そのため、自然科学の方法が適用可能なのだ。

正確には意志の有無が問題なのではないとすれば、この論点をどのように表現すればいいだろうか。これを考えるためには、私たちにとって、自らの意志と他者の意志は異なる意味をもつという認識が重要だ。他者の意志は、それ自体を認識することはできない。にもかかわらず私たちが他者の意志を問おうとするのは、他者の行動を予測しようとするからだ。この人は次にどうするのだろうか。このように問うときに、その人の意志について考えようとする。ここで重要なのは**予測**という点で、これはのちに重要なキーワードになるので覚えておいてほしい。

一方、私たちは自分の行動を予測する必要はないので、そのため自らの意志を問う必要もない。自分の意志というのは、そもそも通常は、それがどのようなものなのかと問うようなものではないはずだ。私たちは、他者についてては「この人の意志は何だろう」と考えることがあるが、自分についてては「自分の意志は何だろう」とは、（通常は）問わない。

それでは、他者の意志を予測するかわりに、私たちは自らについて何を考えるのか。この人はどうするのだろう、という問いは予測を促す。これに対して自分の場合は、「どうするのだろう」ではなく、「どうしよう」であるはずだ。自分はどうすればいいのか、どうすべきなのか、という判断。これを一般的に表現するには、選択という言葉が適切ではないかと思う。予測に対する選択というこの対比は、規則の研究としてのルールの科学の意義について考えるうえで非常に重要なポイントだが、それについての解説を続ける前に、意志の関与以外の論点について説明しておこう。

規則の可変性

規則の可変性という論点についても、意志の関与と同様に考えることができる。正確にいえば、規則が変化するかどうかが問題なのではない。その変化に研究する側が関与しているかどうかが重要なのだ。思考実験として、先ほど例に挙げた「人間の、宇宙人による、宇宙人のための研究」を考えてみよう。人間の社会は非常に複雑なので、その変化を予測することはおそらく宇宙人にとっても困難だろう。現代の人間にとって、正確な気象予測がスーパーコンピューターの力をもってしても限界があるように。しかし、それでもなお、できることは予測であり、宇宙人が私たちの行動を選択するわけではない。それは、人間の規則が人間にとって自らの規則であるのに対して、宇宙人にとっては**他者の規則**だからだ。

もしかしたら、宇宙人は人間に対して予測に基づいた介入をするかもしれないが、それは私たちが気象の予測(例えば温暖化の進行)に基づいて、温室効果ガスを減らそうとするようなものだ。つまり、自然科学の方法論が用いられている。しかし、私たちにとって規則の変化は単に予測するものではない。私たちが自らの選択によって選び取っていくべきものだ。そして、規則についての研究をおこなう社会科学の役割は、その選択に寄与することにこそあるはずだ。他者の変化の予測に対して、自ら選択する変化という対比で、自然科学と社会科学の違いを考えればいいだろう。

規則の顕在性

規則の顕在性という論点は、これまでとは少し違う議論になるが、やはり他者の規則なのか自らの規則なのかが問題になる。また宇宙人の話で恐縮だが、人類とまったくコミュニケーションがない宇宙人が人間の行動を予測しようとするとき、どのような規則があるのかを知ることは大きな助けになるはずだ。つまり、他者の規則の場合、規則を発見することそのものに意味を見いだすことができる。しかし、自らの規則の場合は状況が異なる。私たちは自らの行動を予測する必要はないので、仮に規則を発見する(例えば忘れられていた規則を再発見するということがあるかもしれない)ことがあったとしても、それは予測に役立てるためではない。その発見が役立つとするなら、それは自らが選択をおこなう際に考慮すべきことをより詳しく知る、という意味合いでだろう。

前節で規則の顕在性について述べた際には、若者についての研究やマイノリティ集団についての研究を引き合いに出したが、ここまでの議論を踏まえれば、これらが一見法則的な研究として意味をもつかのようにみえてしまう理由がより明確にわかるはずだ。若者の研究が「若者の、大人による、大人のための研究」であり、マイノリティ研究が「マイノリティの、マジョリティによる、マジョリティのための研究」であるのなら、規則ではない法則の探究として、自然科学と同様の方法を用いて研究することが可能だろう。若者はどう考えていてどう行動するのかという予測が目的であるなら、マイノリティ集団を他者として理解することだけが目的であるなら、自然科学と同様の方法をとることができる。しかしそれは、「研究は誰のためのものなのか」という論点からは十分に正当化できないだろうし、実際にはその研究成果を若者やマイノリティ集団が知ってしまうと影響を受ける可能性がある。そういう意味では、純粋な自然科学的研究とは見なせないだろう。

このように考えていくと、社会科学が一見自然科学的な方法で成立しているかのようにみえてしまう理由も明確になる。やや挑発的な言い方になってしまうが、それは、誰からも見向きもされないからだ。社会科学が社会の法則を発見しても、それに関心をもつ人がほとんど、もしくはまったくいなければ、研究成果が現実社会に影響を与えることはまったくない。そのため自然科学と同様の方法で研究できるだろう。しかし、もしその研究成果に人々が関心をもち、研究対象それ自体に大きな影響を与えてしまうのなら、それは自然科学のような意味で科学的とはいえなくなってしまう。予測が当たったのか、それとも研究成果が現実に影響を与えてしまったのかが区別できないからだ。社会科学は、それが人々から見向きもされなければ自然科学的になり、関心をもたれるほど非科学的になる、というわけだ。

もし人間が人間社会を自然科学と同等の方法で研究しようとすれば、研究者はほかの人との接触を完全に断ち（会話はもちろん、ネットでの通信などもすべてやめなくてはならない）、完全に受動的な方法だけで情報を収集し（質問なんてもってのほかだ）、研究成果を誰にも知らせてはいけない（これがいちばんの問題なのだから当然だろう）。ここまで徹底すれば、できるのかもしれない。

社会科学の当事者性

本節の結論を提示する前に、少し話はそれるが、四つめの論点である「自然言語による記述」について簡単に触れておきたい。この論点については、これまで論じた他者の規則か自らの規則か、という考え方が直接関係しているわけではない。これは、そのような相対的な問題なのではなく、人間の規則それ自体の性質に関わることだ。そのため、ここではこれ以上論じないで、第2章であらためて説明したい。

では、ここまでの議論をまとめてみよう。

本節では、法則と規則の違いとして提示した四つの論点のうち三つは、実際には規則それ自体の性質が問題なのではなく、自らの規則であることが重要だということを明らかにした。そしてそれは、研究が予測ではなく選択を目指しておこなわれるという、役割の違いにもつながっていくことも示した。

自然科学の研究が自分以外の者（他者）の研究、「**外から**」の研究であるのに対して、社会科学は自らの規則についての研究、「**内から**」の研究だ。これを社会科学の**当事者性**と呼んでおきたいと思う。そして、ただ当事者性があるというだけでなく、研究は自らの選択へとつながる。本節ではこの二つのことを提示して、結論としたい。

予測と評価

自然科学と社会科学を対比させる本章を締めくくり、社会科学それ自体についての詳細な議論につなげていくために、本項ではこれまでの議論を若干修正したい。

その修正とは、本項のタイトルからもわかるように、予測と選択という対比から、予測と評価という対比への修正である。この修正は、研究（者）の社会的役割を考える際に必要になってくる。その理由を説明するために、一つの事例を提示したい。

専門家と政治家の役割分担

二〇二〇年に世界中に感染が広がって多くの犠牲者を出した新型コロナウイルス感染症は、日本にも大きな社会的影響をもたらした。この問題への対応については当然のことながらウイルスについての科学的知見が必要になるため、各国の対応には多くの専門家が関わることになる。日本でももちろん、政府の施策に専門家が関わっていた。しかし日本では専門家と政治家の間の役割分担があいまいで、そのために政策決定での責任の所在があいまいになってしまったという批判もあった。例えば、感染を広げる危険がある様々な行動に対し「自粛をするべきだ」という結論を出すのは政治家の役割であって、それをウイルスの専門家が主張したり提案したりするのはおかしいのではないか、という議論だ。これについては筆者も賛成で、専門家は「自粛をするべきだ」という結論にまでは口を出してはならないと思う。このことを、これまで使ってきた言葉に当てはめれば、専門家は選択（自粛するかしないか）にまでは関与してはならない、ということだ。自然科学の専門家が本来するべきことは予測（自粛しなければどうなるのか、自粛すればどうなるのかを予測する）であり、それに基づいて判断（選択）するのは政治の役割だということになる。

この考え方にのっとれば、社会科学の場合だけ選択に関与するというのは道理に合わない。つまり、科学が実社会で利用されることを想定すれば、選択自体は研究の領域ではないということになるだろうということだ。

では、自然科学が**予測**をその役割とするのに対して、社会科学はどのような役割をもつのだろうか。筆者は、それは**評価**だと考えている。

社会科学と評価

法則は事実なので、それを評価することに意味はない。「重力」という法則がいいか悪いかを議論しても意味はなく、ただその法則に基づいて何が起こるのかがわかるだけだ。それが法則を知る意味だろう。つまり予測のために法則を知るわけだ。

では、規則についてはどうだろうか。その規則があることで何が起こるのかを予測することはできるかもしれないが、規則の場合は予測されたことを事実として受け入れることしかできないわけではない。なぜなら、規則は変えることができるからだ。そのため、予測されることが、いい結果なのか、悪い結果なのかを考えることは重要だ。

重力によってリンゴが落下して潰れてしまう。それは「悪い結果」なのかもしれないが、だからといって、法則を変えることはできないので、研究者ができることはただ「落ちますよ」と指摘することだけだろう。しかし、もし現行の交通法規によって何か望ましくない結果が生じるのであれば、規則は変更することができるので、その規則によくない部分があるという指摘、つまり評価することには意味がある。

ここまでの説明に対して、確かに規則を評価することには意味があるが、それは予測を前提にしているのではないか、法則の場合と同様に予測までが研究者の仕事だと考えてもいいのではないか、という疑問が考えられるだろう。「現行の交通法規ではこれこれの結果が生じる可能性があります」という指摘までが、研究者の仕事だという考え方である。

この疑問はもっともだが、以下のような理由からそのような考え方は採用できない。

法則の場合は純粋な予測が可能であり、予測の精度によって研究成果の妥当性を評価できるが、規則の場合は規則に関する言及が結果に影響を与えてしまうため、純粋な予測は成り立たず、予測の精度によって研究成果を評価することはできないからだ。(3) 例えば、ある規則について「問題がある」と指摘し、それが広く知られれば、その規則に従う人が少なくなり、結果的にあまり問題は生じなくなるかもしれない。このような場合、予測が外れたからこの研究はだめだと考えるのか、問題が生じなくなるという好ましい結果をもたらしたのでいい研究だと考えるのか、どちらが妥当なのだろうか。筆者は少なくとも予測が外れたからその研究に価値はないという判断はありえないだろうと思う。このように、正確な予測ができたのかどうかを判断することが難しいのだから、予測を社会科学研究の主要な目的にすることはできない。

規則の研究である社会科学でも、予測は必要だ。ただ、自然科学と異なるのは、予測それ自体を学問の最終目標にはできない、ということだ。社会科学は評価を最終的な目標としていて、予測はそのための手段の一つになる。社会科学が予測だけで勝負しようとしても、自然科学の劣化版にしかならない。しかし、評価という営みを自覚的におこなうならば、独自の道がみえてくるはずだと思う。

以上で、本章での議論はすべて終わったわけだが、最終的にたどり着いた結論は、きわめてシンプルだ。社会科学は「規則」を「評価する」。これだけである。社会科学は規則を評価することに**社会的意義**を見いだすのだ。

もちろんこれだけではまだ雲をつかむような話にしかならない。そこで、今後は「規則」と「評価」それぞれの内実をより詳細に論じていくことになる。

次の第2章では規則について考えていく。これまでは「規則」という言葉が示す対象をあまり詳しく説明することなく議論を進めてきたが、それでは厳密な議論はできない。規則とはどのようなもので、それはどのような性質をもつのか。そういったことを明らかにしていくことが必要だ。

第3章では、規則を評価するために必要な、ルールの科学の核心になる理論を紹介する。この理論が必要な理由は第2章の説明で明らかになるはずだ。

第4章「ルールの科学の方法論と社会的意義」は評価に関わっている。評価をするといっても、それはどうすれば可能なのだろうか。何かを評価する際には評価の基準が必要だが、それはどこに求められるのだろうか。評価の基準が明らかにされていなければ恣意的な評価と見なされてしまい、学問としての体をなさなくなる。実はこれはきわめて難しい問題であり、慎重な議論が必要だ。

最後に、次章に議論を引き継ぐにあたって、これまで使ってきた言葉のいくつかを変更することを提案させていただきたい。

本章では、自然科学と社会科学の対比という枠組みで議論を進めてきたので、その対比がわかりやすくなるような言葉を選んできた。具体的には、自然科学に対応する「社会科学」という言葉と、法則に対応する「規則」

という言葉だ。しかし、今後はもうこの対比はおこなわないので、本書で本来用いたかった言葉に戻したい。それは、「社会学」と「ルール」だ。

本書はもともと社会科学一般について論じるものではなく、あくまでも社会学だけを対象にしているのだが、これまでは自然科学との対比で社会科学という言葉を使ってきた。そのため、社会学以外の社会科学、例えば経済学や人類学、政治学などについても同様だと主張しているようにみえたかもしれない。しかし、筆者の専門領域はあくまでも社会学なので、それ以外の学問について本章での議論が当てはまるのかどうかは、それぞれの分野でぜひ考えてほしい。

「規則」という言葉は、法則との対比をわかりやすくするために用いていたが、本書で想定している「規則」（に相当する対象）は実はかなり広く、このあとの議論ではこの言葉は使いにくい。そこで、これまで「規則」という言葉で説明してきたことは、今後は「ルール」という言葉に置き換えたい。おそらく「ルール」という言葉のほうが、より広い対象を表す際には適当だと思うからだ。

最も基本的なキーワードを途中で切り替えるというのは、読者に混乱を招きかねないとも思ったが、導入である本章をわかりやすくするにはそのほうがいいだろうという判断でそのようにした。今後は一貫して、「社会学」と「ルール」という言葉を使っていくので、ご理解をいただきたい。

注

（1）権力についてのこのような考察から、ルールの理論は生まれた。その経緯については、佐藤裕「権力と社会的カテゴリー——権力行為論（1）」（「富山大学人文学部紀要」第五十号、富山大学人文学部、二〇〇九年）をみてほしい。

（2）日本では道路交通法第七条と道路交通法施行令第二条にその定めがある。

（3）ある対象についての予測がその対象に影響を与えてしまうことは、「予言の自己成就（自己実現）」あるいは「予言の自己破壊」という言葉で知られている。ただそれは、これらの言葉によって示されるような限定的な現象ではなく、もっと普遍的なことがらなのだ。

第2章　ルールの科学の社会イメージ

――ゲームとルール

1　ゲームの一部としてのルール

本章では、ルールの科学では「社会」をどのようなものと考えるのかを明らかにする。ルールの科学は社会イメージという点でも大きな特徴があり、それは自然科学的な発想と対照的である。第1章「自然科学と社会科学」では社会現象は規則（ルール）で構成されていると説明したが、ただ多くの規則（ルール）が集まると社会になるのかというと、そんな単純なことではない。規則（ルール）と社会をつなぐ概念が必要なのだ。

なお、これまで「規則」という言葉で説明してきたことを本章から「ルール」という言葉に置き換えるが、当面はこれまでと同じように、法律などの成文化された規則や人の行動を規制する慣習などをイメージしていただきたい。議論を進めながら、この言葉が指し示す対象をより明確にしていく予定だ。

ルールの必要性

それではまず、**ルール**はなぜ必要なのか、ということから考えていきたい。例えば、すでに繰り返し使っている事例だが、赤信号で停止するなどの交通ルールは、なぜ必要なのだろうか。

必要性について考察する際には、それがなければどうなるのかを考えてみればいい。もし信号に関するルールがなければ、交差点での車の通行がスムーズにはいかなくなり、事故が起こる可能性も高くなるだろう。つまり、自動車交通の効率化や安全性の向上のために交通ルールがあるのだと考えられる。ここまでは誰でもすぐに思いつく、当たり前のことだろう。では、ルールがなければなぜ車の通行がスムーズにいかず、事故が起こりやすくなるのだろうか。ここで筆者が指摘したいのは、自動車を運転する人は、それぞれ何らかの目的があって車に乗っている、ということだ。例えばある人は、通勤のために自宅から職場まで車を運転する。別のある人は、旅行で目的地に向かうために家族で車に乗っている。ある人は交差点を東から西に通過しようとするし、別のある人は南から北に通過しようとする。ある人はできるだけ早く移動したいとスピードを上げるし、別のある人は車内でおしゃべりしながらのんびり走ろうとする。つまり、道路という公共の空間を、それぞれが異なる目的で使用しているため、**調整**が必要になる。それがルールの役割だと考えられる。

ここで注目してほしいのは、「目的」という部分だ。それぞれに目的、つまり何かやりたいことがあって、それがぶつかり合うからルールが必要なのだ。もし何の目的もなく、ただまっすぐ走って、ぶつかりそうになると止まって、まっすぐ進めない場合は左右どちらかに曲がって……という機械的な動作をしているだけなら、べつにルールは必要ない。始業時刻までに出勤しなくては、などの事情がそれぞれにあるから、ぶつかり合うのだ。

ルールが必要になるのは、それぞれのやりたいことがぶつかり合う場合だけではない。例えば多くの人が**協力**して何かを作ろうとしているとしよう。あるものを作りたい、という思いは共通しているから、それ自体はぶつかり合うわけではない。しかし、効率よく共同作業をするにはルールが必要だ。例えばみんなが同じ作業をするのではなく、いくつかの工程に分けて分業すれば効率がアップするかもしれない。その場合、Aさんはこの作業を、Bさんは別の作業をと、割り当てるルールが必要だろう。また、分業するなら各パートがうまく連携できるように様々な取り決めも必要になるだろう。

このように、私たちは一人ひとりが「何かをしよう」としていて、それを調整したり、協力し合ったりするために、ルールというものが必要なのだ。当たり前のことをいっているだけのようにみえるだろうが（実際に当たり前のことなのだが）、法則はそのようなものではないということを考えていただきたい。

この、「やろうとしている」ことを、とりあえず「活動」という言葉で表現してみよう。私たちは、一人ひとりが様々な「活動」をしているのだ。そして、他者の「活動」との間に調整や協力が必要になるからルールを作るのだ。ルールは「活動」の一部だということもできる。

活動の集積としての社会イメージ

社会というものは、様々な「活動」の集積としてイメージすることができる。私たちは一人ひとりが、お金を稼ごうとしたり、何かを学んだり人に教えようとしたり、音楽や芸術を楽しもうとしたり、住居を入手したり管理したり、他者と親密になろうとしたり、自己評価を高めようとしたりと、様々な「活動」をしている。それを調整したり協力し合ったりするために多くのルールが作られ、そのルールの下に、制度や組織、あるいは国家が作られていく。これが社会なのではないだろうか。

社会を「活動」の集積だとみるイメージは、それなりに現実的だろうと思うが、実は、これだけが社会イメージの候補ではない。もっとよく用いられる社会イメージがあるのだ。それは、社会を**人の集まり**とみるイメージだ。人の集まりが集団や組織であり、小さな組織が集まって大きな組織を形成している。そして様々な組織や集団の複合体が全体社会だ。このようなイメージもごく自然なものではないだろうか。

後者のイメージは、社会を**外から**みて、**自然科学**と同様の方法で扱うやり方と親和的だ。社会を「モノ」のように、形あるもの、実態があるもの、存在するモノ（**存在物**）として扱う。そのような考え方からは、社会は人の集まりだというイメージが導かれる。しかし、ルールの科学ではそのような立場をとらないことは、前章ではっきりと示した。ルールの科学では社会を、**当事者**として**内から**みるのだ。そのため、人の集まりが存在するという事実からスタートするのではなく、私たちには「やりたいこと」（活動）があり、そのために協力や調整をおこなうなかで組織や集団を作ってきたのだと考えるのだ。

社会を人の集まりとしてイメージする見方は、社会を一つの機械や、または一体の生物のように見なすこと、つまり、工学や生物学のようなアプローチで「社会」について考えることにつながる。人間一人ひとりは社会の部品のようなもの、あるいは一つの細胞のようなもので、それが集まって組織になり、臓器になり、最終的に生物一個体を形作る。確かに、社会を外から眺めれば、そのようにみることも可能だろう。しかし、私たちは決して社会の部品として生きているわけではなく、一人ひとりが自分自身の目標や生きがいや自尊心をもって活動をしていて、そういった人々が協力し合い調整し合うことによって「社会」を形作っている。そのような見方を確立しなければ、「ルール」を（法則としてではなく）「ルール」として研究することは不可能なのだ。

ゲームという概念

社会を人の集まりだと考える場合は、社会の構成要素として、企業、商店、学校、娯楽施設、政府・自治体、あるいはもっと抽象的に社会構造や社会システムなどを想定する。

これに対して、社会を「活動」の集積と捉えるルールの科学では、社会の構成要素は、生産、流通、教育、娯楽、政治（政策決定や市民サービス）などの「活動」だということになる。

重要なことは、私たち人間が「やろうとしていること」（次節で説明するが、「していること」ではないことが重要）から出発するという考え方である。それをこれまで「活動」と呼んできたが、その活動の性質（「やろうとしていること」という言葉が示していること）を表現するには、この言葉ではやや役不足である。そこで、本書ではこのような「活動」を表すために、**ゲーム**という言葉を採用する。[1]

ゲームとは、（出発点での理解としては）私たちの活動であり、「やりたいこと」である。私たちの意識的・意図的な営みのすべてであり、その集積が「社会」を形作っている。そして、ルールとはゲームの一部であり、それぞれのゲーム固有の目的を達成するために必要とされる。とりあえず、現段階では、このようにまとめておきたい。

「社会学のグランドセオリー」の提示を目指すことが本書の目的なので、提案する理論が抽象的になるのはやむをえない。難解に感じられるかもしれないが、そういうものだと飲み込んでいただきたい。ただ、抽象的なものを抽象的なまま理解するのではなく、具体的なゲームに当てはめて考えることで、より深く理解できるのではないかと思う。筆者としても様々な事例を示しながら説明していくつもりだが、読者も身の周りのこと、あるいはメディアを通して知った具体的なできごとに当てはめて考えてほしい。

2　ゲームとは何か

ゲームについての考察を始める前に、まず「ゲーム」という言葉を使うと生じてしまいそうな誤解を一つ解いておきたい。「ゲーム」というと「ゲーム理論」のようなことを想像するかもしれないが、本書での「ゲーム」についての考え方と、ゲーム理論での「ゲーム」についての考え方はまったく異なり、むしろ完全に対立するといっても過言ではない。

ゲーム理論とは、あるルールの下で、各プレーヤーはどのような選択をすることが最適なのかを数学的に解明しようとする考え方だ。それぞれの選択肢をとった場合にどのような利益あるいは損失が生じるのかを計算していくのだが、複数のプレーヤーがいる場合には相手の選択によって自らの利得が変化するので、計算は複雑になる。このような方法は経済学などで広く用いられていて、十分に実用的な理論として確立している。しかし、本書ではゲーム理論のように「ゲーム」を捉えるわけではない。どこが異なるのかというと、本書ではルールを可変的なものだと考え、むしろルールを変えていくためにルールの評価をしようとする。

ゲーム理論ではルールは所与の条件であり、その条件の下での最適解を探すことが研究目的になる。もちろん、異なるルールの下ではどうなるのかをシミュレートすることはできるし、実際そのような研究もあるのだろうが、少なくともゲーム内のプレーヤーにとってルールは所与であり、プレーヤーの選択肢として「ルールを変えてしまう」なんてことは想定していないはずだ（そんな想定では計算ができなくなるだろう）。しかし、現実社会では、私たちはプレーヤーであると同時に、ルールを変更する機会ももっている。こんなルールはいやだと思えば、それを変えるべくアクションを起こすことが可能なのだ。このように、常に（メンバーによって）変更される可能性をもった、柔軟な存在としてゲームをイメージしてほしい。

では、そのような、ある意味では流動的で捉えがたいようにもみえるゲームをしっかりと理論化する足場は、どこに求められるのだろうか。ゲーム理論の場合は、ルールが固定されていて、それを足場として計算することができたわけだが、ルールが変更可能であればそれを足場にすることはできない。それならば、たとえルールが変わろうともゲームが同じゲームであり続けるための不変の要素、それによってゲームのありようを説明できるような要素とは何だろうか。それが、本書のキーワードである「志向性」だ。

志向性

方向づける性質

まず、道路交通というゲームを例にして考えてみよう。すでに説明したように、交通ルールが必要になるのは、私たちに「やりたいこと」があるからだった。ではそのやりたいこととは何か。それは、どこかに移動することだろう。そしてただ単に移動するだけではなく、一般的にはより速く、そしてより安全に移動したいと思うはずだ。このように「より」速く、「より」安全にという、相対的な基準が「**志向性**」[2]だと考えていい。

志向性とは「変化を方向づける性質」だと考えるとわかりやすいだろう。私たちの活動は常に変化しているが、ただランダムに変わっているのではなく、一定の方向性をもって変化しているはずだ。道路交通であれば、道路を走る車はより高速により安全にという方向で変化してきただろうし、それに対応して、自動車専用道路が作られたり、そのためのルールができたりした。また、シートベルト、ABS（アンチロック・ブレーキシステム）、エアバッグ、衝突回避装置などの安全装備が開発され、それに対応したルールも作られてきた。制度や装備だけでなく、私たち一人ひとりの行動も志向的（方向づけられている）といえる。渋滞情報をキャッチして混んだ道を避けようとするのも、視界が悪ければスピードを落とすのも、それがルールとして定められているから（だけ）ではなく、私たちがより速くより安全にという志向性をもっているからだ。このように、志向性という概念は、私たちのゲームやそのルールの変化を説明すると同時に、変化の末にたどり着いた現在のありようを説明することにもなる。

志向性の三条件

「やりたいこと」や「方向づける性質」という説明は、イメージをつかむためには有効だが、やはりまだ厳密さに欠けることは否めない。そこで、どのような条件があれば志向性をもつのか、あるいは志向的であるといえるのかを、明らかにしたい。

まず一つめの条件は、「選択肢」があることで、二つめの条件は「評価基準」があることだ。この二つはセットにして考えたほうがいい。

例えば道路交通に関して新しいルールを提案したとしよう。このとき、そのルールを適用するのか、やっぱりやめるのか、という二つの選択肢が生まれることになる。そして、その二つを何らかの基準で評価して、よりよいほうを選ぶ。このようなことができれば、ゲームは、評価基準に照らしてよりよいほうへという「方向づけ」が与えられることになる。もちろん、選択肢はもっと多くてもかまわないし、二つのうちのどちらかというようにはっきりと分かれるものではなく、「制限速度を何キロにするのか」などの連続する数量のなかからふさわしい値を選ぶことも考えられる。

これに、三つめの条件として、「能動性」を加えたい。ただ単によりよい選択肢が「わかる」だけではなく、実際にその選択肢を選び、実行する必要があるからだ。そして、実際におこなってみたところ、やはりこれを選んで正解だったということになるかもしれないし、その選択は間違いだったことがわかるかもしれない。また、何を選べばいいのかわからないときに、何もできずに止まってしまうのではなく、とにかくでたらめでもいいから動いてみるということもできる。これもまた能動性として想定していることだ。

人間の活動と志向性

このような意味での志向性は、人間だけがもつ性質ではなく、生物と非生物を隔てるものだと考えてもいいのかもしれない。どんな原始的な生物であっても、何らかの選択をする仕組みをもっているだろう。生存により適した環境のある場所に移動しようとしたり、必要性が高い機能を発達させ、不要な機能を退化させたりする。もし自然淘汰もまた選択だと考えれば、ウイルスもこの基準では「生物」に準じるものになる。ウイルスの場合は遺伝子の変異というゆらぎが「選択肢」の役割を果たしているのだ。

志向性という概念がウイルスにまで適用できるほどシンプルなものであるなら、それを人工物で模倣することももちろん可能だ。実際に、いま進行している人工知能の急速な発展は、このような仕組み――機械学習――によってもたらされている。そして、今後は人工知能が急速に発展して人間を凌駕するようになるのではないかという予想も、ここでいう志向性に裏づけられているのだ。

以上の説明からわかるように、志向性は、人間だけの特権ではなく、原始的な生物や機械（人工知能）までもがもちえる「仕組み」なのだ。(3) そして、この志向性という概念で理論を基礎づける試みは、「意志」という捉えがたいあいまいな概念に頼って人間の行動や社会を説明することを避け、なおかつ工学的な発想で（機械的なイメージで）人間社会を捉えることにもならない、「第三の道」を見いだすことにつながると筆者は考えている。

話を人間に戻そう。

人間の活動はすべて志向的だ。一見そうではない（志向性の対義語は「機械的」である）ようにみえることも、よく考えれば前述の条件を備えている。例えば「歩く」というシンプルな動作について考えてみよう。「歩く」ことにも選択肢や評価基準があるかどうかを判断するには、私たちが「よい歩き方」と「悪い歩き方」を区別できるかどうかを考えてみればいい。もしものすごいスピードで歩いて、目的地に着いたときには足が痛くてヘトヘトになっていたとすると、多くの場合それは「悪い歩き方」だと評価されるだろう。あるいは、いわゆる「ながらスマホ」で赤信号にも気がつかないようなことがあれば、そんな危険な歩き方はよくないと多くの人は言うだろう。つまり、私たちはただ機械的に歩いているわけではなく、状況に応じた適切な歩き方を選択しているのだ。それではもっと単純で機械的にみえる「計算」はどうだろうか。確かにある数と別の数を足し合わせた答えは、必ず一つだけであり、選択肢はないようにみえる。つまり、計算の規則それ自体は「機械的」だ。電卓や普段使っているようなパソコンで計算する場合も、やはり選択肢などなく機械的に計算している。しかし、人間はそうではない。桁数が少ない数の計算ならさっと暗算ですませるが、桁数が多くなって正確性が求められるような場合は電卓を使ったり筆算で答えを求めたりする。また、暗算で計算する場合にも、おそらく様々なやり方があって、それを私たちはそれぞれのやりやすさで選んでいるだろう。つまり、私たちの「活動」としての計算は決して機械的ではなく、志向的なのだ。

学習と推論

私たちがおこなうすべての活動（ゲーム）はすべて志向的だという見解については、自分はそんな選択肢など意識せずに、ほとんど機械的にものごとをしていることがある、という疑問、もしくは反論が考えられる。確かに、日常のルーティンになっているような動作を、私たちはほとんど考えることなくこなしている。では、これらは志向的ではないということになるのだろうか。

実は、志向性をもたらす仕組みには、大きく分けて二つのものがあると考えられる。学習と推論だ。

学習とは、何かをおこなったあとで、その結果を評価し、次に同じことをする際は修正を加えていくような仕組みだ。原始的な生物でもそのような仕組みをもつし、人工知能も学習（機械学習）の技術が進むことによって飛躍的な進歩を遂げた。もう一つの推論は、何かをおこなう前に、何らかの基準でそれを評価し、よりよいやり方を選ぶ仕組みだ。おそらくこれは、ある程度の「知能」をもった生物だけがおこなうことができるのだろうし、人工知能の推論は学習に比べるとまだまだ課題が多い。つまり、人間のアドバンテージが大きい部分だ。

私たちは、この学習と推論を組み合わせることによって志向性を実現している。日常のルーティンになってほとんど無意識におこなっていることも、そこに落ち着くまでには何らかの試行錯誤（学習）をしていたかもしれないし、「このようなやり方がいいだろう」と考えて（推論）決めたことだったかもしれない。いったんある程度満足できるやり方に落ち着けば、私たちはそれをあまり意識しなくてもできるようになるが、何かのきっかけで試行錯誤や検討が始まるかもしれない。つまり、「意識せずにできる」というのは志向的な営みが落ち着いている間の一時的な状態にすぎないのだ。

志向性と自然言語

以上のように、人間の活動の志向性は、ほかの生物や人工知能と比べて非常に複雑なのだが、その複雑性を作り出しているのが、**自然言語**である。私たちは言語によって志向性を作り出し、共有しているのだ。例えば先ほど例に出した「歩く」という行為についてもう一度考えてみよう。歩くという行為が適切な早さや安全性という評価基準をもつことはすでに述べたが、ほかにも、美しい歩き方やみっともない歩き方、疲れない歩き方、健康的な歩き方、静かな歩き方などのように、非常に多様な評価基準が考えられる。そのような多様で複雑な評価基準が「歩く」という言葉によって集約され、志向性を形作っているのだ。そして、「歩く」という言葉が存在することによって、私たちはそのような複雑な志向性を学び、共有し、人に伝えていくことが可能になる。言葉というのは何かを伝えることだけがその機能だと考えがちなのだがそれだけではない。私たちは「歩く」という言葉がなければ、歩くことができないのだ。

いやいやそんなことはない、歩くという言葉がなくても歩くことはできるじゃないか。おそらくこの時点では多くの読者はそう思うだろう。しかしそうではない。ここはかなり重要な点なのでしっかりと理解してほしいと思う。

第一に、歩くという言葉がなければ、その言葉に結び付けられた志向性（評価基準）をもつことができないのだ。適切な早さという基準も、安全性という基準も、当然もたないわけだから、行為がそういった基準によって「方向づけられる」こともない。つまり、志向的な営みとしての「歩くこと」はできなくなるのだ。これは主として学習に関わっていると考えることができる。

さらにもう一つ、言葉がなければ「歩く」という決断ができない。例えばどこかに移動するとき、「電車で行こうか、バスにしようか、それとも歩くか」という選択肢に「歩く」が含まれることはないのだ。私たちは言葉を使って推論しているのだから、言葉として表現されていない行為を推論の結論とすることができなくなる。つまり、推論（思考）の結果として歩くということができなくなる、ということだ。

以上のように、私たちの学習も推論も、ともに言語によっておこなわれているのだから、言語がないということは、それらのなかで用いることができないことになる。それが、「言葉がなくては歩くことができない」という表現の意味である。

自然言語は第1章で説明したように、あいまいさと柔軟さをもっているが、それは、自然言語が志向性と深く関わっているからだ。「歩く」という言葉のあいまい性と柔軟性は、その言葉が具体的な振る舞いを規定しているのではなく、方向づけを与えていることから生じている。「歩け」と命じられてもすべての人がまったく同じように歩くわけではないし（あいまい性）、いちいち指示されなくても路面の状態に応じて歩くなど、その場の状況に適応することができる（柔軟性）。そのため、自然言語によって記述されるルールもまた、同様の性質をもつのだ。

それでは、ここまでの議論をまとめておこう。ゲームについての理論を基礎づけるものとして、本節では「志向性」という概念を導入した。志向性は「選択肢の存在」「評価基準の存在」そして「能動性」という三つの要素をもち、ゲームに変化をもたらして現在のゲームのありようを形作る要因になる。志向性それ自体は非常にシンプルな仕組みで原始的な生物にもみられるし人工知能でも実現できるが、人間のゲームの志向性は非常に複雑で、しかも自然言語によって与えられるという特徴をもっている。

志向性と目的

このような志向性という概念に基づいて、次節からゲームについての理論の詳細を説明していくことになるが、その前に、志向性についてよくある誤解もしくは質問に答えておきたい。それは、志向的であるということと、「目的をもつ」ということとは同じではないか、もしくは、どこが異なるのか、というものだ。

筆者は先ほど「やりたいこと」という表現を使ったが、それは「目的」という言葉でも表現できるかもしれない。目的に対する手段という組み合わせは、意識的に作られた複雑なプロセスを説明するために伝統的に用いられてきた枠組みだ。そこで、これまで説明してきたことも目的と手段という言葉で置き換えることができるのではないかという疑問は、もっともだ。

この疑問の検討は、志向性という概念のイメージをより鮮明にするためにも有効だと思われる。そこで、事例を挙げながら少し詳しく説明したい。

取り上げる事例は、サッカーというゲームだ。もしサッカーをしている人に「あなたがサッカーをする目的は何か」と尋ねたら、例えば生活のため（プロ選手の場合）とか、楽しいから（娯楽のため）とか、体力を維持するためといった様々な答えが返ってくるだろう。つまり人がサッカーをするのは、（多くの場合）何らかの目的があるからだ。では、サッカーというゲームの志向性は何かと問うとどうなるだろうか。これはつまり、サッカーというゲームのなかで一人ひとりのプレーヤーが次のアクションをどう選ぶのかという問題だ。パスをするのか、それともドリブルで突破しようとするのかという選択肢があり、それを判断する基準があるとき、サッカーは志向的だといえる。ではそのときの判断基準はといえば、より得点につながりやすい、とか、勝利に結び付きやすい、といったことになるだろう。つまり、サッカーというゲームの志向性は、より多く得点し、失点をより少なくすることだといえるだろう。このように考えると、志向性と目的は必ずしも一致するわけではない。

では、両者はどのように違うのだろうか。通常はあるゲームをする目的を問う場合、その目的はゲームの「外部」にあり、外部の何かとそのゲームの関係が意識される。例えば経済生活があり、それに対する「手段」としてサッカーが選ばれる、というように。しかし、志向性はあくまでもゲームそれ自体の性質だ。どのような目的でサッカーをしようとも、サッカーというゲームの志向性は（基本的には）変わらない。実は、目的という言葉は、例えば「サッカーというゲームそれ自体の目的は何か」という問い方をすれば、志向性と同じ意味のことを示す可能性ももっている。しかし、一般的な用法としてはやはり「サッカーをする目的」のほうが多いだろう。また、サッカーのように意識的に選択されるゲームではなく、もっとルーティンになるような動作、例えば「歩く」という行為の場合は、「目的」という言葉はそぐわない。「歩くという行為それ自体の目的は何か」と問われても、とまどってしまうだろう。

以上のことから、これまでの議論を「目的」という言葉で表現することができないことをご理解いただけると思う。

それでは、話をもとに戻して、ゲームという概念を具体的に説明していこう。

二種類のゲーム

私たちの活動のすべてがゲームだとすると、世の中には非常に多様なゲームが存在していて、私たちもそれぞれが多くのゲームに関わっていることになる。そして、それらは互いに無関係なのではなく、つながりをもって存在している。例えば「歩く」というゲームであれば、それは別の様々なゲームの一部として現れる。通勤や通学というゲームの一部、旅行の一部、ダイエットや健康維持の活動の一部、ほかにも歩くことを必要とする活動（ゲーム）はいくらでもあるだろう。このように、ゲームはほかのゲームとつながっていて、そのつながりに注目することによって、ゲームが「世界」を形作る様子が見て取れる。

命令・行為のゲーム

「通勤」というゲームのなかに「歩く」というゲームが現れる様子をもう少し詳しく考えてみよう。

通勤は自宅から職場まで移動するゲームだが、できるだけ早くとか、ストレスなく快適に、できるだけコストをかけずに、移動時間をほかのことに活用できるように、といった基準によって構成された志向性をもっている。そして、その基準を満たすための**方法**が、「歩く」ことだと考えられる。(4)

このように、あるゲームのなかで、その志向性を満たすための方法として、別のゲームが選択されるということはごく一般的だ。ほとんどのゲームは、何か別のゲームの方法であり、そのゲームの方法として別のゲームをする。「通勤」というゲームの方法として「歩く」が使われるが、「通勤」もまた別のゲーム、「企業で働く」というゲームの方法である。(5) つまり、ゲームとゲームは、志向性に対する方法という関係でつながっているのだ。

それでは、「歩く」というゲームの志向性を満たすために、別のゲームが使われるのだろうか。「歩く」というゲームの場合、その方法は何か別のゲームではなく、具体的な身体運動だ。足を交互に前に出し、体を前に移動させる身体運動であり、それはスピードや安全性などに関わる志向性によってコントロールされる。

以上のように、あるゲームの志向性に対してその方法として別のゲームが採用される、というようにしてゲームとゲームが接続され、最終的には何らかの身体運動に帰着する。これが、ゲーム同士の関係の最もシンプルなイメージだが、ここから現実のもっと複雑なあり方に接近していこう。

まず、このようなゲームのつながりは分業を可能にするということを示したい。

例えば、「食事の準備」というゲームをしていて、そのなかで「買い物に行く」というゲームを選択したとしよう。この場合、「買い物に行く」というゲームは自分自身でおこなってもいいし、別の誰かにおこなってもらってもいい（例えば子どものおつかい）。このような分業が可能なのは、「買い物」が独立したゲームとして確立しているからだ。私たちは「買い物」というゲームの志向性を共有している。そのため、「これこれの買い物をしてきて」と言われれば、それ以上の細かい指示がなくても、途中で何時間も寄り道したり不要なものを山ほど買ったりせず、きちんとお金を払い、買った物を食べてしまうこともなく持ち帰る。当たり前のことなのだが、あらためて考えると、「買い物」という言葉が存在していることの意味は非常に大きいことがわかる。

一方、私たちは「買い物」についての知識を共有しているからこそ、それを含む上位のゲーム（ここでは「食事の準備」）では、買い物の具体的な方法について考慮する必要がない。「食事の準備」というゲームでは、手持ちの食材だけで作るか（作ることができるか）どうかを考え、その結果買い物が必要だという結論になれば、買い物というゲームの具体的な実行方法はほかの人に考えてもらってもいいわけだ。

このように、あるゲームのなかで別のゲームが必要になり、それを実行しようとすることを、**命令**という言葉で表したいと思う。「命令」という言葉からは何らかの権限や権力などを連想してしまいがちだが、ここではそのような意味合いはまったくない。ただ単に別のゲームを呼び出す、というニュアンスで受け止めてもらえればいい。また、自分自身が別のゲームをおこなう場合も、自分に対する命令だと考える。違和感があるかもしれないが、これは、単なる表現の問題だ。実際には決断とか意志決定ということだと考えてほしい。(6)

命令の結果生じることは、「行為」と呼ぶことにする。「食事の準備」というゲームで、「買い物に行く（行け）」という命令がなされ、それによって「買い物」という行為（もちろんこれ自体がゲームである）が発生する、ということだ。ゲームの志向性に対して、その方法としての別のゲームが対応する、という関係（志向性―方法）は、命令とそれに対応する行為（命令―行為）として具体化される。このようなゲームを**命令・行為のゲー**

ムと呼ぶことにしよう。

質問・応答のゲーム

命令―行為という連鎖によって大規模なゲームが構築されていくことはわかると思うが、そのような関係だけでは柔軟なゲームは作れない。

例えば、通勤というゲームで、自宅から駅までは晴れていれば歩くことにしているが、雨が降っていればバスに乗る、というように状況に応じて方法を変化させることは珍しくないだろう。食事の準備でも、手持ちの食材で足りなければ買い物が必要になるが、冷蔵庫に十分な食材があれば買い物をしなくてもいいかもしれない。このように、状況に応じて対応しようとすれば、まず「状況を知る」という活動が必要になる。通勤の場合は天気を調べることだし、食事の準備の場合は手持ちの食材のチェックということになるだろう。これらの活動もまた、ゲームである。

例えば天気を調べるゲームであれば、どの情報を参照するのか、その情報をどのように解釈するのかという様々な選択肢があり、そのなかから適切なものを選んでいるはずだ。食材のチェックも、記憶だけを頼りに足りない物を考えるという方法もあれば、記憶があやふやなら冷蔵庫を開けて確認してみるかもしれない。機械的ではなく様々なやり方があって、そのうちどれがいいかを選ぶことができるなら、それは志向的だということを思い出してほしい。そして、志向的な営みがゲームなのだ。

このゲームは、それを必要とするゲームから質問（問い）を受け取り、それに対する「答え」を返す、という関係でつながっている。通勤のゲームのなかで、「今日はどんな天気だろうか」という問いが発生して天気を調べるゲームに伝えられ、その問いに対して、「今日は曇っているが雨は降らない」という答えが返される。食事の準備というゲームでも、「食材は十分あるのか」という問いで食材を調べるゲームが呼び出されて、「足りない」という答えが返されるのだ。このようなゲームは、命令に対して行為を発生させるゲームとは、異なる性質をもつと考えるべきであり、**質問・応答のゲーム**と呼ぶことにする。

以上のように、私たちの活動であるゲームには、大きく分けて二種類のものが存在する。一つは命令・行為のゲームであり、もう一つは質問・応答のゲームだ。

前者はアウトプットとして行為を産出し、後者は状況に応じた対応を可能にする。この二種類のゲームによって、私たちは複雑で柔軟で大規模なゲームを構築することができるのだ。「ゲーム」という言葉を使っているせいでなにか難しい理論のようにみえるかもしれないが、考えようによっては、これはごくシンプルなことを難しくいっているだけ、といえるかもしれない。

命令・行為のゲームは、文字どおり「行為」のことだ。そして、質問・応答のゲームは、「思考」のことだと考えていい。つまりこれは、私たちの活動（ゲーム）を、行為と思考に分類した、というだけのことだと受け止めても、それほど間違いではない。しかし、ゲームとは行為と思考の総称だ、と表現したとしても、それはそれでかなり画期的なことではないかと筆者は考えている。というのは、行為と思考を同じ土俵に乗せて考察するような枠組みは、これまで存在しなかったと思うからだ。

それでは、ここまでの議論をまとめよう。

ゲームとゲームは「志向性とその方法」という関係によってつながっている。また、そのつながり方には、命令とそれに対する行為、質問とそれに対する応答という、二種類のものがあり、それぞれ命令・行為のゲーム、質問・応答のゲームと名づけた。

この二種類のゲームは、理論的に導いた分類なので、本当に私たちの活動のすべてがこの二種類に分類できるのかと疑問をもつ人がいるかもしれない。確かに、ちょっと考えただけではこの二種類のいずれにも含まれないように思える活動もいくつかある。例えば情報伝達がそうだ。私たちは人に何かを伝えようと思うことがしばしばある。自分の意見や意志を表明することや、危険を知らせること、あるいは他の人の主張や行為を批判することは、いずれも相手に問われたことへの返事とはかぎらないので、質問・応答のゲームには含まれないようにみえる。もっと大規模な情報伝達、報道や広告なども同様だ。

　これらのゲームをどのように位置づけるのかは、ゲームの理論化にとって非常に重要なので、次の節で詳しく説明したい。(7)

質問の重要性と問いの先取り

　結論から述べると、できごとや人物の記述、意見・意志の表明、危険通知、批判、報道、広告などはいずれも質問・応答のゲームだと考える。これらには実際には質問（問い）が欠如しているが、それでもなお、質問・応答のゲームだと主張する根拠を説明しよう。

　まず、最もわかりやすいと思われる例として自己紹介を考えてみたい。自己紹介とは名前など自分に関する情報を相手に知らせる行為だが、多くの場合、それに対応する（名前などを問う）問いは存在しない。「あなたの名前は？」と問われなくても自己紹介はするものだし、むしろ尋ねられるまで名乗らないのは失礼にあたることが多いだろう。しかし、自己紹介をするのは、「あなたの名前は？」と問われる可能性がある場面に限られる。例えば、友人など旧知の間柄で突然「私の名前は○○です」と自己紹介を始めたら、相手は面食らうだろう。あるいは街中で通りすがりの人をつかまえて自己紹介を始めても、取り合ってもらえないだろう。つまり、自己紹介とは、名前などを問われてしかるべき場面でしかおこなわれないのだ。相手から名前を問われる可能性があるときに、実際に問われる前にこちらから答え（自己紹介）を伝える。このように、相手の問いよりも先に答えを伝えることを、筆者は**問いの先取り**と呼んでいる。

　自己紹介の例をベースにして、先に挙げた情報伝達の例について考えてみよう。意見や意志の表明が求められる場面で、問われる前に自分から意見を述べたり、危険があるかどうかを知りたがっている（問う可能性がある）人に、実際に問われなくても危険を知らせる。これらは、自己紹介と同様に、「予想される問い」を先取りしたものだと考えられる。しかし、批判はどうだろう。相手は批判してほしくないのかもしれない。「何か問題がありますか？」と問うつもりなどないのかもしれない。それでもなお批判を適切におこなうことができるのは、「予想される問い」ではなく「あるべき問い」を先取りしているからだ。公の場で発言をしたからには、それを聞いた人々の声に耳を傾けるべき、つまりどう感じたのか、どう受け止めたのかなどを問うべきだ、という考えがあるからこそ、批判があってしかるべきものとして受け止められるのだ。報道の場合は、おそらく「予想される問い」を先取りする場合も「あるべき問い」を先取りする場合もあるだろう。

最後の広告は、これまでの例とはまた異なる先取りをしている可能性がある。例えばテレビの広告のなかである商品の値段を伝えるとしよう。しかし、視聴者はべつにその値段を知りたかったわけではないし、知るべきだという根拠もない。そのためただ値段を伝えるだけではその情報は視聴者にうまく届かない。そこで、広告によってまず「問い」を作り出す必要が生じる。視聴者に「これはいくらだろうか」と考えさせる、「値段を知りたい」と思わせる、そういう仕組みがあることによってはじめて、値段という情報は意味をもつ。このように考えると、（前述のような）広告は、問いそのものを作り出し、それを先取りすることによって成立しているといえるだろう。

問いの先取りに失敗すると、（本来「答え」である）伝えたいことがうまく伝わらない。文章の意味は完全に理解できるのに、何が言いたいのかさっぱりわからない。そういう場合の多くは「言いたいこと」がわからないのではなく、どのような問いを先取りしているのかがわからないのだ。逆にいえば、問いの先取りの技術こそが、人にものを伝えるときの最も重要な技術なのだともいえる。

実は本書は、このことを意識して書いている。ここまでの文章でも、「ここでこのような疑問や反論が生じるかもしれない」という表現を何度も使っているが、これは問いの先取りを明示化するための試みなのだ。もちろん、それがうまくいったかどうかを判断するのは読者なのだが。

問いの先取りという概念は、ゲームやルールについて具体的な調査をする際にも重要になる。なぜなら「先取りされた問い」を明らかにすることが、そのゲームの性質を記述するにあたって必要になるからだ。このことは、

第9章「ルールの科学の研究方法——社会調査の再整理」でより詳しく説明する。

ゲームの階層性

最後に、ゲームとゲームがつながることによって私たちの複雑な活動が形成されていることを、例を挙げながら説明したい。

これまでも取り上げてきた「通勤」というゲームは、けっこう複雑なゲームだ。まず、私たちは家を出る前に「スケジュールの確認」や「天気の確認」という質問・応答のゲームをおこなうことがある。これによって、定時の出勤でいいのかどうかを確認したり、駅までバスに乗るかどうかを判断したりする。「天気の確認」というゲームをするには、テレビをつけたりスマートフォンのアプリを起動したりするかもしれない。これはどちらも命令・行為のゲームだ。つまり、質問・応答のゲームのなかで命令・行為のゲームがおこなわれる可能性もあるのだ。

天気の確認によって、雨が降ることがわかれば駅までバスに乗り、晴れていれば自転車で行く、ということであれば、質問・応答のゲームの答えによって異なる命令・行為のゲームが選択されるということになる。

ゲームをそのゲームを呼び出した側にたどれば、通勤というゲームは働くというゲームの一部ということになるだろう。では、働くというゲームはどのゲームの一部なのか。それは「収入を得る」というゲームや、「自己実現」というゲームのなかで必要とされるゲームだと考えられる。命令・行為のゲームに関しては、おそらく「トップレベル」（最も上位にあるゲーム）は「生きること」ということになるだろうか。

質問・応答のゲームの多くは、命令・行為のゲームのなかで判断するために使われる。それでは、質問・応答のゲームに「トップレベル」（最も上位にあるゲーム）は存在しないのだろうか。あるとすれば、それは「自分についての問い」（自己評価）ではないかと思う。これは、自尊感情とかプライドとかアイデンティティという言葉で表現されるものだろう。

では逆に、ゲームを下位のほうにたどるとどうなるのだろうか。命令・行為のゲームから呼び出すゲームをたどると、どんどん具体的な行動に近くなり、最終的には身体運動になる。先ほどの「自転車で駅まで行く」ゲームの下位には「自転車に乗ることそのもの」があり、それは具体的な身体運動にほかならない（それ以上は別のゲームに分解できない）。自転車に乗ることが身体運動であることはわかりやすいが、「メールを書く」はどうだろうか。これも「キーボードを打つ」などの具体的な身体運動によって構成されていて、すべての行為が最終的には何らかの身体運動に還元されることになる。

では、質問・応答のゲームの下位はどのようなものだろうか。天気を調べるゲームでは、天気予報の太陽の絵を見て晴れだと解釈するのも一つのゲーム、いわば「記号を解釈するゲーム」である。さらに、ある形が太陽を表していると理解するのは「絵を認識するゲーム」ということになるだろう。おそらくこれが下位の限界で、質問・応答のゲームの場合は、最終的には私たちの知覚ということになると思う。

私たちは、生物として、自らの知覚と運動の能力を駆使して生きている。その点でほかの生物と変わるところはない。ただ人間は、知覚と運動を言語によって複雑に組織化し、他者と共有することによって「社会」というものを作り上げ、自然環境に大きな影響を与えることができる。ゲームという概念は、このようなプロセスを明らかにするためのものなのだ。

ゲームについての説明は以上である。これ以外にもゲームについて説明すべきことはあるのだが、本書ではルールのほうにより重きを置くので、ここまでにしておきたい。より詳しい説明が必要ならば佐藤裕『人工知能の社会学――ＡＩの時代における人間らしさを考える』（ハーベスト社、二〇一九年）にあたってほしい。

3　ルールとは何か

ゲームについてのこれまでの説明を踏まえて、ここからはルールについて考察する。まずルールとゲームの関係をさらに詳しく考えていこう。

方法の共有としてのルール

すでに説明したように、ゲームとは志向的な（方向づけられた）活動であり、その方向づけに従って様々な方法を作り出す。ルールがゲームの一部であるということは、この方法に関わっていると考えることができる。例えば、自動車交通というゲームのなかで、交差点をそれぞれの車が迅速かつ安全に通過するために、信号によって東西方向と南北方向が交互に通過するようにするという方法が考案される。この方法がルールになるわけだが、そのためにはもう一つ重要なステップがある。それはその**方法**が共有されなければならない、ということだ。

ここで新たに**共有**という言葉が登場するが、これも本書の最重要キーワードの一つだ。

交差点を異なる方向に向かう車が、信号に従って交互に通過するようにする、という方法は、交差点を通過しようとする人すべてがその方法を採用することによってはじめて意味をもつようになる。一部の人がその方法を採用しても、ほかの多くの人が異なる方法で通過しようとすれば、迅速性も安全性も向上しないため、自動車交通というゲームの志向性にそぐわないからだ。

ルールというのはゲームからみれば方法なのだが、私的な（それぞれの人の）方法なのではなく、共有された方法でなくてはならない。つまりルールは**方法の共有**（**共有された方法**）なのである。(8)

共有の方法としてのルール

ここまでの説明には疑問をもつ余地はあまりないと思うのだが、実は「共有」という概念の採用は非常に戦略的な意味をもっている。というのは、これまでのルール（規範）の研究では、**共有**にあたる部分には**拘束力**などの概念が採用されてきたからだ。

ルールがルールであるための要件は拘束力ではないのか。何らかの拘束力がはたらくものを私たちはルールと呼ぶのではないのか。このような考え方はきわめて常識的だし、実は筆者もかつてはそう考えていた。しかし、これにはいくつかの点で重大な問題がある。

第1章では、**権力**という言葉による説明に問題があることを指摘したが、拘束力にも基本的には同じことがいえる。あるルールに拘束力があるというのはどういうことなのだろうか。みんながルールを守っていれば拘束力があると見なされるのか。もしすべての人が自ら進んでルールを守っているときも拘束力があるということになるのか。それとも、拘束力というのはルールを守らない人にだけ発動するものなのか。

拘束力という概念にも、**自然科学**のものの見方を社会現象に適用しようとしたときに生じる混乱を見て取ることができる。みんながルールに従っているということは、そこに何らかの「力」がはたらいているのだと考えられる。「ルールがある」ということを、**外から**、第三者的に観察するなら、そのような見方も可能だろう。しかし、ルールを私たち自身の側から捉えるなら、そのような見方は妥当性を欠く。私たちは、あるときはそれが「当たり前」だと考えて、またあるときには利害を計算して、打算でルールに自ら従うのであって、何らかの力によって強制的に従わされているわけではない。基本的には自らの意志で従っているのだ。

確かに拘束力という概念の使用には問題があるかもしれない。しかしそれでもなお、拘束力によってルールを定義あるいは説明したくなるのは、理由があるからだ。それは、もし拘束力という言葉を使わなければ、「ルールが守られている」という状況をどう説明すればいいのかがわからないからだ。誰かがルールを定めれば、それは自動的に守られるのかというと、もちろんそんなことはない。ルールが共有されるようになる、何らかの要因があるはずだ。それが「力」でないのなら、ほかの何だというのか。

筆者の答えは、**方法**つまり**共有の方法**がその要因だということだ。私たちは、ルールを共有するための様々な方法をもっている。例えば最も単純なのは、ルール違反を罰する、という方法だ。ルール違反をした人を特定し、必要なら拘束し、それが本当にルール違反かどうかを判断し、どれくらいの罰の重さなのかを決定し、確実に執行する。このような複雑な手続きや私たちの活動によってルールが共有されているのであって、拘束力などという抽象的な力がはたらいているのではない。ルールが共有されていることを、「共有の方法」で説明するということは、私たちがどのようにしてルールを維持しているのかを、具体的な活動を明らかにすることによって解明しようとすることにほかならない。(9)

ここまでの説明をいったんまとめてみよう。

まず、ルールを「方法の共有」だと考える、という提案をした。

これに対して、（共有ではなく）拘束力をルールの条件とするという対案を検討し、それを否定するなかで、ルールは共有の方法によって成り立っているという結論を得た。

ここで、**方法の共有**という表現と**共有の方法**という似たような表現を同時に使っているので、なんだかややこしいと思ったかもしれない。そのとおり、ここには少しややこしい問題があるのだ。

「方法の共有」というのは、ある方法を関係者が共有することによってルールが成立するということだ。

これに対して、ルールが共有されるためには何らかの方法が必要であり、それを「共有の方法」と表現する。

なにやら一種の循環論法のようにみえるかもしれないが、実は「方法の共有」というときの「方法」と、「共有の方法」というときの「方法」とはまったく別のものだ。例えば、「赤信号では停止する」というルールの中身が「方法の共有」での「方法」であり、「違反者には反則切符を切る」というものが、「共有の方法」での「方法」なのだ。

このように、ルールの説明で、異なる「方法」が登場するということは、方法という観点からみればルールには二面性があることを意味している。

ルールの中身としての方法と、ルールを共有する（守らせる）ための方法。この二種類の方法を考えていかなければならないということが、本節の結論である。

4　ルールの分類

それでは、これまでの議論を踏まえて、ルールにはどのような種類のものがあるのかを説明しながらルールの全体像を描きたいと思う。

行為のルールと判断基準のルール

あるゲームのなかで別のゲームが実行されるとき、後者のゲームは前者のゲームの志向性に対する方法だと位置づけられる。そして、その方法が共有されたものがルールなのだとすれば、ルールの中身としての方法はゲームだということになる。例えば、「自動車交通というゲーム」のなかで、「赤信号での停止というゲーム」が方法として必要になるとき、そのゲーム（赤信号での停止）を共有することがルールになるわけだ。

ということは、ルールの分類の仕方として、まずルールの中身としての方法が、命令・行為のゲームであるか、質問・応答のゲームであるかという違いに着目する分類法が考えられる。

ルールの中身が命令・行為のゲームなら、ゲームのなかで特定の行為が共有されていることになる。そこでこれを行為のルールと呼ぶことにする。

ルールの中身が質問・応答のゲームなら、ゲームのなかである判断基準が共有されていると考えていいだろう。こちらはちょっとわかりにくいかもしれないが、あとで具体例を提示するので、いまはこのまま進めたい。こちらは判断基準のルールと呼ぶことにする。

強いルールと弱いルール

以上の分類は、ルールの中身、つまり**共有された方法**に着目する分類だが、それに対して、**共有の方法**に着目する分類も考えておきたい。つまり、どのようにして共有されるのか、という点に関する相違を考えるのだ。

現代社会に存在する規則の多くは、明確に何かを強制したり禁止したりする。「したほうがいい」「しないほうがいい」という緩やかな要請ではなく、「しなくてはならない」「してはならない」というはっきりとした規定としてルールが作られているのだ。このように明確な強制あるいは禁止によって共有がなされるルールを、**強いルール**と呼んでおきたい。これに対して「したほうがいい」「しないほうがいい」という緩やかなルールが**弱いルール**だ。強いルールの場合は強制されたことをしなかったり禁止されたことをしてしまったりすれば、ルール違反だと認識される。しかし、弱いルールの場合にはルールに反しても必ずしもルール違反だとは認識されない。この点もまた強いルールと弱いルールの違いだ。

ただし、強いルールと弱いルールの境界は必ずしも明確ではないので、これはグラデーションを伴う分類だと理解してほしい[10]。

ルールの具体例

行為のルールと判断基準のルール、強いルールと弱いルール、という分類基準に基づいて、形式的には四つの分類ができるわけだが、それでは具体的にはそれぞれにどのようなルールが当てはまるのかを説明していきたい。まず、強い行為のルールだが、これには法（成文法）を典型とする、成文化された規則の多くが該当するだろう。行為のルールには、まずある行為を強制したり禁止したりするものが該当する。例えば憲法には、「しなければならない」（第十二条の基本的人権に関する規定）、「義務」（第二十六条の教育を受けさせる義務）などの言葉で表現される強制のルールや、「してはならない」（第十二条の権利の濫用の禁止）という言葉が多く使われる禁止のルールがある。このほか憲法のかなりの部分を占める権利に関する規定は、「権利侵害を禁じる」という禁止のルール（例えば第二十条）や「権利を保障しなくてはならない」という強制のルールになっている（例えば第二十五条)。

強制の否定である「免除」や禁止の否定である「許可」は、行為のルールのバリエーションである。禁止されているからこそ許可に意味が生じるのであり、強制されているからこそ免除が重要になるからだ。これらは強制や禁止のルール(必ずしも制度化されたルールではないかもしれない)が存在することを前提にしていて、強制や禁止に対する例外規定だと考えられる。憲法であれば、第二十九条は財産権を侵してはならないという禁止の規定だが、三では「正当な補償の下に、これを公共のために用ひることができる」(許可)と規定しているのが、その例になるだろう。

こうした例からもわかると思うが、禁止や強制などは、ルールを規定する文章にそのままはっきりと書かれているとはかぎらない。より典型的な例としては、例えば刑法第百九十九条は殺人を規定する条文だが、その内容は「人を殺した者は、死刑又は無期若しくは五年以上の懲役に処する」というもので、どこにも人を殺してはいけないとは書かれていない。刑法は刑罰を規定する法律なので当然のことなのだが、この条文は事実上、殺人を禁止する条文として理解されている。

強い判断基準のルールも、ある判断基準を強制や禁止(場合によっては許可や免除もありえるが、数は少ないだろう)するものだと考えられる。これも憲法から例を引けば、差別を禁止した第十四条は、人種、信条、性別などを判断基準として用いることを禁止したものだと解釈できるし、婚姻を規定した第二十四条は、ほかの判断基準を排除することにより「両性の合意」を判断基準として用いることを事実上強制していると考えられる。

判断基準のルールは、集団的な行動のなかで状況判断を共有する際に必要になってくる。例えば、感染症の深刻な流行に対処する際には、その感染症の蔓延状況を的確に判断して共有することなしに有効な対策を実施することはできない。そのため、いまどの程度深刻な状況なのかを判断する基準(例えば新規陽性者数や入院患者数などの数値基準)を設ける必要がある。

また、判断基準のルールは強制や禁止のルールをより厳密にしようとするときに必要になることも多い。例えばいわゆる「反社会的勢力」に加担してはならないという禁止のルールがあるときに、それではなにをもって「反社会的勢力」と判断するのかを定めておく必要がある。あるいは、行政の適切な執行を確認するために必要な公文書は保管しておかなくてはならないという強制のルールを厳密に適用するには、どの公文書がそれに該当するのかという判断基準を定める必要がある。

つまり判断基準のルールが整備されなければ、行為のルールも十分には機能しないということだ。

それでは弱いルールについてはどのような具体例が考えられるだろうか。

まず、弱い行為のルールについては、私的な領域に関するルールが多いと考えられる。例えば、新型コロナウイルス感染症が蔓延した時期に、人と接する場面ではマスクをするべきだというルールが広がっていったが、これは少なくとも一定の割合の人が「強制」と受け止めているだろうから、強いルールだ。しかし、「帰宅時に手洗いをしよう」というのはどうだろうか。これもまた多くの人に共有されていたと思われる方法、つまり「ルール」だと考えられるが、強制されるというよりは、自分の身を守るためにそのようにしたほうがいい、という受け止め方をする人が多いだろう。そのため、手を洗わないことが「ルール違反」だと言われてもピンとこないのではないだろうか。そうだとしたら、これは弱いルールだ。

このように、「よい方法」が広く知られることによって、多くの人に共有されるということが、弱いルールの一つの典型だと考えていいだろう。

では、弱い判断基準のルールとはどのようなものだろうか。この種のルールとしてわかりやすいのは人物評価ではないかと思う。私たちは様々な場面で他者を評価する。例えば教育では成績の評価や達成度の評価などが必要だし、企業などの組織では能力や業績の評価をおこなうだろう。ただ、そういった組織的な評価には明確な規定があるので強いルールだといえる。しかし、もっと私的な関係での評価、例えばこの人と友達になれるかどうかを判断するための評価とか、恋人や配偶者を選ぶための評価はどうだろうか。これらは完全に個人の好みであればもちろんルールとはいえないが、ある基準で判断するべきだとかそのほうが望ましいといったことが共有されているのなら、それは弱いルールだといえる。

以上のように、ルールという概念を非常に広い範囲に適用できるのは**共有**という基準を採用したからだ。つまり、**拘束力**あるいは事実上の拘束力がはたらいているかどうか、という自然科学的発想に煩わされることなく、幅広い事象をルールと見なすことが可能になったのだ。このことは、ルールを社会学の基礎概念として確立させるために必要なことだと筆者は考えている。

では最後に、本章で説明してきたことをまとめておこう。

ルールの科学はルールの評価をおこなうという第1章の結論を受けて、本章ではルールの科学によって社会はどのようにイメージされるのかを明らかにした。

ルールの科学では、社会は人々の志向的な営みであるゲームの集まりだと考える。言葉にすると簡単だが、このことの意味はきわめて大きい。これだけでルールの科学は自然科学とは異なる道を進むということが明確になっているからだ。

そして、ルールはゲームの志向性に対応する方法である。ただし、単なる方法ではなく、ゲームの参加者に共有された方法だ。また、方法を共有するためには何らかの方法が必要であり、これもまたルールの一つの側面を形成している。すなわち共有の方法である。

本章で登場した概念、ゲーム、ルール、志向性、共有、方法などはすべて本書の骨組みになる重要なキーワードなので、ぜひしっかりと理解したうえで先に進んでいただきたい。

注

（1）本書では「ゲーム」と表記するが、この概念は正確には「言語ゲーム」と呼ばれている。「言語」をつけなくても趣旨は十分通じるという判断からこう表記することにした。「言語ゲーム」は哲学者ルートヴィヒ・ウィトゲンシュタインが提唱する概念を筆者が独自にアレンジしたもので、詳しくは佐藤裕『人工知能の社会学——ＡＩの時代における人間らしさを考える』(ハーベスト社、二〇一九年)などをみてほしい。

(2) 志向性はもともと現象学や心の哲学などで用いられている概念だが、本書での「志向性」はそれとは異なる。両者の異同については、同書所収の「補論2」を参照してほしい。

(3) ただし、人間の場合は、自然言語で志向性を作り出すという、ほかの動物にはない、そしていまのところは人工知能にもまねができない大きなアドバンテージをもっている。

(4) ここで「手段」という言葉ではなく、「方法」という言葉を使うのは、「目的」ではなく「志向性」という言葉を使うのと同様の理由による。これ以上の説明は不要だと思うが、釈然としないようなら「歩く手段」と「歩く方法」との違いについて考えてみてほしい。

(5) テレワークなども考えられるので、通勤はあくまで働くための方法の一つだ。

(6) コンピュータープログラミングの経験がある人なら、そこで使われる「命令」だと考えれば理解しやすいだろう。

(7) このほかにも、「認識」という営みが質問・応答のゲームであることも示す必要があるのだが、本書では割愛した。詳しくは前掲『人工知能の社会学』の第3章を参照してほしい。

(8) 「方法の共有」と「共有された方法」はいずれも、ある方法が共有される(されている)ことを表現する言葉だが、ルールのはたらきとしての側面を示す際には「方法の共有」、ルールの中身としての方法を示す際には「共有された方法」というように、使い分けることにする。

(9) ただし、実際には罰則とルールの共有との関係は非常に複雑だ。筆者は原理的には罰則によってルールを守らせることはできないと考えている。この論点については第3章で詳しく説明したい。

(10) 強いルールと弱いルールについては、第3章でさらに詳しく説明する。

コラム1　協調のゲームと対立のゲーム

本書ではルールを方法の共有／共有の方法という言葉を使って説明しているが、もしかしたら、「ゲーム」という言葉の語感から生じるイメージによっては、この説明がしっくりこないと感じる人がいるかもしれない。それは、ゲームとは各プレーヤーが競い合うものだというイメージがあるからではないかと思う。

確かに、世の中に存在しているゲームの多くはそういうものだ。スポーツもコンピューターゲームの多くもそうだし、経済活動にも競争という要素がある。

しかし本書でのゲームの概念は、ここまで説明してきたようにもっと広いものだ。基本的には人間の（志向的な）活動すべてがゲームであり、そういう意味では競い合う要素がある活動も、当然、そうした「ゲーム」に含まれる。

競い合うゲーム（これを仮に「対立のゲーム」と呼んでおこう）では、各プレーヤーの方法が共有される必要はない。他者に勝つための方法であるなら、それをわざわざ他者に知らせる必要はないからだ。対立のゲームでは、方法は必ずしも共有されなくていいのではないだろうか。

このように考えれば、本書で想定しているのは、いうならば「協調のゲーム」であり、本書の理論はこのタイプのゲームにだけ通用するものではないかと受け止められる可能性も、あるかもしれない。

しかし、ここで考えてみてほしいのは、対立のゲームにもルールがある、ということだ。

例えば、どんなスポーツでも、認められる行為と認められない行為を線引きするルールがある。認められない行為は反則と見なされ、ペナルティを受けたりする。そしてそのルールはその競技の趣旨、つまり志向性にのっとって作られている。例えば安全を求める志向性からけがをする恐れがある行為が禁止されたり、競技の円滑な進行や公正な競争といった志向性にのっとった様々なルールが存在する。これらはまさに共有された方法だと見なすことができるだろう。

私たちは、対立したり、競争したり、互いに相手を攻撃し合うことさえあるが、そういった場合にも何らかのルールを作ろうとする。私たちはルールの下で競争したり戦ったりするのだ。最も大規模な対立である戦争にさえルールは必要だし、実際にルールが作られている。例えば戦争を始める際の宣戦布告、戦争を終結させる際の講和条約の締結という手続きは戦争についての国際的なルールだ。特に戦争を終結させる手続きは重要であり、私たちはルールがなくても戦争を始めることはできるが、ルールがなければ（あるいはルールを作らなければ）戦争を終わらせることはできないのだ。このほかにも、捕虜の扱いや民間人の保護に関する規定、大量殺戮兵器の制限など、様々なルールが作られている。

以上のように、対立のゲームであってもどのように戦ったり競争したりするのかという方法は共有されている。これがルールとして機能しているという点は、協調のゲームと何ら変わることがない。そういう意味では、対立のゲームと協調のゲームという分類を強調するのではなく、この両者の間には基本的に大きな違いはないという考え方で議論を進めていこうというのが、本書の考え方なのである。

本書でいうルールは方法の共有であり、このときの方法とはほぼあらゆるものを含むが、ルールにはならない方法が一つだけあると考えられる。それは他者に勝つための方法だ。なぜなら、他者に勝つための方法は、共有されると意味を失うからだ。

もし、じゃんけんの必勝法が開発されたとしても、それを相手が知っていれば相手もその必勝法を使うのでこちらが必ず勝つとはいえず、必勝法にはならない。つまり、他者に勝つ方法というのは、普遍的な知識になりえないということだ。

ただ、勝つために自らの能力を向上させる方法なら共有可能だし、共有されればルールになるだろう。スポーツのトレーニング方法や生産効率を上げる組織の編成方法などは、普遍的知識になりえる。したがってそれらは本書でいう方法の共有に当てはまる。それらはより強くなる方法だったり、より多くの利益を上げる方法だったりするかもしれないが、直接的に「勝つ方法」ではない。

以上の説明は、本書が目指す方向性をイメージするのに役立つのではないかと思う。

第3章　ルールの理論
――共有の方法としてのルール

これまで説明してきたことは、いわば社会を理解するための「枠組み」だった。ゲームについてもルールについても、これまでの説明は何か新しい知識を提供するというよりは、既存の知識を整理したものであり、それを通して本来の目的である「ルールの評価」につなげていくためのガイドラインにすぎない。多様なゲームやルールについて具体的に解説することが本書の目的ではない。それらについての知識はすでに様々な研究によって明らかにされているはずだ。本書は、そういった知識をどう活用していけばいいのかを提案したいのだ。

しかし、**共有の方法**という論点だけは、単なる枠組みではない。それは、方法の具体的な内容まで明らかにならないと意味をなさない、いわば本書が提案するグランドセオリーの核心部分だからだ。

ただ、現状ではまだ共有の方法についての理論は未完成だ。行為のルールについての共有の方法は、ある程度の理論体系ができているのだが、それを本書の構想に利用できる程度には拡張するめどが立ったという段階である。

そのため、本章は第1部のほかの章とは異なるスタイルで議論を展開してみたい。筆者がすでに発表している「ルールの理論」を紹介しながら、それが本書にどのようにつながるのかを説明するというスタイルだ。

取り上げるのは、筆者の著書『ルールリテラシー――共働のための技術』（新曜社、二〇一六年）で提示したルールの理論だが、実はこの本を書いた時点と本書執筆時では、「ルール」についての考え方に大きな相違点がある。まず、『ルールリテラシー』執筆時はルールを、行為のルール、つまり命令・行為のゲームに関わるものだけに限定して考えていたが、本書ではそれを質問・応答のゲームにも適用できるように拡張した。そして、それに伴い、『ルールリテラシー』ではルールがルールである条件を（何らかの意味での）拘束力であるとしていたのを、本書ではより包括的な概念である共有に改めた。このような拡張によって、本書ではルールの理論を「社会学のグランドセオリー」の中核をなすものとして位置づけたわけだが、このような経緯も含めて説明をしたほうが、本書の考え方を理解しやすいのではないかと考えた。そこで、本章では第1節で『ルールリテラシー』執筆時の考え方を説明し、第2節でそれをどのように拡張したのかを説明したい。

ルールの理論は非常に多くの論点を含むので、本章で紹介しきれないものも数多くある。もう少し深く知りたい読者がいたら、『ルールリテラシー』を読んでいただきたい。

1 行為規範としてのルールの理論

方法としてのルール

まず、「ルール」をどのようなものだと考えるのか、という点から説明したい。「どのようなもの」というのは漠然とした問いだが、例えば、ルールというのはもちろん物理的実体をもたないのだが、それでも何らかの意味で（ある程度）客観的に存在していると考えることができるような「モノ」だと捉えてもいいのだろうか。それとも、主観的な存在であり、「ある」と思う人にとってだけ存在するようなものなのだろうか。

ここまで読んできた読者はすでにわかっているとは思うが、本書では、「ルールは客観的存在か、それとも主観的存在か」という問いそのものを否定する。つまり、何らかの**存在物**ではないと考えるのだ。それではいったいルールとは「どのようなもの」なのだろうか。本書の考え方では、ルールというのは人々の営みであり、人々の**方法**[1]である。

ルールが方法であるというのは、なかなか直感的には理解しにくい考え方だと思うので、ここでは少し回り道をして、約束するということから考えてみたい。それは、約束であればそれを方法だとイメージしやすいのではないかと思うからだ。

約束

約束とは、相手に何かをおこなわせようとする、もしくはおこなわせないようにするための方法だと考えていいだろう。では、私たちはどのようにして約束をするのだろうか。

約束という営みは、約束を交わすフェーズ（段階）と約束したことの履行を求めるフェーズから成り立っている。この二つのフェーズは時間的に隔てられていて（約束を交わしてからその履行を求めるまでには時間の経過がある）、それらをつなぐことが約束という方法の核心になる。

二つのフェーズをつなぐ代表的な方法は、約束をしたことの**記録**を残すことだろう。借用書とか誓約書のように文書で約束の内容をはっきりと記録しておけば、後日必要になったときにそれを示すことによって約束の履行を求めることができる。

ここで重要なのは、借用書とか誓約書のようなものが何らかの**拘束力**をもっているわけではなく、何らかの拘束力が作用するから私たちは約束を守るのではない、ということだ。私たちは約束が「守らなければならないもの」であることを知っている。そしてそのうえで約束をしたのだから、約束したことを実行しなくてはならない。約束は何らかの拘束力によって守られるのではなく、基本的には知識と論理によって守られるのだ[2]。

では、記録以外に二つのフェーズをつなぐ手段はないのだろうか。日本には子どもが約束のしるしにおこなう風習として、「ゆびきりげんまん」というものがある。これは約束の内容を取り決めたあとに、互いの小指を絡ませて「ゆびきりげんまん、うそついたらはりせんぼんのます」というまじないの言葉を一緒に唱える、という一種の儀式だ。これが約束の儀式として意味をもつのは、約束を破ったら実際に「針千本」飲まされる罰が下ると信じているからではなく、そのような刺激的な言葉を口にすることで、約束がなされたことをはっきりと記憶させるための仕組みだと考えられる。つまりこのような儀式によって、約束の履行を求めるフェーズで「ほら、ゆびきりげんまんしたでしょ」と約束をした事実を思い出させることができるのだ。こちらは記録を残すというやり方以上に、拘束力のようなものではなく知識と論理によって約束が守られるということが理解しやすいだろう。

つまり、方法としての約束とは、約束をしたという事実を作り、それを記録または記憶し、約束の履行を求める際にそれらの記録や記憶を参照することだ。記録の場合には約束の記録にふさわしい記法が工夫されているし、記憶の場合には記憶に残りやすい儀礼が作り出されてきたのだ。

約束からルールへ

約束を以上のようなものとして理解したうえで、ルールをその延長線上に位置づけて考えてみよう。ルールも一種の約束のようなものだと考えることができるが、やはり大きく異なる点がある。それは、約束の場合は約束をした人と履行を求める／求められる人が同一であるのに対して、ルールの場合は約束にあたるルールの制定に関わっていない人もルールを守らなくてはならない場合がある、ということだ。

例えば数人のグループで何か作業をしていて、そのやり方についての取り決めを作ったとする。そしてその後の作業はその取り決めに従っておこなうことになった。ここまでであれば、その取り決めをルールと呼んでも約束と呼んでも差し支えはないだろう。しかし、ここに新たなメンバーが参加することになったとしよう。この人にとって、それまでに作られてきた取り決めは、自分が約束したことではなく、自分とは関わりなくすでに存在しているものだ。そのため、約束とは異なる方法でその取り決めを共有する必要がある。それがルールだ。

まず、ルールは「約束する」ものではなく「作る」ことによって存在させられる。これは約束した当事者だけのものではなく、新しく参入してくる人も含めて方法を共有するために必要な方法なのだ。私たちは「ルールがある」という表現をするが、これは、ルールというものが存在することによって効力をもつという性質があることを示している。では、ルールをどうやって存在させるのかというと、これは約束と同じく記録または記憶という手段によってである。**記録**のほうは、法律や規則を思い浮かべればすぐにわかると思う。ルールの規定は言葉によって文書などに記録されることが多く、それがルールの存在の根拠になる。では**記憶**のほうはどうだろうか。約束の場合は「約束をした」という事実の記憶であるからそれがどういうものなのかははっきりしていたが、ルールの場合はどう考えればいいのだろうか。

ここで注意してほしいのは、「ルール」と「価値観」は異なるということだ。例えば「危険なウイルスが蔓延している状況では公共の場でマスクをするべき」というのは、価値観だろうか、ルールだろうか。もし価値観だとすると、「私はするべきだと思っている」というように個人個人が自分で判断するべきことだという意味合いになるが、ルールであれば個人の価値観にかかわらずみんなが従わなければならないことだという含意をもつ。そのため、いくら自分がマスクをするべきだと思っていても、それだけでルールが存在することの根拠になるわけではない。例えば権威をもつ人（親や教師、政治家や学者、あるいはマスメディアも含まれるだろう）が「ルールとして」語っていたという記憶や、「街に出てみたらみんなマスクをしていた」という現実に存在する規則性の記憶も、ルールの存在を根拠づける可能性がある。そのほかにも様々なものが考えられるが、要はルールが「存在」していることの根拠になる記憶が必要なのだ。

以上のように、ルールという方法の基礎は、記憶や記録によってルールを存在させ、それを参照することによってルールの順守を求める方法だと考えることができる。ルールが存在していること、つまり**ルールの事実性**は、ルールを考えるうえでの所与の条件ではなく、ルールという方法の構成要素なのだという理解がきわめて重要だ。

では、ルールを存在させることができれば、それだけで誰もがルールを守るようになるのだろうか。約束の場合は自分が約束をしたという事実が約束の履行の根拠になっていた。つまり「自分は約束をしたのだから守らなければならない」という論理があったのだが、「ルールが存在するから守らなくてはならない」だけではそのルールを自分が守らなくてはならない十分な根拠にはならない。では、どのような論理でルールは守られるのだろうか。ポイントは、ルールと自分との関わりだ。

ルールの論理と社会的カテゴリー

ルールと社会的カテゴリー

約束ではなくルールが必要になるのは、活動をしているメンバーが入れ替わるからだ。ではなぜ、メンバーが入れ替わっても同じルールが必要なのだろうか。それは、同じ活動が継続しているからにほかならない。メンバーが入れ替わった時点でまた一から活動を作っていくのであれば新しい約束をすればいいだけのことだが、活動そのものは継続していてメンバーだけが入れ替わるから（約束ではなく）ルールが必要なのだ。

このように、ルールというのは継続的な活動を前提としている。この活動を本書では**ゲーム**と呼んでいる。ルールというのは何らかのゲームの一部なのだ。

ゲームという概念を導入すると、ルールの論理はみえやすくなる。まず、ルールはゲームのための方法なので、ルールに従わなければならない理由はゲームに求めることができる。例えば、何人かで分業しながら何かを制作しているとすれば、よりよい製品を作るために必要なものとしてルールが正当化される。そしてこれを個人に落とし込めば、ある人はそのゲームのメンバーであり、ゲームに参加しているのだからルールを守らなくてはならない、ということになる。逆にいえば、ルールとは無制限にすべての人を拘束するようなものではなく、何らかの活動をしているメンバーだけを拘束するものだ。

ゲームが複雑になってくると、すべてのメンバーに同じルールが適用されるのではなく、役割や地位に応じて異なるルールが適用される場合が出てくる。企業組織であれば、生産現場には生産現場の、営業には営業の、経理には経理の、それぞれ独自のルールがあるだろうし、管理職には管理職としてのルール、新入社員には新入社員としてのルールがあるだろう。また、何らかのハンディキャップをもった人や特殊な事情がある人に対して特別なルールを適用しなければならないこともあるだろう。そこで、「メンバー」「立場」「属性」などを含んだ包括的な概念として**社会的カテゴリー**という言葉を導入する。「日本国民」「○○社員」「○○県民」も、「政治家」「教師」「店員」も、「若者」「高齢者」も、「女性」「男性」も、社会的カテゴリーであり、さらには、「社会人」「一般市民」「普通の人」といったあいまいなグルーピングも、社会的カテゴリーと見なすことができる。社会的カテゴリーという言葉を使えば、ルールを以下のように表すことができる。

AであるならBしなくてはならない。または、AであるならBしてはならない。
（Aは社会的カテゴリー、Bは行為）

つまり、ルールとは、社会的カテゴリーと行為を肯定的（しなくてはならない、つまり強制）または否定的（してはならない、つまり禁止）に結び付けたものなのだ。

ルールの論理

それでは、以上の考察に基づいて、どのような論理でルールが守られるのか、すなわち**ルールの論理**とは何かを説明しよう。

約束の場合は、「私が約束をした」のだから「私は約束を守らなくてはならない」という論理がはたらく。ここでは初めから「私」がどのように関わっているのかは明らかだ。しかし、ルールの場合はまず「私」がどのように関わっているのかをはっきりさせなくてはならない。つまり、それは「私」のルール、「私」が守らなくてはならないルールなのかを判断しなくてはならないのだ。仮に「A（社会的カテゴリー）であるならB（行為）しなくてはならない」というルールが存在することを認めたとしても、自分がAではないと認識していれば、そのルールは自分とは関係がないものになってしまう。そのため、ルールとは別に、ルールの論理には「私はAである」という認識が必要になる。ルールと「私はAである」という自己認識が重なることによってはじめて、「私はBしなくてはならない／してはならない」という結論が導かれるのだ。つまり「私はAである」と「AならばBしなくてはならない／してはならない」から「私はBしなくてはならない／してはならない」を導く三段論法がルールの論理なのだ(3)。

社会的カテゴリーはルールの論理の構成要素だが、そのことは社会的カテゴリーがルールという方法のなかで重要な位置を占めるということを意味している。もし、「私はAである」という認識があいまいだったり十分に意識されていなかったりすれば、ルールが「他人事」になってしまい、十分に機能しない可能性があるからだ。そのため、実際のルールの運用にあたっては、社会的カテゴリーを明確にし、それを強く意識させるような工夫がされている。例えば組織への参入の儀礼（入学式や入社式）をおこなうことも、その組織の一員であることを強く意識させる工夫だろうし、組織の一員であることやそのなかでの立場を示すシンボルを身にまとったりすることも、日常的にメンバーシップを意識させるための方法だろう。このように、社会的カテゴリーの管理もまた、ルールという方法の一部だと考えることができる。

ペナルティによる拘束力

社会的カテゴリーを適切に設定して管理し、ルールの事実性を作り上げることができれば、ルールの論理によって基本的にルールは守られるはずだが、それでもルールを守らない人が出てくるかもしれない。そのため、ルールには何らかの**拘束力**が必要だと考えられている。つまり、ルールは最終的には何らかの「力」によって維持される、と考えられるのだ。その拘束力もしくは力を生み出す仕組みとして想定されているのが、ペナルティ(ネガティブサンクション)だ。

ペナルティによってルールが守られる、という考え方は、これまでの社会学ではほぼ常識のようになっている。「常識」という言葉を使ったのは、必ずしも「ペナルティによってルールが維持される」ことを明確に主張した理論があるというわけではなく、むしろそのような考え方を暗黙の前提として様々な考察がなされているのではないかと思われるからだ。これは社会学に限ったことではなく、社会科学一般にそのような「常識」が共有されているようにみえるし、現実の政策立案でも前提とされているのではないかと思う。

しかし、本書では、「ペナルティによってルールが守られる」という考え方を明確に否定する。ペナルティによってルールを守らせることはできない、と考えるのだ。これはかなり強い主要だといえるので、その理由をこれから説明したいと思う。

まず、ペナルティによってルールが守られるとすれば、その仕組みはどのようなものだろうか。これはべつに複雑なものではなく、ごく単純な仕組みでペナルティは機能する。単純で誰でもわかるような仕組みだからこそ、ペナルティは機能するのだ。

ルールを破る人が出るのはそのことによって何らかの利益が得られるからだ。しかし、ルールを破ることによって利益が得られるとしても、それに対してペナルティが与えられることによって、その利益を上回るような損失が与えられてしまう。つまり、ペナルティによって「ルール違反をすると損をする」という状況を作り出し、ルールを守るように誘導するというわけだ。

もしペナルティによる損失が十分に大きいものであれば、人々はペナルティが与えられないように気を配るようになる。このこと自体はそもそも初めから期待されたことであり、あるべき状態だといえる。しかし、ここで注意を喚起したいのは、「ペナルティが与えられないようにする」というのは一つの**志向性**、いわば方向づけであるということだ。このやり方とあのやり方を比べて、このやり方のほうがペナルティを受ける可能性が低い、だからこのやり方を選ぶ。このような「方向づけ」は、ルールを守らせる仕組みとして機能している（と考えられている）。しかし、「ペナルティが与えられないようにする」やり方は、ルールを守ることだけとはかぎらない。例えばルール違反が「見つからないようにする」こともペナルティが与えられる可能性を低くする方法の一つだ。また、何らかの方法で、ルール違反によって下されるペナルティからこうむる損失よりも大きな利益を得ることができれば、それもまた結果的には「ペナルティを避ける」（ペナルティの影響を小さくする）ことになる。つまり、ペナルティを設定することは、ルールを守らせるように人々を誘導するが、それと同時に、「見つからない方法」や「ペナルティを（相対的に）小さくする方法」を考えさせてしまう。ペナルティの設定によって、ペナルティを避けるゲームが開始されてしまうのだ。

ペナルティを避けるゲーム

ペナルティを避けるゲームは、もとのゲームとは異なるゲームだ。そのため、ペナルティを避けるゲームによってもとのゲームがみえなくなってしまう可能性がある。これについては事例を使って説明したい。

時間を決めて複数の人で活動をおこなう場合には、一般的に遅刻を禁止するルールがある。大学の授業もそうだ。それでは、遅刻の基準はどのようなもので、どういう場合に遅刻と見なされるのだろうか。

例えば、大学の授業で、ある学生が開始時刻よりも三分遅れて教室に入ったが、担当教員はそれよりもあと、その学生が入室した直後に、教室に入ったとする。このとき、学生は自分が教員よりも先に入ったので遅刻ではないと思っていたが、教員がその学生に遅刻をしたことを注意したとしたらどうだろうか。どちらの言い分が正しいだろうか。

まず、遅刻を禁止するルールの根拠から考えてほしい。この場合ルールの根拠になるのは、その授業の開始時刻だ。授業というゲームは時間を決めておこなわれるゲームなので、参加者は開始時刻までに授業を開始できるように準備をしておかなくてはならない。そしてそれができるように開始時刻があらかじめ周知されているのだ。

「遅刻の禁止」とはこれを（しなければならない、から、してはならない、という形に）言い換えたものだ。このように考えると、開始時刻に三分遅れた学生は当然遅刻をしたことになる。

しかし、学生はその説明には納得できないかもしれない。実は筆者が自分の担当する授業でこの例を取り上げてどう思うかと学生に尋ねると、やはり多くの学生が教員の言い分はおかしいと答える。では、その理由は何だろうか。教員よりも先に教室に入ると遅刻にならないのだろうか。そうだとすればその理由は何だろうか。

おそらく教員の言い分がおかしいと判断する根拠は、教員も遅刻しているからであり、そのため教員は自分よりも先に教室に入った学生をしかることができない、ということだろうと考えられる。ということは、教員の言い分がおかしいと考える学生たちの頭には、「しかられない＝遅刻ではない」という図式があるのではないだろうか。

「しかられないようにする」というのはペナルティを避けるゲームだ。通常は、しかられないようにすることを基準に行動していれば、ルールを守ることができる（ようにみえる）。しかし、それは見かけ上そのようにみえているだけであって、授業というゲームとペナルティを避けるゲームは異なる志向性をもつ異なるゲームである。そのため、状況によっては「しかられないようにする」ことによってもとのゲームのルールからは逸脱することになってしまう。

授業というのは本来、何かを理解したい、または技術を身につけたい、あるいは必要な単位（またはいい成績）をとりたいという動機（志向性）によって方向づけられる営みだ。本来の志向性にのっとってそのゲームに参加しているかぎり、当然開始時刻に間に合うように（遅刻をしないように）するはずだ。しかし、「遅刻をすればペナルティが与えられる」ということをことさらに意識させることによって、ペナルティを避けるゲームが開始され、教員よりも先に教室に入れば遅刻ではないという誤った理解が生じてしまうのだ。

ペナルティによってルールを守らせることができないという筆者の主張は、以上のように「ペナルティを避けるゲーム」が生じてしまうことを根拠にしている。ペナルティによって「ルールを守っているようにみえる」ようにすることは可能だが、それはゲームの一部としてのルールを守っていることにはならない[4]、ということだ。

ルールの論理によるルール維持

ペナルティによってルールを守らせることができないとすれば、ではルールを守らせる**拘束力**はいったいどのようにして生じるのだろうか。先に説明したように、ルールは「力」ではなく「論理」によって守られるのだと筆者は考えているが、それだけで十分な拘束力が生まれるのだろうか。

実は、**ルールの論理**はきわめて強い拘束力をもっている。それはある意味では「強すぎる」くらいであり、強すぎるがために様々な配慮を必要とするほどなのだ。

ルールの論理とは、「A（社会的カテゴリー）であるなら、B（行為）しなくてはならない／してはならない」というものだった。煩雑なので以下では「してはならない」は省略することにする。では、もしこのルールが存在するときにBという行為をしなければどうなるだろうか。それは、この論理（命題）の対偶（BしなければAではない）をみればわかる。つまり、「Aではなくなる」のだ。

Aではなくなる、というのが具体的にどのようなことなのかは、ルールや社会的カテゴリーの性質によって大きく異なる。「資格の剝奪」とか「組織からの排除」といった制度的な対応を伴う場合もあるだろうし、「仲間外れにする」という人間関係的な対応や、「Aではないと見なされる」という周囲からの評価や認識の変化、あるいは地位の低下ということもありえるだろう。このように多様な「Aでなくなること」をひとくくりにして**排除**と呼ぶことにする。ルールを破ると排除されてしまうので、それを避けるために人はルールを守る。これがルールの論理がもつ拘束力だ。

排除がルールの論理を支えているということ自体はおそらく理解してもらえると思うが、排除されないようにルールを守るのであれば、結局**ペナルティ**と変わらないのではないかという疑問をもつかもしれない。排除もまたペナルティの一つではないかというのはかなり重要な疑問だと思うので、説明しておきたい。

ペナルティが何らかの行動変容を導き出すためにあえて作られるものであるのに対して、排除はルールの論理による論理的な帰結（**論理的関係**）だ。罰則の場合のように誰かが意識的に排除を実行するのではなく、自然発生的に排除の動きは生じてしまう。それは、ルールを守っている人は、ルールを守らない人を、決して認めることができないからだ。ルールを守る人はゲームをしたいと思っているためルールを守っているのだから、ルールを守らない人を認めるわけにはいかない。それを認めればゲームが成り立たなくなってしまう。そのため、罰則のようなものがなくても自発的にルールを守らない人を排除しようとする。そういった行動が行き過ぎるとルールを守らない人への中傷やいやがらせが生じてしまう。制度的な（規則に基づいた）排除は、むしろそのような無秩序で過度な排除を制御するために定められているとも考えられる。

また、排除はペナルティとは異なり、ルールによる秩序を直接的に守るための措置である。例えば重大な交通違反によって自動車の運転免許を取り消されることを考えてみよう。もちろんこれは自動車交通というゲームに参加できなくなるわけだから排除だ。この措置はペナルティという意味もあるかもしれないが、それ以上に重要なのは、ルールを守らない人に運転させないことの直接的な効果だ。すべてのドライバーが交通ルールを守ることによって自動車交通の秩序は維持されるのだから、ルールを守らない人をこのゲームに参加させるわけにはいかない。だからこそ免許は取り消される。排除はゲームの秩序を維持するための措置であり、その点でも単なるペナルティではないのだ。

排除はいわばルールの論理の「切り札」であり、非常に強力だが、実は「強力すぎる」ことが、その運用を難しくしている。ルール違反といってもごく軽微なものから非常に深刻なものまで程度の違いがあると考えられるが、それらすべてに対して排除という対応をしてしまうと、むしろゲームに参加できる人が極端にかぎられてしまうからだ。そのため、ルール違反への対処としては、実際には排除以外の様々な方法が用いられている。次の項ではそれらについて説明しよう。

ルール違反への対応

ルール違反対応のジレンマ

まずルール違反に対する適切な対処が、ルールを維持するうえできわめて重要であることを理解してほしい。もしルール違反に対して何の対処もおこなわれなければ、それは**ルールの論理**に致命的な影響を与えてしまう。なぜなら、「AであるならBしなくてはならない」というルールがあるにもかかわらず「AであるのにBしない」人が現れれば、「BしなくてもAである」ということになり、これは「AであってもBしなくてもいい」という**反ルール**（ルールの否定）を正当化してしまうことになるからだ。

少し複雑な説明だったかもしれないが、もっと直感的に、ルール違反をしても何のおとがめも受けない人がいれば、そのことがそのルールを守らなくてもいいと考える根拠になってしまう、ということだと理解しても差し支えない。これを筆者は「反ルールの正当化」と呼んでいる。

また一方では、先に説明したように、ルール違反に対して秩序立った適切な対処がおこなわれないことによって自然発生的な排除が起こる可能性がある。そのような排除はしばしば必要以上に苛烈だったり無秩序におこなわれたりするため、仮にそのことによってルールが維持されたとしても、別の新たな問題を生み出してしまうし、そもそもどんどん排除をしていくとゲームに残る人が少なくなりすぎてしまう。

ルール違反をした人を排除しなければ、反ルールを正当化することになってしまう。だからといって安易に排除してしまえば、ルールを守らなくてはならない人がどんどん少なくなってしまう。これはかなり難しいジレンマだ。しかし、私たちはこのような状況に対応する方法をすでに知っていて、実際に用いている。それはどのようなものだろうか。それを理解するためには、まずルール違反の理由について考える必要がある。

ルール違反の理由

ルール違反に適切に対応するためには、まずそのルール違反がどのようにして生じたのかを知らなくてはならない。ルールの仕組みを理解していれば、ルール違反が生じる理由はいくつかに分類できることがわかる。

まず、ルールを知らずに、または必要な場面でルールを失念していてルール違反をしてしまう、というケースが考えられる。これは、違反者に問題があるケースもあるだろうが、ルールが十分に周知されていなかったり、あるいはあまりにもルールが複雑で、必要な場面で適切に参照することが困難だったりと、必ずしも違反者だけに責任を帰すことができない場合も考えられる。

一方、ルールを十分に知りながらルール違反が生じるケースは、意図的な場合と意図的だとはいえない場合に分けられる。

意図的ではないルール違反とは、不可抗力によるものや、ルールを守るために必要な能力が不足していることによるルール違反などがある。これらも違反者に責任を帰すことができない場合が考えられる。

意図的なルール違反はさらにいくつかの種類に分けられる。まずルールを知りながらそのルール以外の別のルールを参照し、そちらを優先してしまうことによってルール違反が生じる、というケースが考えられる。これは、通勤のために電車に乗っていたら同じ電車の乗客に急に気分が悪くなった人がいて、その人の世話をしていたので遅刻してしまった、という場合が該当する。この場合、気分が悪くなった人を放っておいてはいけないというルールを優先することによって、決められた時刻までに出社するというルールを破ってしまったのだと解釈できる。実際の社会場面では複数のルールのすべてに従うことができず、いずれかのルールを破ってしまうことはいくらでも生じてしまうだろう。そのような場合は、仮にルールに違反してもその行為が正当であると受け止められる可能性がある（もちろん正当化できないものもある）。ほかのルールを参照することによるルール違反は、それが正当化できるものかそうでないかを見極めることが重要だ。

反ルールを正当化することによっても、意図的なルール違反は生じてしまう。ほかの人がルール違反をしていて何のおとがめも受けていないのだから、自分がルール違反をしてもいいじゃないか、ということだ。ただ、これは一般的には正当な行為だと認められる可能性は低いだろう。

最後に、社会的カテゴリーからの離脱によって生じるルール違反があることも、指摘しておきたい。ルールの論理は「AであるならBしなくてはならない」だったが、自ら「Aである」という部分を否定してしまうのだ。もちろん、完全にAでなくなってしまうのなら、そもそもそれはルール違反ではない。例えば会社を退職してしまえばその会社のルールに縛られる必要はないのだから当然のことだ。しかし、そのような離脱ではなく、自分から一方的に「Aではない」という認識をもってしまうことによって、ルールから逃れてしまうことが考えられる。例えばある組織のなかで、周囲とのコミュニケーションがうまくいかずに孤立してしまった人が、「自分は仲間として扱われていない」と思うようになり、そのことによって仲間内のルールを守ろうとしなくなる（AでないのだからBしなくていいと考える）というケースだ。

免責

以上のようにルール違反の理由は多様なのだが、そのことが先に説明したジレンマの解消のためのカギになっている。つまり、理由によって対応を変えていくのだ。

まず、先に挙げた理由のなかには、違反者の責任を問わなくていいものが含まれている。そのため、そのようなルール違反については**免責**という手続きによってルール違反を不問に付すことができる。確かにルールには違反しているが、それは仕方がなかったのだ。だから今回はルール違反としては扱わないようにしよう。このような対応が免責だ。ここでぜひとも理解してほしいことは、免責について道徳的な観点から議論しているのではなく、「ルールを維持する方法」として考えているということだ。免責が必要なのは冤罪を防がなければならないからではなく、ルールを維持する必要があるからだ。

例えば、台風による停電で交通機関が使えなくなり会議に遅刻したとしよう。それは不可抗力(5)なので遅刻というルール違反は不問になる可能性が高いが、もしそのことをほかのメンバーが知らなければどうなるだろう。

「あいつは遅刻をしたのに何も言われない」と周囲の人が思ってしまえば、これは反ルールを正当化することになり、メンバーのあいだで遅刻をする可能性が高まってしまうかもしれない。そのため、免責という手続きでは、免責の理由を含めて免責されたことをメンバーに周知する必要がある。もちろん、お互いに一定の信頼関係があれば、理由を知らされなくても「きっと何か事情があったのだろう」と周囲が察してくれるので、免責の手続きは省略できる場合もある。ただし、基本はあくまでも周知を含めた免責手続きであることを理解しておかなくてはならない。

免責という手続きは様々な理由によっておこなわれるが、そのなかでもかなり多用され、なおかつ重要性も高いものに、「ルールを知らなかったこと、または忘れていたこと」に対する免責がある。「知らなかったこと」や「忘れていたこと」が免責理由になるのかどうかは状況によるが、これが多用されるのはそれだけこのような理由によるルール違反が多いということだ。それでは、実際にはどのようにして免責されるのかというと、私たちはそれを「注意」という言葉で理解していることが多い。

例えば遅刻をした人に、「遅刻をしてはいけないよ」と注意するとしよう。本来ならルール違反をしたために排除されるはずの人に対して、注意というのは対応が軽すぎるのだが、これは注意が免責であるためだ。「遅刻をしてはいけないよ」というのは、本来「あなたは忘れていたようだが、遅刻をしてはいけないというルールがあるのだよ」という意味であり、忘れていたという理由で免責するとともに、ルールを確認するというはたらきをしているのだ。これが免責であることは、もし直後に同じことを繰り返せば、注意ですませることが困難になることからわかる。二回目は「忘れていたことによる免責」が通用しにくいからだ。

一時的な排除と赦し

免責は、ルール違反の一部について、排除をおこなわず、また反ルールの正当化も防ぎ、ルールを維持することができる必要不可欠の方法である。これが適切におこなわれれば、対応に苦慮するルール違反の数はかなり少なくすることができるだろう。しかし、免責できないルール違反については、やはり排除せざるをえない。そうでなければ反ルールを正当化してしまうからだ。

そこで必要になるのは、一時的な排除という方法だ。排除はするがそれは一時的な措置であり、何らかの条件が満たされればもとの社会的カテゴリーに復帰させる（これを筆者は赦しと呼んでいる）という手続きである。わかりやすい例としては、完全な排除が「免職」であるのに対して一時的な排除として「停職」という制度があるということだ。学校であればこれは、「退学」に対する「停学」ということになるだろう。ほかには何らかの資格や免許などの一時的な停止（自動車運転免許取り消しではなく免許停止など）、一定期間の活動の禁止（営業停止とか会議への参加禁止など）がある。「隔離」というのも事実上の排除であり、一時的な隔離は一時的な排除だと考えていい。期限付きの禁固や懲役という刑罰も一時的な排除という側面をもっている。

一時的な排除は、実際に排除することによって**反ルール**の正当化を防ぎ、なおかつ一定期間後に復帰させることによってルールの適用範囲にある人を減少させないという、非常に合理的な方法だ。ただ、実際にはそう簡単なことではない。それは、排除についてはそれほど難しいことではないのだが、復帰させること、つまり赦しがとても困難なことだからだ。

赦すというのは、「Aではない」としていったんは排除された人を再び「Aである」として受け入れるということだ。そのことを本人も周囲の人も十分に理解しなければならない。そうでなければ、ルール違反をした人がそのまま戻ってきてしまったと認識されることによって、反ルールを正当化したり、「Aである」という規定が形式的なものにすぎず実質的には排除されたままであれば、本人をルールに従わせることができなくなったりしてしまう。禁固や懲役という刑罰を受けた人が刑期を終えたあとに再犯してしまうのは、本人の問題もあるかもしれないが、赦しがうまくおこなわれていないことが影響していることも多いと思われる。

では、赦しを可能にする条件として、一般的にはどのようなものが考えられているのだろうか。まず一つは、反省だろう。ルール違反を「間違い」あるいは「悪いこと」だと認め、自分がそれをしてしまったことを反省し、どうして違反をしてしまったのかを自分なりに分析したうえで二度と繰り返さないことを誓う。こういったことが真剣になされて、それを周囲が認めれば、赦される可能性はかなり高くなるだろう。ただ、反省が実際におこなわれたかどうかを判別するのは簡単ではない。日常的な行動の観察であるとか、面談や文章（反省文）の提出など、様々な方法が考案されているものの、実際にそれらによる判定が赦しの条件になっている事例（観察や面談などで十分反省していると判定されなければ赦されないとしたうえでの運用）はきわめて少ないのではないだろうか。多くの場合は、一定期間を経過すれば「反省したと見なして」復帰させるという形式的な対応をとらざるをえないことが多いだろう。しかし、この点に関する信頼が揺らいでしまえば、「赦されるべきではない人が復帰してしまっている」と受け止められて、反ルールの正当化や自然発生的な排除が生じてしまう。

反省というのは（強制されるものではない）自発的な営みだが、もっと積極的に矯正あるいは「（再）教育」「（再）研修」として違反者を変化させようとすることも、赦すための方法になりえる。実際に現在執行されている刑罰（懲役）にはそのような意味があるし、少年を対象にする場合はこれがより強く意識されている。また、自動車運転免許が停止された際に義務づけられる講習もそのようなものだ。ただ、これらはその効果（十分に正しい方向へ変化したのかどうか）を確認しているとはかぎらず、一定期間の再教育を受けたのだから大丈夫なはずだ、という論理で赦しがおこなわれるケースが大半だろう。

また、償いも赦しの条件になりえる。償いには実際には二つの意味があり、一つはもしルール違反によって誰かに被害を与えたのであればそれを補償するという意味で、もう一つは自分自身が何らかの「損失」（経済的損失や時間的損失、あるいは肉体的または心理的苦痛）を受けるという意味だ。確かにルール違反をしたが、そのことによって本人も十分な苦痛を味わったのだから反省しているだろう、それなら「赦して」もいいのではないか。こういった論理で赦しが可能になるのだ。

このように考えると、実はあらゆるペナルティは赦しの条件になりえるということがわかる。ペナルティでルールを守らせることはできないという主張に変わりはないのだが、ペナルティが赦しの条件になる可能性はある。

ただし、それは運用の仕方と受け止められ方次第なのだ。この人はもう十分に罰を受けたのだから、以前の罪はもうなかったこととして扱おう。これからは分け隔てなく接しよう。このように受け入れられるのであれば、赦しのためのペナルティといえるだろうが、いくら刑期を終えようとも悪人は悪人、次に同じことをしたら今度はもっと重い罰を与えてやらなければ、などと多くの人が考えているのなら、赦しとしては機能していないということになる。

以上のように、赦しは非常にデリケートで困難なのだが、それでも赦しがきちんとおこなわれることがなければ、ルールを維持することはできない。おそらくそれほど規模の大きくない集団であれば、赦しが不完全であっても互いの直接的な関わりのなかで、（少なくとも表面的には）「時が解決する」ことも多いだろう。しかし、規模がより大きい社会であれば、いつまでも「赦されない」人が社会のなかに増えてしまうと、分断とルール違反の再生産が生じてしまう恐れがある。この問題は私たちが真剣に取り組まなければならないことなのだ。

ルールの理論についてはまだ取り上げていないことも多いのだが、本書ではここで一区切りにし、これまでの説明から読者に理解してほしいことをまとめておきたい。

まず、ルールとは非常に複雑で繊細な方法なのだということは理解していただけたと思う。ここで説明したようなことは、ルールの維持管理に関わっている人（例えば組織の管理者や教育者、法曹関係者や政治家など）には、十分（あるいは、ある程度）理解されていることを含んでいると思われる。しかし、ルールに関する包括的な理論は、実はこれまでほとんど議論されてこなかったのではないかと筆者は考えている。ルールという方法は私たちの社会の秩序を支えている、基礎構造のようなものであるにもかかわらず、なぜこれまではほとんど扱われてこなかったのだろうか。筆者はその原因は、社会学（あるいは社会科学一般）のなかにいまも潜む「自然科学的発想」にあるのではないかと考えている。

人々の行動が秩序立っているのは、何らかの「力」がはたらいているからではないか。ルールが維持されているのは、何らかの「力」によるのではないか。このような考え方は、「物体」と「力」で自然を理解しようとする自然科学の発想に由来していると筆者は考える。しかし、そのような発想は社会に対してはまったく的外れだ。社会とは私たちが試行錯誤と創意工夫によって作り上げてきたゲームとルールの集合体なのだ。だからこそ、**方法**という理解の仕方が必要だし、そのことによってはじめて、本章で説明してきたようなルールの理論を作っていくことが可能になるのだ。

2　ルールの理論の拡張

前節では筆者がかつて『ルールリテラシー』で提案したルールの理論を説明したが、実際にはこの本の執筆当時には、ルールの理論はまだ未完成だった。筆者がそのことに気がついたのは、ルールとゲームの関係について考察を深めていたときだ。

ルールとは行為の強制または禁止だが、その行為もまた一つのゲームだ（すべての行為はゲームなのだ）。ルールはゲームの一部だから、ゲームのなかにルールがあり、そのルールは別のゲームを指し示していることになる。ということは、ルールはゲームとゲームをつなぐ役割を果たしているのではないか。このアイデアは、ルールの理論をより普遍的なものにするための第一歩になった。

ルールがゲームとゲームをつなぐものならば、命令・行為のゲームに接続するルールと質問・応答のゲームに接続するルールがあるはずだ。前者は『ルールリテラシー』で扱ったものだが、後者のルールとはどのようなものだろうか。命令・行為のゲームに接続するルールを、行為を強制したり禁止したりする**行為のルール**と呼ぶなら、質問・応答のゲームに接続するルールは特定の「**問い**」を強制または禁止するのだから、**判断基準のルール**と呼ぶことができるだろう。そこでまず、判断基準のルールとはどのようなものなのかを考えていきたい。

判断基準のルール

判断基準のルールの例

例えば、大学生が学士課程を修了して卒業できるかどうかを判定するゲーム（卒業判定）を考えてみよう。卒業できるかどうかは基本的に必要な単位が取得できたかどうかにかかっている。ということは、「卒業判定」というゲームをおこなう方法として「必要単位が取得できているかどうかを判定するゲーム」をおこなうということになり、それがルールにあたる。つまり、「卒業できるかどうかを判定するには必要単位数が取得できているかどうかを調べなくてはならない」という強制のルールがあるということだ。また、単位が取得できたかどうかの判定をめぐっては、授業ごとに判定基準があり、現在では多くの大学でその基準の概要をシラバスに記載することになっている。例えば、「小テストの成績が合計五〇パーセント、最終試験の成績が五〇パーセントの割合で成績を評価する」ということをシラバスに載せる。これもまさしくルールである。

禁止のルールももちろん考えられる。例えば大学の入学試験で面接をする場合や企業での採用面接では、「尋ねてはいけないこと」がある。本籍など差別につながりかねない情報を得ようとすることはタブーだし、思想・信条を知る手掛かりになるという理由で愛読書などについて質問することが禁じられることもある。これらは、ある判断基準の採用を禁止するルールだ。

以上のように、判断基準というルールも、十分にルールとして捉えられることは明らかだ。しかし、ほかにどんな判断基準があるのかを考えていくと、行為のルールとは同様には考えにくい事情があることがわかってくる。例えば、「人を見た目で判断してはならない」という道徳的ルールについて考えてみよう。これはおそらく見た目の印象に惑わされずに、その人の内面や能力などをきちんと評価するべきだということを意味しているのだと思われる。ただ、もしこのルールを認めたとしても、実際にそのルールに従っているのかどうかを判断することは難しい。見た目で判断しているかどうかは、直接は観察できないことだし、判断結果から推察することにも限界があるからだ。先に説明した面接や成績評価の場合は質問という行為が伴ったり小テストなどの成績が知らされたりするために、ルールに従っているかどうかをある程度は判断することができるが、「見た目で判断してはいけない」というルールは、従っているかどうかがわかりにくいため、そもそも強制したり禁止したりすること自体が困難だ。

読者は、もし人から「人を見た目で判断してはいけない」と言われたらどう感じるだろうか。それがたとえ上司や教師といった自分を指導したり監督したりする立場の人からの言葉だったとしても、それを強制とは感じにくいのではないだろうか。状況にもよるとは思うが、多くの場合は、助言とかアドバイスといったニュアンスで受け止めるのではないだろうか。このことはおそらく、どのように判断しているのかは他人には（直接的には）わからない、ということに関わっていると思われる。判断基準のルールは、このように強制や禁止というはっきりとした**拘束力**を必ずしももたない場合が多いのではないだろうか。しかし、そうだとすると、判断基準のルールという概念そのものがいささか怪しくみえてきてしまう。

判断基準のルールと拘束力

ルールとは何かを強制したり禁止したりするものだとするなら、**判断基準のルール**という概念を無理なく成立させるのは難しい。しかし、判断基準のルールという考え方を放棄してしまうのではなく、「強制または禁止」という条件のほうを見直す、という考え方もありえる。実は、行為のルールに関しても、この条件は見直しの余地があると考えていた。というのは、行為のルールの場合も、「強制」や「禁止」という言葉を文字どおりには当てはめにくい事例があるからだ。例えば、朝知り合いに会ったときの「おはよう」というあいさつは強制されているのだろうか。会社の上司にあいさつしなかったのなら確かにまずいことになるかもしれないが、同僚や学校の同級生なら、強制されているとまではいいにくいのではないだろうか。しかし、強制や禁止（個人を拘束すること）がルールの条件だと考えていた当時は、このようなものも「事実上の拘束力」と見なすことで、筆者はルールの理論をいったんまとめあげていた。

本書の考え方をあらためて適用するなら、ルールを「拘束力を伴うもの」だと考えたのは、自然科学的な発想を社会に当てはめたことによって生じた誤りだ。筆者が「ルールの論理の拘束力」という言葉で説明しようとした内容自体は間違っているわけではないが、そこで拘束力という言葉を使うことは、ミスリードだったと思う。

では、拘束力がルールであることの条件ではないのだとすると、ルールとはどのようなものだと考えればいいのだろうか。

共有の方法

二〇二〇年に新型コロナウイルス感染症の流行が始まったときには、「公共の場ではマスクをする」という感染対策の方法を多くの人がとるようになったが、ではマスク（をすること）は強制だったのだろうか。もちろん、誰かから直接命令されたり、マスクを着けなかったときに強く非難されたりしたことで、自分は「マスクを強制された」と感じた人もいるだろう。しかし、マスクが必要だと判断して自ら進んで着用した人も多かったはずだ。そのような人は、マスメディアなどでウイルスの恐ろしさや感染状況の広がりを知り、マスクの必要性を理解することによって、自ら着用するようになったのだと考えられる。ということは、このような人は強制されたわけではなく、せいぜいのところ「呼びかけられた」とか「説得された」からマスクを着用したと理解するべきではないだろうか。あるいは、周囲の目が気になるからマスクを着けざるをえなかったという人も少なくないだろう。この場合もほかからのはたらきかけを考慮するなら、周囲の人から「無言の圧力をかけられた」といえるかもしれないが、強制とまではいえない。

このように、様々な事情から多くの人々はマスクをするようになったわけだが、強制（具体的には権限に基づく命令や非難）、呼びかけ、説得、「無言の圧力」などはすべて「みんながマスクをするようになる」ことを実現しようとする方法だと見なせないだろうか。とにかくみんながマスクをするようにならないといけない、そのために呼びかけもするし、説得もする、マスクをしていない人に無言でプレッシャーを与えたり、あからさまに非難したりもする。あるいは何らかの権限が及ぶ関係では命令という形でマスクを着けさせる。このような様々な方法が駆使されて、多くの人がマスクをするという状況が作られたのだ。

そう考えると、拘束力というのは手段にすぎないことがわかる。呼びかけや説得などと並ぶ手段の一つなのだ。それでは何に対する手段なのか。マスクの場合は「みんながマスクをすること」だった。つまり「マスクをする」という方法をみんなが採用する――その方法を**共有**する――、これこそが目的であり、その手段の一つが拘束力（をもつ方法）だったのだ。[6]

このように理解すれば、判断基準のルールも本書が論じるルールの理論とまったく矛盾しない。ルールは方法の共有であり、共有の方法であるという本書の考え方は、このような経緯から考え出されたものだ。

判断基準のルールにも、**共有の方法**という考え方を問題なく適用できる。「人を見た目で判断しない」という考え方が、助言やアドバイスとして伝えられても、そのような考え方を共有しようという（ほかの人にもそのようにしてほしいという）意図があるなら、それは共有の方法としてのルールなのだと見なせるだろう。

ただ、方法の共有／共有の方法というルールの捉え方は、第1節で説明した理論に修正を迫ることになる。特にルール違反への対応はルールが拘束力をもつという考え方を前提としているので、大幅に見直す必要がある。そこで、方法の共有／共有の方法という考え方によって、ルールの理論をどのように修正すればいいのかを、次の項で説明したい。

強いルールと弱いルール

最初に断っておきたいことは、ここから先の説明はまだ十分に検討しきれていない、いわば仮説だということだ。そのような危うさをもっているにもかかわらず、あえてここで述べることにしたのは、本書の考え方を引き継いで発展させていこうとする人に（そのような人が現れることを期待したい）、少しでも参考にしてほしいからである。もちろん、そうでない人にも一つの考え方の提示として、十分に刺激的なものではあると思う。

まず、基本的な方針を説明しよう。ルールを方法の共有／共有の方法であると考えた場合、それに当てはまるルールのなかには、第1節で説明したような理論がそのままでは当てはまらないものもあると考えられる。その一方で、第1節で提示した考え方が有用であるようなルールが存在することもまた確かなことだ。ということは、ルールをいくつかの種類に分け（分けたことによってできる分類の一つが第1節で示したルールだ）、それらに共通する要素と、それぞれがもつ異なる要素を明らかにする、という方針が妥当だと思われる。そこで、ルールには**強いルールと弱いルール**があるのだ、と考えてみることにしよう。

共通点――ルールの事実性と社会的カテゴリー

まず、強い／弱いにかかわらず、**ルール**がルールとしてもっている共通の要素について考えてみよう。

第1節では、ルールを「ルールが存在する」という事実性に基づいて作用するものだと説明したが、これはどのようなルールにも共通する要素だと思われる。ルールは方法を特定したうえでそれを共有する方法（方法の共有）だから、共有するべき方法を特定するという手続きが必ず必要になる。もちろん、その手続きは必ずしも意識的なものとはかぎらないし、「なんとなく」定まった、ということも多い。しかし、意識して「定めた」にせよ、無意識に「定まった」にせよ、そのことは「事実」として記録または記憶されなくてはならない。それが「ルールが存在する」（ルールの事実性）ということだ。

少なくとも私たちはルールとそうでないものを区別することができる。例えば、先ほど例に挙げた「人を見た目で判断してはいけない」という言葉がルールを表すのかどうかは、言い方によってある程度判断できる。もし「私は人を見た目では判断してはいけないと思っています」という言い方をしたのなら、これは自分の価値観を提示しているだけだ。それに対し、何か失敗したときに「だから人を見かけで判断してはいけないと言われているんだよ」などと人から諭されたとしたら、それは「先人の知恵」という意味でのルールとして言われたのだと解釈できる。後者が「と言われている」というように「事実」を語っている点に注意してほしい。

　もちろん、実際にはこの二つの境界があいまいだったり、判断が難しかったりするケースもあるだろうが、基本的には、定めたこと／定まったことを「事実」として記録または記憶し、それを参照することによって機能させるのが、ルールとしての共通の要素だと筆者は考えている。

　次に、**社会的カテゴリー**との関係についてはどうだろうか。第1節では、ルールを社会的カテゴリーと行為を肯定的または否定的に結び付けたものだと説明したが、これもルール全般に共通する要素だと考えていいだろう。もちろん、この表現のなかの「行為」という部分は「行為または判断基準」というように拡張する必要はあるが、社会的カテゴリーと結び付けたものであるという点は、共通の要素だと筆者は考えている。なぜなら、方法の共有／共有の方法であるということは、共有する範囲が特定されなくてはならないからだ。

　ただ、社会的カテゴリーがあいまいになる可能性はさらに大きくなると思うし、「AであるならBしなくてはならない」という論理は次に述べるルール違反への対応とも関わってくるので、「原則としては社会的カテゴリーと結び付いている（はずだ）」という点だけを確認して、もう少し詳しい考察は次の論点とあわせておこないたい。

相違点――ルール違反への対応

　最後に検討するのはルール違反への対応だが、やはりこれが強いルールと弱いルールを区別する要素だと思われる。例えば、「人を見た目で判断してはならない」ということがある程度共有されたルールだったとしても、それに反したから排除されるということはあまり考えにくい。このように、ルール違反への対応の違いが、そのルールが「強い」か「弱い」かの違いを生み出していると考えるのが妥当だろう。

　ただ、弱いルールならルール違反をしても**排除**されないのだとすると、その場合は「AであるならBしなくてはならない」というルールの論理が機能していないということになるかもしれない。だとすると、社会的カテゴリーとの結び付きがルールの共通要素だという先ほどの見解とは、矛盾してしまう。

この点については、まだ暫定的な見解にすぎないのだが、筆者は次のように考えている。ルールと社会的カテゴリーとの結合は、基本的にはルールの共通要素である。それにもかかわらず弱いルールでは違反者に対する排除が起こらないのには、二つの理由が考えられる。まず一つは、ルール違反が可視化されにくいということだ。「人を見た目で判断してはならない」というルールがあるとしても、それに従っているかどうかは判断しにくい。そのため、実際にはルールに反していてもそれが明らかにならないので排除されないということではないだろうか。日本人的な感覚でいうと、「見た目で判断してはならない」というのはいわば「建前」なのだ。だから、それはそれとして、実際には見た目で判断することはいくらでも起きている。しかし、その建前にあからさまに反対することは難しい。弱いルールの一部はそのようにして共有されているのかもしれない。

もう一つの理由は、ルール違反への免責がおこなわれやすいということだ。特に、ルールに反してはいるがいい結果が得られれば免責されるという含意がある場合には、それは「弱いルール」になる。次に説明する事例はまさにそのようなものだと思う。

繰り返しになるが、以上は暫定的な見解であり、これ以外にも弱いルールを弱いルールたらしめている要素があるのかもしれないし、もう少し前提にさかのぼって考え直すべき点もあるのかもしれない。読者もぜひ自分自身で考えてみてほしい。

ルール違反の意義

最後に、弱いルールの典型と考えられる事例について考察することで、本章を締めくくりたい。それは流行という現象だ。とりあえずはファッションの流行を念頭に置いて考えていこう。

まず流行がルールとしての側面をもっていることを確認したい。ファッションの流行は、何を身に着けるのかという行為を共有することだと考えることもできるし、なにが「よい」(かっこいい、センスがよい、かわいい、など) ファッションなのかの判断基準を共有することだとも解釈できる。新しい流行がどのように生み出されるのかを解明するのは難しいが、少なくともそれ (が流行していること) は「事実」として受け止められていて (自分の価値観と一致していなくても流行は流行だ)、雑誌記事やインターネットなどからその事実を読み取ることができる。ある流行が広まる範囲は、中・高生、若者、ビジネスパーソンというように、漠然とであれ社会的カテゴリーが定まっていて、「AであればB」という論理がみられる。

以上のように、流行はルールとしての性質をもちながらも、流行を追わないからといって、必ずしもそのカテゴリーから排除されるわけではない。――と言いきってしまったが、この点については、いや、排除されることもあるのではないかと感じる人もいるかもしれない。確かに、「流行遅れ」のファッションを身にまとっていれば、「ダサい」とか「イケてない」(いまの流行では別の言葉なのだろうか) などのネガティブな評価を受ける可能性があり、これはある意味では弱い排除だろう。しかし、筆者が注目したいのは別の意味での「ルール違反」だ。「流行を先取りする」とか「流行の先を行く」という表現で、現在の流行には合致しないのだけれど「よりよい」ものだと認められるようなファッションを身に着けることは、排除されるどころか称賛の対象になる。つまり、「よい結果を残す」ルール違反は、**免責**の理由になるだけでなく、むしろ積極的に推奨される場合さえあるということだ。

流行とは以上のような意味で、「弱いルール」の典型ではないかと筆者は考えている。ルールは方法の共有ではあるが、方法がただ共有されるだけでそれに反するものすべてが排除されていれば、ルールは決して変化することがない。特に状況の変化に対応して変わっていかなければならないルールは、一部のルール違反を免責することでその成果を取り入れて変化していくという方法を採用しているのだと思う。例えば学問や思想というゲームのルールもそうだろう。最新の理論や思想に精通し、それに基づいて考察することは「ルール」であり、それができなければ「わかっていない」と排除されてしまうかもしれない。しかし、あえてそこから外れてチャレンジをし、大きな成果を上げれば、そのルール違反は免責され、称賛を受けるかもしれない。学問や思想はそのようなチャレンジなしには発展しないだろう。

実は筆者は『ルールリテラシー』の第10章を「ルールの破り方」というテーマにあてたのだが、これはルールがルール違反によってよりよいものへと変化していく可能性があるということを意識してのことだった。よりよいもの（状況に適応したもの）に変化するためにある種のルール違反に寛容であるようなルールが、「弱いルール」の一つの典型なのかもしれないと思う。

注

（1）本章は共有の方法について説明することを目的にしているので、ここでいう「方法」とは「共有の方法」を指す。

（2）拘束力が必要な場面も出てくるが、拘束力がなければ私たちは約束を守らないわけではない。つまり力がはたらく以前に、知識と論理によって約束は守られるのだ。

（3）ルールの論理のより詳しい説明は、佐藤裕「ルールとは何か」（富山大学人文学部編『人文知のカレイドスコープ』〔「富山大学人文学部叢書」Ⅱ〕所収、桂書房、二〇一九年）をみてほしい。

（4）ただし、あとでみるようにペナルティには直接的にルールを守らせること以外の意味があるし、「ペナルティが守られているようにみえる」状態を作ることが、間接的にルールの維持に役立つこともある。

（5）ただし、台風の影響による遅刻が常に不可抗力だとはかぎらない。台風の接近は予想できたことなので、不測の事態を考慮しなければならないほど重要な会議であれば、あらかじめ近くに宿泊しておくなどして遅刻は避けることができたと判断されることもあるだろう。

（6）実は佐藤裕『ルールリテラシー――共働のための技術』（新曜社、二〇一六年）でも、最終的には同様の結論に行き着いている。この本の最後の主張は「ルールは他者に行為を強制するものではなく、他者とゲームを共有する技術である」というものだからだ。ただ、この本全体としては、まだ「拘束力」という考え方の影響が強く、「共有」という考え方を骨組みにするには至っていない。

第4章　ルールの科学の方法論と社会的意義

第1部の最後となる本章では、ここまでの議論を踏まえて、ルールの科学の方法論と社会的意義（何のための研究なのか）を明らかにしたい。

まず、ここまでの議論を簡単に振り返っておこう。

第1章では、自然科学と社会科学（ルールの科学）の違いを検討し、それぞれの研究対象が「法則」と「規則（ルール）」であるという違いから、両者は根本的に異なるものであることを明らかにした。そして、最終的な結論は、自然科学は法則を研究して「予測」に役立てようとするのに対して、社会科学（ルールの科学）は規則（ルール）を研究してそれを「評価」しようとする、ということだった。

これを受けて、本章では、ルールをどのようにして評価できるのかを明らかにしたい。

第2章では、ルールについて探究するための基本的な枠組みを明らかにした。まず提示した重要な概念はゲームと志向性である。ルールは志向性をもつゲームの一部であり、その志向性に対する方法の共有であると同時に共有の方法でもあるという二面性をもつことが明らかになった。また、ルールはゲームとゲームを接続するはたらきをもっていて、そこからルールのバリエーションを描くことができた。第2章に登場した概念のなかで、本章の議論にとって最も重要なのは、「方法」だ。

結論を先に述べておいたほうがわかりやすいと思うので予告しておくと、第1章で提示した「評価」と第2章で提示した「方法」を結び付けることが、本章の議論の本筋になる。ルールを評価できるのは、それがゲームの方法だからだ。方法であるなら、それがよい方法なのか悪い方法なのかの評価基準は初めからあるはずだ（ゲームの志向性が評価基準になる）。ある意味では、この説明だけで本章でいいたいことの半分くらいは終わっているのだが、それに付随する様々な論点もあるので、順を追ってできるだけ丁寧に説明していきたい。

1　ルールの記述

ルールの科学の最終的な目的がルールの評価だとしても、その前にルールの記述が必要だ。どのようなルールがあるのかが明確でなければ評価のしようがないからである。

しかし、第1章でも説明したように、ルールは研究者が調査しなければ明らかにならないものではなく、すでに当事者には十分に知られているものだ（そうでなくてはルールに従うことができない）。初めから知られているものなのに、なぜわざわざルールの記述が必要なのか。まずこの点から考えたい。

ルールの根拠の記述

まず、ルールの根拠を記述することが必要な場合がある。

ルールが共有されるためには、ルールが存在していることを示す根拠が必要だが、本来ならそれは当事者には十分に知られていることのはずである。

しかし、多くの人がルールを共有する場合は、必ずしもすべての人が同じ根拠を参照しているとはかぎらない。

新しい法律ができた場合、ルールの根拠はもちろんその法律の条文だが、実際には人々はマスメディアやSNS（交流サイト）などの解説を参照して法律の趣旨を理解することが多いだろう。そのため、参照するメディアによってはその法律の理解がまったく異なってしまう可能性がある。また、周囲の人がルールに従っているということを、ルールが存在する根拠として受け止める人もいるだろうし、実際に自分が接する「周囲の人」ではなくマスメディアが報道する「普通の人々」が基準になっている場合もあるだろう。

このような理由から、ルールの本来の根拠だけでなく、人々が実際に参照しているものも含めて、ルールの根拠を記述する必要があるのだ。

ルールの根拠の記述については、もう一つ注意を喚起しておきたいことがある。それはルールを否定する根拠、反ルールの根拠の記述だ。反ルールとはルールの否定であり、「しなくてはならない」に対して「しなくてもいい」、「してはならない」に対して「してもいい」という形式をもつが、何らかのできごとが事実上そのような意味をもつメッセージとして参照されることがある。例えば、ルール違反をしたことが明白なのに何のおとがめも受けていない人がいるという事実が、反ルールを正当化してしまうといったことだ。著名人や責任ある立場の人のルール違反は、多くの人に参照されることによってルールの効果を弱めてしまう可能性があるので、ルールを評価するにあたっては、そのような事実があればしっかり記述しておく必要がある。

ルールの実践の記述

ルールの根拠が確認できても、それだけではそのルールによって実際にどのような行為がなされるのかはまだわからない。それは、ルールの解釈に幅がある可能性があるからだ。例えば赤信号の場合では、「赤信号では停止しなくてはならない」ということは共有されているとしても、停止のタイミングなどについては解釈に幅があり、信号のかなり手間から余裕をもって停止しようとする人もいれば、ぎりぎりのタイミングで突っ込んでいく人もいるだろう。このことから、確かに誰もがルールを知っているとしても、その知っている内容は多様である可能性がある。

また、禁止のルールの場合には、ただ禁止されている行為をしないだけでなく、それをしないかわりに何かをしなければならない場合がある。例えば、「外食の禁止」というルールが共有されていても、私たちは何も食べないわけにはいかないので、食材を買って自分で作るとか、テイクアウトやデリバリーというサービスを利用するなどの対応をすることになる。このように、ルールが共有されていても、そのルールによって実際に生じる行為は多様なものになる可能性があるのだ。

以上のことから、ルールを評価するためにはただ単にルールが存在する（共有されている）ということがわかっているだけでは不十分であり、ルールによって実際にどのようなことがおこなわれているのかを記述すること、すなわちルールの実践の記述が必要なのだ。

ルールの相対化による特徴づけ

ルールによって人々が実際にどのような行為をしているのかがわかれば、ルールの記述は完成するはずだが、実はそれだけではまだ不十分だ。

ルールを評価するためにはそのルールがどのような特徴をもっているのかも記述しなくてはならない。しかし、それは**当事者**にとっては難しい場合がしばしばある。

例えば、ある組織では報告書をあるフォーマットで作成するというルールがあるとしよう。その組織のメンバーは最初から報告書とはそのように作るものだと教えられていて、それ以外の書き方を知らない。そのため、自分たちが報告書を書くときのフォーマットがどのような特徴をもっているのかを記述できないのだ。では、どうすれば特徴づけができるのかというと、それはほかのものと比較することによってだろう。つまり、あるルールがいくつもある選択肢の一つであると理解し（相対化し）、ほかの選択肢との比較によって特徴づけるというプロセス、**ルールの相対化**による特徴づけが必要なのだ。

弱いルールは、（強制・禁止されるわけではないので）場合によっては当事者が、それがルールだということすらあまり意識していない場合があるだろう。単に「こうするのが当たり前」としか理解していなければ、当事者にとってルールの相対化は困難かもしれない。つまり、ルールの相対化とは、当事者が自分たちのルールを熟知しているからといって必ずできるとはかぎらないことなのだ。そのため、この部分には外部の者（例えば研究者）が関与することが意味をもつのである。

ルールの実効性の記述

ここまでは、主としてルールの中身、つまり**共有された方法**という側面に関する記述だったが、ルールにはもう一つの側面、**共有の方法**としての側面があることは、第2章で説明したとおりだ。したがって、この側面の記述も必要になる。

まず、ルールが実際にどの程度共有されているのかを記述する必要がある。ルールが存在していても、すべての人がルールに従っているとはかぎらない。多くの人々に関わるルールであるほど、ルールに従わない人がいることは十分に考えられる。そのため、実際にはどの程度の人がルールに従っているのかを記述することは、ルールを評価するうえで重要なポイントになるだろう。

また、ルールに従わない人はどうして従わないのかも、できれば明らかにしたい。ルールを知らないから違反をしてしまったのか、あるいはルールを知りながらあえてルール違反をしたのか、そうであればその理由は何か。こういったこともまた、ルールを評価するうえでは必要だろう。

以上のことを、ルールの実効性の記述としておこう。

ルールの運用の記述

ルールは作りさえすればそれだけで実効性をもつわけではなく、実効性をもたせるためには人々の活動が必要だ。ルールが十分に周知されなければ人々はルールに従うことができないし、ルール違反への適切な対処がされなければ、ルールの実効性は保てない。このような活動は、まさに共有の方法の一部であり、筆者はルールの運用と呼んでいる。ルールの運用はルールがルールであることを維持する活動であり、先に挙げたもののほかにも、ルールの制定や改変の手続きや新しい方法の提唱とその伝播なども考えられる（ルールの運用の記述）。

以上のように、ルールを評価するためには、それを多くの側面から記述する必要がある。これまで説明してきたこと以外にもまだ記述が必要なことはあるかもしれない。ルールとはそれほど複雑なものなのだ。ここで強調しておきたいことは、ルールの記述には少なくとも共有された方法（ルールの中身）の記述と共有の方法の記述があり、それも含めて多面的な記述がなされなくてはならないということだ。このことは、**自然科学**の法則の記述が、（予測のための）数式だけで表現できるような単純な記述を志向するのに対して、ルールの科学の場合は反対に（評価のための）複雑で多面的な記述を必要とするという、大きな違いを生み出している。

２　社会の記述

ルールが方法として評価される場合、その方法が実際にどのような結果を生み出したのかということも、評価の判断基準の一つになるはずだ。ルールとは何らかの行為を生み出したり（行為のルール）、何らかの判断基準を採用したり（判断基準のルール）することだから、実際にどのような行為が生じたのか、どのような判断基準が用いられたのかが、ルールを評価するための基準になるだろう。

もちろん、基準として用いられるのは一人ひとりの行為や判断基準ではなく、それらがどの程度の割合で生じたのかとか、どのようなバリエーションが生まれたのかという集合的な状態である。つまりどのような「社会状態」が生じたのかということだ。そこでこれを社会の記述と呼びたい。

ひとくちに社会の記述といっても、その範囲は非常に広い。人々が「実際に」何をしているのかということが対象になるので、ある意味ではこれまでの社会学が扱ってきたほとんどすべてのことが、この社会の記述に含まれてしまう。いわゆる「社会構造」とされる社会のマクロな状態の記述はもちろんすべて該当するし、都市や農村という地域の状態、企業や官僚組織をはじめとした様々な組織の状況、人間関係やコミュニケーションのあり方、芸術やスポーツという文化のありようなど、記述すべきことはいくらでもある。特に、ルールとの関係では、ルール違反として生じているできごとである犯罪や社会病理現象は重要だろう。

社会の記述は、これまでの社会学で非常に重視されてきた。むしろ、先ほど説明したルールの記述と比べれば、こちらのほうが社会学の「本流」だといえるだろう。例えば戦後の日本の社会学界で、日本社会の社会階層と社会移動のありようを記述するプロジェクト（SSM調査〔社会階層と社会移動全国調査〕）は、研究者の数や予算などからみても最大級の研究プロジェクトだったといっていいが、これはまさに社会の記述なのである。

もしかしたら、このような大規模な量的調査の結果を記述と位置づけることには、違和感をもつ人もいるかもしれない。しかし、本書の立場では、ある変数とある変数の間にどれほど強い相関関係がみられようとも、精緻な多変量解析によって適合度が高い因果モデルが見いだされようとも、そもそも社会学は社会の法則を探究するわけではないのだから、ある時代の複雑な社会的条件の下でそのような状況が生じていた（いる）ということの記述であるとしか位置づけられない。

もちろん、そのような記述に意味がないと主張しているわけではなく、それはルールの評価のための材料として意味をもっと考えているのだ。

また、ある方法の成否の判断には直接結び付かないが、考慮すべき状況という意味で社会の記述が役に立つ場合もある。例えば、近隣諸国の経済発展などインバウンド観光にとって追い風になる状況があるかどうかは、インバウンド観光という方法を評価するうえで必要な情報だろう。この場合は、必ずしも結果から評価しているわけではないことに注意してほしい。

社会の記述それ自体がルールの科学の目的なのではなく、あくまでもルールの評価のための情報として社会の記述をおこなうというのが、本書の立場である。

３　ルールの評価

評価の基準

ゲームの志向性を基準とした評価

本章の最初にも示したように、本書でのルールの**評価の基準**は明快だ。ルール（の中身）は方法なのだから、方法として評価する。そして、方法は志向性と対応しているわけだから、評価の基準はゲームの**志向性**だということになる。

ゲームの志向性はほとんどの場合は非常に複雑なので、ただ一つの基準だけで評価することはできない。例えば、スポーツチームのルール（方法）は勝つことだけを基準に評価できるわけではない。そのほかにフェアネスも評価基準になるし、プロスポーツなら人気とか収入やコストも評価基準になるだろう。つまり、ルールは多面的に評価しなくてはならないということだ。この**多面的な評価**という言葉も本書のキーワードの一つなので覚えておいてほしい。

多面的に評価しようとするとき問題になることの一つが、そのゲームの**外から**何らかの評価基準を持ち込むことはありえるのかどうか、という点である。例えば、先ほどのスポーツチームのルールを評価するときに、ダイバーシティ（人種や性別などの多様性）という基準を用いていいのだろうか。特に、そのチームがそのようなことをまったく意識していないときに、ダイバーシティという観点からの評価をおこなうべきなのだろうか。

この問題に対する筆者の答えは、研究のスコープあるいは研究対象の設定によって異なる、というものだ。もし特定のチームの活動だけが研究対象になっているのなら、そのチームの活動の志向性にダイバーシティという項目がなければ、それを評価基準にはできない。もし研究対象がそのスポーツの活動一般であり、あるチームがその研究のための事例として選ばれた場合、もしそのスポーツの活動が全体としてダイバーシティの推進を掲げていれば、対象になるチームが意識していなくてもそれは評価基準になるだろう。また、ダイバーシティの推進というゲームが研究対象であれば、当然どのような具体的事例を取り上げた場合でも、ダイバーシティが評価基準になる。

このように、ゲームの一部としてのルールを評価するのであって、その基準はあくまでもそのルールを含むゲームの志向性であり、**内から**の評価なのだという基本的な考え方をはっきりさせておけば、それほど混乱は生じないはずだ。

ただし、ルールの科学でルールを評価する際には、当該ゲームの志向性には必ずしも明示的には含まれていない、ある評価基準も同時に採用する。それは、ルールが方法の共有という側面だけでなく共有の方法という側面ももっているということに関連している。

共有の方法としての評価

共有の方法も方法であるかぎり、何らかの志向性がその評価基準になる。ではそれはなんだろうか。共有の方法の場合、共有することがその志向性だということになる。つまり、ルールには、それがどれだけ共有されているのかという**評価の基準**が存在するということだ。

どれだけ共有されているのか、つまり**ルールの参照可能性**(1)がどの程度高いのか、ルールがどの程度の実効性をもつのかということは、ルールの運用方法(周知徹底の方法や違反者への対処など)に依存するが、それだけでなく、**共有された方法**としての側面、つまりルールの中身とも相互に関連する。

例えば、ルールの中身はすばらしく、確かにそのルールをみんなが完全に共有すればすべてうまくいくと思えるようなものだったとしても、あまりに複雑で理解しがたく、周知徹底が著しく困難であれば、結果として役に立たないということもあるだろう。反対に、細かい部分にはいろいろ問題があるものの、とにかくシンプルでわかりやすく人々に浸透しやすいルールだったので成果を上げた、ということもありえる。

実は、ルールの中身を多面的に評価するということだけであれば、社会学者が専門的な立場から評価することにさほどのメリットはない。ゲームに直接関わっている**当事者**は、そこで用いられている方法（ルール）について当然熟知しているだろうし、自らそれを評価することも日常的におこなっているかもしれない。しかも、それは多面的な評価としておこなわれているだろう。これに対して専門家は、より普遍的な知識をもつことによって、当事者にはない視点から評価ができるかもしれないという点で優れてはいるが、当事者も自らの活動に関連する範囲では情報収集をしているはずだ。例えば地域おこしの一環としてインバウンド観光の振興を目指しているのなら、同様の活動をしている人たちとの情報交換はしているだろうし、もう少し広く、地域おこし活動一般とも交流や情報収集をしているかもしれない。「ルールの中身」に関するかぎりは、社会学者がそういった努力をしている当事者よりも大きなアドバンテージをもつとはかぎらない。

しかし、共有の方法、つまりルールの運用という側面については話が違ってくる。共有の方法というのは、基本的にすべてのゲームに共通する要素だ。そのため、多様なゲームについて幅広く知識をもつ専門家は、この点については、個別の活動に関わる当事者よりも優れた評価ができる。ルールの実効性を高めるためのある方法は、どんな条件のときに、どのようなメリット／デメリットをもちえるのか、という問いに、より多くの知識に基づいて答えることができるからだ。そのため、ルールの共有の方法についての知識こそ、**ルールの科学の専門性**を構成する核心部分として位置づけられるべきだと、筆者は考える。

ルールは多面的に評価する必要がある。ルールの中身の評価は志向性というそれ自体複雑なものを評価基準にするため、多面的評価をしなくてはならない。さらにはルールの中身の評価だけでなく、ルールの運用についても、そのルールがどの程度共有されたのかという基準で評価しなくてはならないので、それも含めた多面的な評価が必要なのだ。

評価の方法

それでは、ルールの評価とは実際にどのようにしておこなうのか。ある程度具体的なところまで踏み込んで、評価の方法を説明したい。

といっても、大筋ではこれまでの説明で評価の方法は明らかになっているはずだ。「ルールの記述」「社会の記述」として説明したことがらを評価の根拠として、ゲームの志向性（共有された方法の評価）やルールが共有されている程度を評価基準とすれば、ルールは評価できる。しかし、実際に評価をおこなうためには、特に注意すべきことがいくつかある。それらは基本的に自然科学的な発想とは異なる要素なので、ルールの科学の特徴を理解してもらうためにも詳しく説明しておきたい。

多面的評価

まず一つは、ルールの評価は実際の社会のなかで運用されることを前提におこなわなければならない、ということだ。当たり前のことのように思うかもしれないが、これもまた、**自然科学**とは対照的な考え方だ。自然科学では、自然法則をできるかぎり「純粋」なものとして抽出しようとする。ほかのあらゆる条件をコントロールすることで、特定の条件だけによる純粋な影響を見いだそうとする。それが自然科学でおこなわれる実験だ。しかし、社会学ではそのような方法に意味はない。実験室的状況でルールを評価することが仮にできたとしても（そんなことは想像しにくいが）、それが実社会でどのような意味をもつのかがわからなければ、最終的な評価はできない。

どうして実社会での運用を前提に考えなくてはならないのだろうか。そこで、実社会で運用すると何が違うのか、ということを考えてみよう。もちろん、様々な違いがあるのだが、そのなかでも特に重要なのが、ほかのルール（ゲーム）との関係だ。

例えば、まずルールの運用の方法が、それに関するゲームがおこなわれている組織や集団、あるいはそれらを含む「社会」のルールに合致するかどうかという問題がある。非常に厳しい処罰によってルールを運用する場合、人権などのルールに抵触するかもしれないし、個人情報を活用するルールがプライバシーの尊重というルールに抵触するかもしれない。あるいは、ルールが求める行為が「社風に合わない」とか「若者のセンスにそぐわない」としてほかのルールとぶつかるかもしれない。

また、第3章ではルール違反の理由の一つとして、ほかのルールの参照を挙げたが、そのような可能性があるルールがあるかどうかもルールの評価には必要だろう。例えば感染症対策のために営業自粛というルールを求められても、十分な経済的補償もなく営業の停止を強要されれば、賃貸料や賃金の支払いというルールとの関係で「従いたくても従いようがないルール」だと評価せざるをえない場合も出てくるだろう。

以上のことから、多面的な評価にはもう一つの側面を付け加えておきたいと思う。つまり、ルールはほかの様々なルールとの関係からも評価しなくてはならない、ということだ。

因果関係と論理的関係

もう一つ指摘したいのは、評価のロジック、あるいは**分析**という言葉がわかりやすいのかもしれないが、ある**ルール**によってある行為や判断基準が生じたと判断できる、あるいは生じるだろうと予想できるのは、どのような論理に基づくのか、ということだ。

これを**自然科学**の場合から考えてみよう。自然科学のロジックは、基本的に**因果関係**(2)だ。つまり、あることがらが原因になって別のあることがら（結果）が生じると考える。そしてそれを観察や実験で確認するわけだ。では、ルールの科学でも同じロジックを採用すればいいのだろうか。

例えば「マスクをしなければならない」というルールがあったので、その結果として「マスクをする」という行為が生じた、と考えていいのだろうか。この問いに哲学的な観点から答えようとすると大変なことになるので、本書では少しだけ問いをずらしたいと思う。つまり、「因果関係だけでいいのか」と問うことにしよう。

例えば、「マスクをしなければならない」というルールを導入することによって「マスクをする」人が増えたとしよう。様々な条件を考慮しても、ルールによって行為が変化したと考えざるをえないという結果が得られたのだ。この結果からこのルールは効果があると評価してもいいだろうか。

自然科学ならこれだけでいいだろう。なぜなら、自然科学にはここまでしかできないからだ[3]。だが、ルールについての評価はもっと先に進むことができる。なぜこのルールが効果的だったのかを論理的に考えることができるのだ。

ある人は、「マスクをしなければ変な目で見られる」と思ってマスクをしたのかもしれない。別の人はそれが「市民の義務」だから従ったのかもしれない。私たちはそのような論理をたどって、ルールが作用する仕組みをより詳しく考えることができる。これは、ルールと行為との関係を**論理的関係**として捉えることができるからだ。因果関係だけでなく、論理的関係をも読み解こうとするのは、自然科学にはない発想であり（当然だろう）、これはルールの科学だけの特徴だ。論理的関係を十分に把握できれば、より正当にルールを評価できるはずだし、まだ実施していないルールがどのような結果をもたらすのかを予測するうえでも、因果関係だけに頼るよりも有効なはずだ。

それでは、論理的関係はどのように把握すればいいのだろうか。ここで思い出してほしいのが、第3章で説明した**ルールの論理**だ。ルールの論理とは、ルールとは社会的カテゴリーと行為または評価基準を結び付けるものであり、「AであるならBしなくてはならない」という形式をもっている。そのため、論理的関係を明らかにするためには**社会的カテゴリー**に注目する必要があるということになる。

あるルールがどのように、そしてどの程度効果を上げているのかを評価するためには、誰がルールに従っているのか、または従っていないのかを考える必要がある。若者は、高齢者は、男性は、女性は、サラリーマンは、自営業者は、パートやアルバイトの人は、どうなのか。ルールはそういった社会的カテゴリーと結び付いて作用する可能性があると同時に、それぞれのカテゴリーに関連する別のルールが当該ルールに関与している可能性もある。また、夫婦、親子、家族、あるいは先輩、後輩、同僚などの人間関係に関わる社会的カテゴリーが影響する可能性も無視できない。このように社会的カテゴリーに注目することによって、論理的関係がみえてくるのだ。

このようなロジックは、自然科学にはない、ルールの科学独特のものであり、論理的関係を的確に読み取ることは、ルールの科学の専門性を構成する重要な要素だ。

4　ルールの科学の専門家の役割

第1部を締めくくるにあたって、ルールの科学の専門家、つまり「ルールの科学を身につけた人」の役割について考えたい。ルールの科学の専門家というのは研究者に限る必要はないと、筆者は考えている。

実務家としての専門家

医学、法学、経済学の専門家として研究者と実務家がいるように、ルールの科学にも専門性をもった実務家が存在しえるのではないかと、筆者は考えている。そしてルールの科学の実務家のイメージは、これまでの考察である程度明確になってきたのではないかと思う。

筆者が考えるルールの科学の実務家は、ルール運用のエキスパートだ。研究によって蓄積されたルールを評価する枠組みについての知識をもち、具体的な個別のルールを評価することができる。そのルールはうまく機能しているのか、うまくいっていないとするとどこが問題なのかを的確に指摘し、また、様々なルールについての知識に基づいて、改善案や新たなルールの提案もできる。

ルールを作ったり運用したりすることは誰にでもできることのように思えるかもしれないが、実際にはルール運用についての知識がなければ、うまくいかないことも多い。例えば、ありがちな例として、人々をルールに従わせようとして、従わない者に罰則を科す。それでも従わなかったり、ルールの抜け道を利用するようになると、罰則をより重くしたり、ルールを複雑化させる。そのようないたちごっこが繰り返され、ついにはもはや何のためにあるのかわからないような不可解なルールができあがったりする。全国のあちこちにある「変な校則」などはその典型例だろう。

筆者は、このようなことが起こるのは、ルールというものについての無理解が主な原因だと考えている。ルールに従わせるためには罰則を設けるしかないという単純な発想がそもそも間違っているのだ。したがって、より精緻で合理的なルール運用をおこなうことができる専門家のニーズは、十分にあるだろうと筆者は考えている。実務家という存在を想定することによって、ルールの科学はルールのより適切な運用という**社会的意義**を主張できる。

この実務家がどの程度の高度な専門性をもつのかは現時点では判断が難しい。少なくとも当面は、ルールに関する専門知識の整理と蓄積がそれほど進んでいないので、高度な専門職とまではいえないと思うが、研究が進めばその知識も徐々に高度化し、何らかの資格が設けられるような専門職にまで発展する可能性も、ないとはいえないと思う。

研究者としての専門家

一方、研究者の役割は、これまでの説明から明確だろう。具体的なルールを調査し、それを評価する。そしてその知見を蓄積し整理して、評価の枠組みやルールについての理論を体系化し、具体的なルールの評価へとフィードバックする。ルールの科学の研究者が探究する「ルールについての知」は、私たちが社会的な活動を営むうえで必須の知識だ。そのため、ほかの専門職と同じく、政策決定などについてアドバイスを求められることもあるだろう。

研究者の役割は、ルールの科学の社会的意義と基本的に同じで、最終的にはルールを評価することだが、最後に、その評価という活動の限界について、政策決定との関係で整理しておきたい。

新型コロナウイルス感染症が最初に蔓延した時期、国としての対応を決めるうえで、専門家と政治家の役割分担が不明確になっている問題が指摘された。例えば、感染症の専門家が具体的な政策まで事実上決定するようになるのはおかしいのではないか、という批判だ。本当に問題があったかどうかはここでは論じないが、**自然科学**の専門家の場合、本来の役割は明確なはずだ。事実を明らかにすることと将来の**予測**までが守備範囲で、政策決定は本来の役割ではない。例えばある対策をとれば（とらなければ）どの程度感染が広がるのか、ということをできるだけ正確に予測する。その情報を提供するのが自然科学の側で、それを受けてコストや社会的副作用も勘案しながら政策決定するのは、政治の側の役割だろう。

では、ルールの科学の専門家の場合はどうだろうか。

ルールの科学がルールを評価するということは、具体的な政策の可否にまで口を出せるということだろうか。そうであるなら、政策決定にも事実上深く関与するということなのだろうか。

筆者はそうではないと考えている。ルールの科学の専門家がおこなうのはルールの**評価**ではあるが、そのルールを採用することの可否にまで関与することはできないというのが、筆者の判断だ。

ルールの科学の専門家はルールを評価して、このルールにはどういうメリットがあり、どのようなデメリットがあるかを指摘することができる。そして、もしかしたら、総合的な判断として、そのルールの相対的な望ましさまで報告できるかもしれない。しかし、それでもなお、専門家には最終的な判断はできない。ルールの採用の判断には、責任が必要だからだ。例えばあるルールを採用すると、何らかの不利益が生じたり、リスクがあると予想できたりするかもしれない。そのような不利益やリスクを「引き受けて」決定するには、専門的見解ではなく、責任が必要なのだ。そして、その責任を負えるのは、民主主義社会では、市民の代表という資格をもつ政治家でしかありえない。

蛇足だが、このことは、いくら学問が高度化しても、例えば人工知能の処理・予測能力が向上しても、変わることはない。学問も、人工知能も、政策決定の責任を負うことはできないのだ。

注

(1) これは、ルールが実際に必要な場面で参照される可能性を表しており、ルールの実効性だけでなくルール違反の判断にも関わる概念である。本来はルールの理論のなかで重要な位置を占める概念だが、本書では議論の筋道がわかりにくくなるのであえて説明しないことにした。興味があれば前掲の『ルールリテラシー』を参照してほしい。

(2) ただし、因果関係とは厳密にはどのようなものなのかを考えだすと、かなり難しい議論になってしまう。本書ではあまり深入りせず、次の「論理的関係」との対比がイメージできればそれでよしとしたい。

(3) もちろん、より細かい因果関係を調べていくことは可能だが、次に説明するような論理的関係について考えることがないのは明白だろう。

第2部　社会学とルールの科学

RULE

社会学に初めて接する読者は、第1部を読んで社会学とはこういうものなのかとそれなりに納得したのではないかと思う（思いたい）が、社会学についてあらかじめ何らかの知識をもっていた人、特に社会学の研究者やこれから研究者を志す人たちにとっては、第1部の内容は、かなりの戸惑いをもたらしたかもしれない。これのどこが社会学なのかさっぱりわからない、と感じた人もいることだろう。

しかし、筆者の意図は既存の社会学を批判することではないし、「新しい社会学」を作ることでもない。これまでの社会学の膨大な蓄積を整理し、それらを互いに接続し、学問と研究者の社会的な役割を明確にするための「枠組み」（グランドセオリー）を構築したいのである。したがって第1部の内容は、これまで蓄積されてきた、そして現在もおこなわれている社会学研究のほとんどと最終的には接続可能であり、むしろ説得力のある位置づけができると、筆者は考えている。

ただし、「これまでの社会学の蓄積」はあまりにも膨大で多様であり、そのすべてについて本書の主張との関係を解説するわけにはいかないので、第2部では、現代社会学（というにはやや古いものも取り上げているが）の主な潮流のうちのいくつかと、社会学のあり方についての議論を取り上げ、それらを本書の立場から論じてみたい。

その際、本書で注目するのは、現代社会学が「明らかにしてきたこと」ではなく、「何を明らかにしようとしているのか」という点だ。すなわち、社会学の問いに焦点を当てて論じていく。だが、「問い」に着目して議論するというのは、実はなかなか難しいやり方だ。私たちはどうしても「答え」のほうに気を取られがちなので、その背後にある「問い」それ自体を吟味するには、かなり注意深く取り組まなくてはならない。そのため、第2部を読む際には、これは社会学の「問い」の検討なのだということを意識して読んでいただければと思う。

第5章　規範理論とルールの科学
——盛山和夫『社会学とは何か』

最初に取り上げるのは、盛山和夫の『社会学とは何か』という本である（以下、『社会学とは何か』と表記し、同書からの引用はページ数だけを示す[1]）。実は『社会学とは何か』は、筆者が本書を執筆する直接のきっかけの一つだったといってもいいもので、本書との関わりが非常に深い。

盛山は『社会学とは何か』の「はしがき」で、「社会学とは何か」という問いは必ずしも「現在の社会学が行っていること」を問うのではなく、「現代社会において、社会学という学問はいかなる意義をもつか」（iiページ）を問うことだと説明している。そしてさらに、その問いへの答えは、「社会学は自己を見失っている」せいで現在明確になっていないため、「社会学のあるべき姿」を探究することが、『社会学とは何か』の課題だとしている（ivページ）。このような問題意識はまさに本書も共有している。

『社会学とは何か』の結論は、「社会学は最終的には「経験的」ではなくて「規範的」な学問たらざるをえない」（二六九―二七〇ページ）という言葉に集約されるだろう。つまり、社会学は「事実」を明らかにすることが最終目的なのではなく、「当為」（どうするべきか）を主張しなくてはならないというのだ。おそらく日本の社会学研究者の多くは、社会学を経験科学だと考えているだろうから、これには同意できないのではないかと思う。

規範的な要素があるということを認める人はそれなりにいるだろうが、経験的ではないとまでいわれてしまうと簡単には賛同できないはずだ。

　盛山和夫は、日本社会学会の会長を務めたことがあるほど、日本の社会学界に影響を及ぼした研究者だ。そのような人がこれほど刺激的な主張をしたわけだから、さぞかし大論争を巻き起こしたことだろう、と思うかもしれないが、実際にはそういうことはまったくなかった。もちろん、個々の研究者で何らかの影響を受けた人も多かっただろうが、著作物でこれに賛同を表明するものも反論するものも、どちらもこれまでほぼなかったと筆者は認識している。ただ、書評は学術誌に掲載されたものとしては本書執筆時までに（筆者の知るかぎりは）三本[2]出ているので、それらも日本の社会学界の反応の一つの手掛かりとして考察していきたい。

　第2部の冒頭でも説明したように、本書では『社会学とは何か』を、問いという観点から考察する。つまり、社会学は規範的な問いであるべきだという盛山の主張に焦点を当てるのだ。

　この点に関して、各書評の立場を説明しておこう。まず最も明確に立場を明らかにしているのは都築一治の書評で、規範的な問いであるべきだという主張に対して明確に反対する立場（規範的な主張に踏み込むべきではないという立場のようだ）をとっている。太郎丸博の書評もほぼ同様だが、反対というよりは、「規範的でなくてもいいじゃないか」と主張しているようにみえる。浜日出夫の書評は残念ながら書評というよりもほとんど内容紹介程度のものであり、評価という要素はほとんどみられない。「社会学評論」という学術誌に掲載された書評だが、この本について十分論じるにはやや字数制限が厳しかったのかもしれない。そのため、この書評についてはこれ以上取り上げないことにする。

1　秩序構想の学としての社会学

それでは、『社会学とは何か』の主張を具体的に検討していこう。扱うのは、基本的に著者の結論が書かれている第十章に限定する。それ以外の部分は必要に応じて参照したい。

「共同性の学としての社会学」というタイトルが付された第十章は三つの節からなっていて、最初の節は、「社会学とは何かという問いの意味」というタイトルだ。

このタイトルに対応する答えは明確ではないが、おそらく、社会学はどのような問題を解こうとしているのかを考えることによって「社会学とは何か」という問いに答えることができるということなのだろう。盛山は「欧米社会における巨大な社会変動の中にあって、その変動の意味を探究し、その行く末を考え、あるべき将来社会を展望したいという問題関心」（二四五ページ）が社会学の成立を支えていたとする。そしてその後の社会の変化によって、解くべき問題には変化があったものの、現在もなお社会は多くの課題に直面していて、それらの問題を解くことが社会学の課題だとしている。このことを盛山は、「秩序構想の学としての社会学」（二五〇ページ）と表現している。

「秩序構想」という表現に若干癖があるものの、（広い意味での）社会問題の解決に資することが社会学の存在意義だという主張には、それほど異論はないのかもしれない。都築書評も太郎丸書評もこの主張について直接は言及せず、あまり関心をもっていないようにみえる。それはおそらく、社会学が秩序構想の学かどうかということは、論証できるような性質のものではないということが理由ではないかと思われる。

秩序構想の学という主張は、本書の考え方でいえば問いとしての性質だ。何らかの問いに対する答えであれば、その答えが正しいかどうかは確認することができるが、問いはそうではない。それを問うべきかどうか、問いたいかどうか、問うことに意味があるかどうか、ということは、より広い文脈のなかでしか考えることができない。つまりそれは社会学の問題なのではなく、社会の問題なのだ。社会学が秩序構想の学であるべきなのかどうかは**社会的意義**の問題であり、社会学が決めることではなく、社会が社会学に対して何を期待するのかということに依存する。もちろん社会学の側は、「私たちはこんなふうに役に立ちますよ」と主張することはできるし、そのような主張はあってしかるべきだと思うが、その当否を決めるのは社会の側だ。

以上のようなことから、社会学は秩序構想の学だという主張は、論評の対象になりにくいことは致し方がないが、だからといってあいまいなままにしておいていいということではない。なぜならこれは議論の出発点であり、『社会学とは何か』という本の大前提であるはずだからだ。社会学がどうあるべきなのかという問いについての具体的な論点はすべて、この大前提に照らして考えていかなくてはならない。少なくとも盛山はそのように考えているはずだ。しかし、『社会学とは何か』についての書評はいずれも、この点についての立場を明確にしていない。

このことは、『社会学とは何か』についてあまり活発な議論がおこなわれなかった理由の一端を示しているのではないかと思う。日本の社会学者の多く（かどうかはわからないがおそらくは少数ではないと思う）は、この論点をあいまいなままにしておきたいのではないだろうか。

秩序構想の学、あるいは、社会の問題を解決することが社会学の使命だということを明確に認めれば、自分の研究がどのようにそれに貢献しているのかが問われることになるが、それは必ずしも十分には説明できない。次のテーマとも関連するが、解決を志向するあまりに「こうすべきだ」と主張すると、特定の価値観に依存しているようにみえてしまう。かといって、社会学の存在意義を問われれば何らかの問題解決を目指しているとしかいいようがないので、否定してしまうわけにもいかない。社会の問題を解決することが社会学の存在意義だと原則論としてはいえるだろうが、実際には具体的な研究とのつながりは明確ではない。その結果、何かに役立つはずだというようなあいまいな言い方でお茶をにごすことになる。やや自虐的かもしれないが、筆者にはそれが社会学の現状だといってもあながち的外れとは思えない。

そういう意味では、盛山が秩序構想の学という見解を明確にしたことは、それだけでも評価に値することだと思う。盛山はその課題をしっかり引き受けたうえで、そのための具体的な方法を探ろうとしたのだ。『社会学とは何か』について評価を下したいのなら、まずはその点を押さえておくべきだろう。

本書は、社会学は秩序構想の学であるべきだという主張に基本的に同意する。そしてそのうえで、つまりその前提を共有したうえで、盛山が主張する方法を検討したい。

２　意味世界の探究であることの三つの帰結

第二節は「秩序構想としての社会学はどのようにして可能か」というストレートなタイトルだ。第一節の問題意識を受けた内容といえるが、この節で展開される主張を評価するにあたっては、あくまでも秩序構想としての社会学を実現するためにはどうすればいいのかという視点で考える必要がある。

社会秩序を構想するため、あるいは社会問題を解決するために、学問は何ができるのか。その答えを得るための第一歩として盛山が提示するのが「真理」である。学問が社会に対してなにがしかの貢献ができるとすれば、それは真理の追究によってであるという至極当然だと思われる主張を、盛山はまず布石として置く。これに異論を挟む人はいないだろう。

ここからの論理的展開にはやや不明瞭なところもあるが、[3] その真理が社会学の場合には（自然科学などとは異なる）特殊な性質をもっていることが主張される（そういう流れだと筆者は解釈した）。

社会的世界は「意味世界」[4]であるというのが盛山の主張であり、そのためその探究は「外的視点の不可能性」「規範的関与」「共同の仮説的価値」という三つの特徴をもつという。これはかなり明快な主張なので、書評では主要な論点として取り上げられている。本章でもこの三点について考えてみたい。

外的視点の不可能性

最初の「外的視点の不可能性」は、都築書評でも太郎丸書評でも、批判・反論されている論点だ。内的視点／

外的視点というのは盛山が『社会学とは何か』以前から使っている概念だが、少なくとも同書でのこれらの概念の用法には、太郎丸が指摘するようにあいまいな部分がある。太郎丸書評では主としてそのあいまいさが批判されていて、都築書評ではもっと明確に内的視点は不可能だと反論がなされている。

太郎丸も都築も、盛山がいう内的／外的視点を認識論的問題として捉えているようだ。おそらく盛山自身がもともとそのようなものとしてこれらの言葉を使っていたと考えられるが、実は『社会学とは何か』では、ややその意味内容が変化しているのではないかと筆者は捉えている。それは、外的視点が不可能である理由を述べた部分の、以下のような表現に現れている。

> ここに、現在の素粒子論の定説とは異なる仮説をたてて研究しようとする研究者がいるとする。かれは、当然、現在の素粒子論の描く意味世界を自らのものにしたうえで、そのどこに問題が潜んでいるかを明らかにしなければならない。内在的批判でなければ、意味世界の変容を導くような批判にはならないのである。
> （二五七ページ）

筆者が注目するのは「内在的批判」という言葉だ。外的視点ではなく内的視点が必要だと主張する文脈で、内在的批判という言葉が使われるということは、（少なくとも『社会学とは何か』での）内的視点とは事実認識にだけ関わる問題なのではなく、価値判断を含むものだということを示している。つまり盛山は、内からみることだけではなく、内側の基準で判断することを求めているのだ。

これはおそらく、次の論点である規範的関与を先取りした結果ではないかと思うが、盛山の意をくんだうえで『社会学とは何か』を評価しようとするなら、まずは内的視点をそのような価値判断を含んだものとして理解する必要があるのではないだろうか（ただし、記述があいまいでわかりにくいという批判はその通りだと思う）。

規範的関与

二つめの「規範的関与」とは、現存する意味秩序の妥当性を評価することだと、盛山は説明している（二五七ページ）。本書との関連を考えるうえでは、ここで「評価」という言葉が用いられている点は非常に重要だが、まずは書評でどう論じられているかをみていこう。

都築書評はこの点について批判的だと思われるが、その具体的な記述は次の項で取り上げる「共同性」で紹介したいので、ここでは詳しく触れないことにする。太郎丸書評はこの論点を明示的に取り上げ、「社会学者はそのような評価の表明を差し控えたまま、意味世界を記述したり説明したりすることは可能」(5)だとして、評価が必要だという盛山の主張に疑問を投げかけている。確かに、事実として、評価を含まない社会学的研究は実際にいくらでも存在するのだが、『社会学とは何か』が問うているのは、社会学は（現実としてどうあるのか、ではなく）「どうあるべきか」なのだから、それだけでは十分な反論にならない。『社会学とは何か』では明示的に書かれていないが、秩序構想の学であるためには、規範的関与が必要だという論理構成になっているはずだから、それに対する反論としては、規範的関与がなくても秩序構想の学は可能であると主張するか、あるいはそもそも秩序構想の学でなくてもいいという立場をとるしかないはずだ。生産的な議論のためには、そのような反論を期待したいと思う。

では盛山はなぜ、秩序構想の学であるためには規範的関与（意味秩序の妥当性の評価）が必要だと考えたのだろうか。『社会学とは何か』ではその理由について、「意味世界の探究であることの第二の帰結」として、「その探究がおのずから対象「意味秩序」の妥当性の問題に関わっている」（二五七ページ。傍点は引用者）としか説明されていない。この点について十分な説明ができなかったことが、『社会学とは何か』の限界の一つだと、筆者は考えている。

共同の仮説的価値

三つめの「共同の仮説的価値」とは、二つめの「規範的関与」で言及された「評価」の基準がどうあるべきなのかという点に関わっている。この問いに対する盛山の答えは、「意味秩序の妥当性を評価するのは、何らかの共同的な、あるいは客観的な価値によってである」（二五八ページ）というものだ。この論点についてはどちらの書評も特に論じていないが（そもそも評価を必ずしも必要なことだとは考えていないからかもしれない）、筆者はこの主張は大きな問題をはらんでいると考えている。というのは、ここでの説明は、一つめの論点で述べていた内在的批判が必要だという主張と矛盾すると思われるからだ。

批判（これももちろん一つの評価だ）は、**内から**、つまり内側の基準でおこなう必要があるという主張と、評価の基準は客観的なものでなくてはならないという主張は、両立可能なのだろうか。筆者にはそうは思えない。規範的関与をおこなうとするかぎり、その基準をどのように設定するのかはきわめて重要な、生命線といってもいいほど重要な問題だ。それがまだ十分には明確になっていない（と筆者は考える）のは、かなり大きな問題点だと思う。

本書との関係

以上の整理に基づいて、『社会学とは何か』と本書の関係について考えてみよう。

まず、規範的関与を求める『社会学とは何か』の主張と、ルールの評価が必要であるとする本書の主張は、大筋で重なり合う。すでに確認したとおり、『社会学とは何か』でも「評価」という言葉が使われており、そこから評価の基準という次の論点に移行していくロジックも、本書と同じだと考えていい。

しかし、『社会学とは何か』では、なぜ規範的関与が必要なのかが十分な説得力をもって説明されてはいないと筆者は考えている。この点について本書では、法則と規則の違いから評価が必要であることを説明したが（第

1章）、これは『社会学とは何か』の論理の穴を埋めることができるものだと筆者は考えている。

本書の視点に立てば、評価の必要性だけでなく、『社会学とは何か』が規範的関与の必要性を十分に明らかにできていない理由も説明できる。それは『社会学とは何か』が何を評価するのかを明確にしていないことによるのではないだろうか。盛山によると、評価とは「意味秩序の妥当性」の評価だが、これだけではそもそもなぜ評価が必要なのかがわからない。一方、本書では、評価の対象は（基本的には）ルールであることを明確にしている。ルールは変更可能であり、だからこそ評価が必要なのだ。この、変更可能性という性質を考慮することによってはじめて評価の必要性を主張できると、筆者は考えている。社会は変えることができる。だからこそ評価をして、どこをどう変えればいいのかを明らかにする必要がある（逆にいえば、**自然科学**が解明しようとする対象〔自然法則〕は変更不可能なので評価をする意味がない）。当たり前のことのように聞こえるだろうが、これは社会学という学問の存在意義に関わるロジックなのだ。

盛山の「外的視点の不可能性」という論点は、本書では**当事者性**という言葉で説明したことと重なりあう。しかし、本書の立場では、これは認識論的な問題ではないし、さらにいえば、（盛山が事実上主張しているような）評価の基準の問題でもない。筆者が本書の第1章で主張しているのは、研究の成果が研究対象に影響を与えてしまうため、社会学は純粋に研究対象の「外側」に立つことができない、ということだ。研究の成果が社会にまったく還元されないのであればこの主張は成立しないが、社会学が秩序構想の学であるのなら（もちろん筆者はそうだと考えているが）、研究の成果が社会に還元されなければならないのは当然だ。つまり、この論点もまた、社会学が秩序構想の学であるという盛山の主張と深く関わっている。だからこそ、このことについての自分の立場を明確にしない両書評の主張は妥当ではないと、筆者は考える。

ここまでは、盛山と筆者の主張には、説明の仕方に相違はあるものの、結論としては大きな違いがなかったのだが、次の評価の基準という論点からは、袂を分かつことになる。

盛山は、前述のように評価の基準は「何らかの共同的な、あるいは客観的な価値」だとしているが、本書ではルールは（ゲームにとっての）方法なので、その評価の基準はゲームの**志向性**に求めることになる。これは、先ほどの論点と同様に、何を評価するのかが明確な本書と、評価の対象が抽象的なままの『社会学とは何か』の違いによるものだと、筆者は考えている。評価の対象がルールだと定めてしまえば、その評価の基準はおのずから明らかになるというのが本書の考え方だ。しかし盛山は何を評価するべきなのかがあいまいなままなため、一般的な評価基準を求めることになってしまうのではないかと、筆者は考えている。ただ、この論点は非常に重大な意味をもっているので、読者がじっくり考えて自分なりの結論を見いだしてほしい。

3　共同性への探究

第三節は、「共同性への探究」である。「共同性の探究」ではなく、「への」探究であるという点には盛山のこだわりが感じられるので、そのまま使わせてもらう。

この節では、大きく分けて二つのことが書かれている。まず一つは、規範的社会理論（秩序構想の学）の「客観性」、あるいは「真理性」に関する主張で、もう一つが『社会学とは何か』の最終的な結論になる「共同性の学としての社会学」にまつわる主張である。後者については最終的な結論でもあるので、当然いずれの書評も論評しているが、前者についてはまったく触れられていない。しかし、筆者は前者も重要な論点だと考えている。

客観性と真理性

規範的社会理論の客観性あるいは真理性とは、簡単にいえば社会学の研究成果の「正しさ」がどのようにして担保されるのか、ということだ。自然科学の場合は盛山がいうとおり、「対象である経験的世界に対する真理性」が基準になるが、秩序構想の学である社会学の場合はどうなのか、ということが盛山の問いたいことだ。

盛山はまず、「意味世界の探究においては、経験科学の意味での「真理性」は依然として重要であるものの、少なくとも部分的な役割にとどまる」（二五九ページ）として、真理性以外の基準があることを示唆する。しかし、それが何なのかは実はよくわからないままだ。盛山の説明をそのまま引用すると、「解釈学や規範理論の「客観性」は、経験科学における真理のようには考えることができない。それは経験的な観測データによってチェックされるのではなく、普遍的妥当性に志向した共同の討議をつうじて接近していくその先に想定されるもの」（二六一ページ）だということになる。確かに、社会学の場合には、自然科学のようにたった一つの実験結果から明快で疑う余地のない結論を得るということはできないだろう。そのため、討議による接近が必要だというのだが、これだけではまったく具体的な説明になっていない。社会学が自然科学のように明快な結論を引き出せないのはなぜだろうか。そういう状況に対して討議が有効である理由は何だろうか。討議が迷走することなく客観性へと接近していくと考える根拠は何だろうか。

「討議による接近」という盛山の主張に対して、本書が提起するのは**多面的な評価**だ。盛山も筆者も、社会学は事実を明らかにするだけではなくそれを評価しなくてはならないと考えている。その評価の基準は一つに絞り込むことができず複数存在するので、社会学は自然科学ほど安定した結論が得られないのだ。本書では評価の基準をゲームの志向性だと考えるが、その志向性はしばしば複数の評価基準を含む複雑なものだ（例えば交通ルールなら少なくとも安全性と効率性はどちらも評価基準になる）。加えて、ある方法は別のゲームにも影響を与えるため、そのゲームの志向性からも判断をしなくてはならなくなる（例えば交通ルールは自動車の販売というゲームにも影響を及ぼす）。このように、複雑な志向性とゲーム同士の複雑な関わり合いがあることが、ルールの評価を困難にしている。これが、本書が多面的な評価が必要だと主張する理由になっている。多面的に評価するためには、討議が有効だとは思うが、それはあくまでも多面的な評価のための手段にすぎない。そこを明確にしておかなければ、討議自体が自己目的化する恐れさえあると思う。

もちろん、この問題は、多面的評価という言葉を出せばそれで解決、というわけではなく、さらに検討するべき課題を提起することになる。それについては『社会学とは何か』からは議論が離れてしまうので、第1部を参照していただきたい。

共同性の学としての社会学

それでは、盛山の最終的な主張である、「共同性の学としての社会学」について検討してみよう。

まず、「共同性」という言葉の意味だが、盛山は『社会学とは何か』の第二章「社会はいかにして可能か」でこの言葉を提起している。

> 私は、社会学の基本的なテーマとは、結局、「社会」とは何か、そしてその社会はいかにして可能か、を探究することだと考えている。もう少し詳しくいえば、これは「社会の共同性」の問題だということができる。（四八ページ）

つまり、盛山にとって共同性とは、社会が成立していることであり、したがってそれは前もってわかっていることではなく、「むしろ社会学にとって探究課題」（四九ページ）なのだ。そのような意味では、「社会学とは、学問世界を超えた一般的な社会について、「共同性」のありようを経験的および規範的に探究する学問である」（二六一ページ）という主張は、「社会」を「共同性」と言い換えただけで、あまり中身がない主張だといえるかもしれない。

では、盛山の主張で実質的に重要なのはどこかというと、それは共同性を社会学という学問が共有する価値だと見なす点にあるだろう。盛山によれば、「社会学は共同性という価値に志向した秩序構想の学」（二六一―二六二ページ）なのだ。

しかし、これは盛山自身も認めているように、危うい主張である。盛山は自らこれを「「現状維持」や「閉鎖性」に帰着してしまう」（二六三ページ）可能性や、「既存の秩序に対して無批判的になる面がある」（二六三ページ）という指摘をしているし、都築書評は、よりよい共同性が達成されたとしても、それは「普遍的で強力な規範的原理を導出する可能性を排除できない」ため、「帰結において道徳的でない[6]」と批判している。太郎丸書評は、共同性の学だという主張に対して「私たち社会学者がそれに拘束されなければならない理由はない[7]」とそっけない。

確かに、共同性こそが社会学者が共有すべき価値だという主張には危うさがあると筆者も思う。それに強く反発する両書評の主張ももっともだ。

しかし、盛山がいう共同性とは、ある意味では社会そのものだ。「社会」とは何らかの意味で「価値がある」ものだという考え方さえ、社会学者は共有できないのだろうか。

経済学者は、「経済」というものが何らかの価値をもっていると信じているのではないだろうか。政治学者もまた「政治」を価値あるものだと見なしているのではないだろうか。もしそうであるなら、社会学者もまた、「社会」の価値を認めることから出発してもいいのではないだろうか。なぜ（少なくとも現代の）社会学者はそれをためらうのだろうか。

社会学者が「社会」を肯定的に価値づけることにためらいを感じる理由は、社会と個人という対比を想定しているからだろう。つまり、社会に価値を置くということは相対的に個人の価値をなおざりにし、「社会に奉仕する個人」を当然とするような考え方につながってしまうことを恐れるからではないかと思う。ならばその点についてはしっかりとした歯止めを設けたうえで、「社会」の価値を共有できないだろうか。

具体的には、社会はあくまでも個人にとっての手段として有用だという考え方ができるだろう。社会そのものが個人よりも優先されるような価値をもつのではなく、私たち個人個人がよりよく生きるために社会は必要であり、有用なのだ。このような考え方であれば、社会学者は共通の出発点として共有できる（できている）のではないだろうか。私たち人間は一人で生きていくことはできない。他者と**協力**し合い、他者と利害を**調整**して争いを避けることは、私たちが生き抜くための知恵であり、それが社会であるはずだ。それならば、社会を必要で有用なものだと認め、その具体的なありようを考えることこそが、盛山がいう秩序構想の学なのではないだろうか。

このような考え方は、本書の立場とも重なり合う。本書では「共同性」という言葉は使っていないが、それに対応する言葉はある。それが**共有**だ。ルールとは方法の共有でありなおかつ共有の方法である、というときの共有という言葉は、盛山がいう「共同性」を具体化したものだと考えられる。そして盛山と同じく、本書でも共有は基本的に価値あるものだと考えている。なぜなら、人間は助け合って、利害を調整しながら生きていく生き物だからだ。

さらにいうなら、これまでの解釈が妥当であるなら、共同性が社会学のアイデンティティの再構築を導くという盛山の主張（二六五ページ）にも基本的に同意できる。本書に引き付けるなら、ルールを方法の共有であると捉え、そのための共有の方法も含めて評価しようとすることこそが、**ルールの科学の専門性**であり、アイデンティティだと考えられるからだ。

共同性に関する議論はこれでほぼすべてだが、最後に、やや蛇足ではあるが、共同性の学だという主張に対して「私たち社会学者がそれに拘束されなければならない理由はない」という太郎丸書評の主張について、本書の立場から答えておきたい。確かに「拘束」という強い言葉を使うならそのとおりかもしれないが、ならば逆に、これ以外に社会学としてのアイデンティティを構築（あるいは再構築）する方法があるのだろうか。共同性の学でなくてもいいというなら、何をもって社会学者と名乗れるというのだろうか。自分が社会学者だと思えば社会学者なのか。あるいは、そもそもアイデンティティなど必要ないというのだろうか。それはいささか暴論ではないかと筆者は思う。社会学としてのアイデンティティという意味では、筆者は共同性の学という盛山の提案は十分に穏当なものだと思える。

太郎丸の反論は、もしかしたら、事実としてそうではない社会学もある、ということを根拠にしているのかもしれない。共同性という論点ではこれはわかりにくいが、「評価」という論点であれば、先に引用したように

「社会学者はそのような評価の表明を差し控えたまま、意味世界を記述したり説明したりすることは可能」だと、太郎丸は述べている。おそらくこれが太郎丸の批判の根拠なのだろう。これは、前にも書いたとおり、社会学の「あるべき姿」にとっての評価の必要性を批判する根拠にはならないのだが、社会学のアイデンティティという論点に関していえば、それ以外のものを社会学から排除してしまっていいのかという疑問あるいは批判にはなると思う。評価をおこなわないものは社会学ではないといえるのだろうか、また、共同性に直接言及しないものは社会学ではないのだろうか。

筆者の答えは、評価が必要であるということは社会学総体としての条件であり、細分化された領域を扱う個々の研究では、評価にまで行き着かないものがあることは当然だ、というものだ。例えば評価の前提になる正確な記述だけを守備範囲とする研究はありえるだろうし、ルールの評価ではなく社会の記述を目的とする研究も、最終目標であるルールの評価の前提として当然おこなわれるだろう。研究は分業によって成り立っているのだから、これは当然といえる。

ただ、重要なことは、そのような分業は、社会学全体としてのはたらきを理解したうえでおこなわれなくてはならないということだ。精度が高い記述だけを守備範囲とする研究は、それが評価のための資料として活用されることを意識し、評価しやすいようなアウトプットを心がける必要があるだろう。そして、そのような分業意識こそが、基礎的なものを含めたすべての社会学的研究に社会的な意義があることを正当化できるのだと思う。

4　『社会学とは何か』の意義

これまでの議論から明らかになったように、本書の主張は、盛山の『社会学とは何か』の結論を基本的に踏襲し、それに修正を加えながら発展させたものであると位置づけることができる。ただし、本書には「ゲーム」や

「ルール」についての理論という独自のバックグラウンドがあるので、盛山の議論の単純な延長線上に本書があるわけではないし、評価の基準についての考え方が異なるという点も無視できない。

本書が『社会学とは何か』から受け継いだ最も重要な要素は、「問い」だ。社会学を広い意味での社会問題を解決するための「秩序構想の学」だと捉えて、それを実現するためにはどうすればいいのかという困難な課題に真正面から真摯に取り組んだ姿勢は、どれほど高く評価してもしすぎることはない。にもかかわらず、本章で検討した書評からもわかるように、日本の社会学界がこれほど重要な問題提起に対して十年以上もほとんど何の反応もしてこなかったことは、恥ずべきことではないだろうか。本書は、遅まきながらではあるが、盛山の問題提起を引き継ごうとするものだ。

注

(1) 盛山和夫『社会学とは何か――意味世界への探究』(叢書・現代社会学)、ミネルヴァ書房、二〇一一年

(2) 太郎丸博「書評『叢書・現代社会学③社会学とは何か――意味世界への探究』盛山和夫著」、数理社会学会編「理論と方法」第二十六巻第二号、数理社会学会、二〇一一年、都築一治「書評 盛山和夫『叢書・現代社会学③社会学とは何か――意味世界への探究』」、社会学部論叢刊行会編「流通経済大学社会学部論叢」第二十三巻第一号、流通経済大学社会学部、二〇一二年、浜日出夫「盛山和夫著『社会学とは何か――意味世界への探究』」、日本社会学会編「社会学評論」第六十三巻第二号、日本社会学会、二〇一二年

(3) 不明瞭に思えたのは、「真理」と「共同性」との関係だ。「真理」という価値のほかに「共同性」という価値も追究しなければならないと主張しているのか、それとも「共同性」とは追究すべき「真理」の一部なのかというのが、判然としない。第三節でもう一度「真理」が取り上げられていることから考えると、後者ではないかというのが筆者の見解だ。

(4) あえて関連づけるなら、盛山の「意味世界」という主張に対応するのが、本書の「(ゲームの)志向性」というこ

とになるだろう。

（5）前掲「書評『叢書・現代社会学③社会学とは何か――意味世界への探究』盛山和夫著」四三四ページ
（6）前掲「書評 盛山和夫『叢書・現代社会学③社会学とは何か――意味世界への探究』」一四四ページ
（7）前掲「書評『叢書・現代社会学③社会学とは何か――意味世界への探究』盛山和夫著」四三五ページ

コラム2　吉田民人の「プログラム科学」について

本書の構想の「先達」として紹介しなくてはならないのは、盛山和夫以外にもう一人いる。それが吉田民人だ。吉田は社会学（社会科学）を「プログラム科学」だとする非常に大胆な主張を発表した。この主張は本書での自然科学とルールの科学の対比というアイデアのヒントになっていて、その内容を紹介することは筆者の務めだろうと思う。

ただ、プログラム科学という構想は吉田の晩年の研究であり、残念なことに彼はその構想を十分に展開することなく他界してしまった（と筆者は考えている）。そのため、私たちが知ることができるのは大まかな構想だけなのだ。

ここでは、プログラム科学について説明した吉田の論文から二編を選び、ルールの科学という立場から解説したい。

まず、一九九五年に発表された「ポスト分子生物学の社会科学」と題する論考をみてみよう。これは日本社会学会の機関誌である「社会学評論」に「会長講演」として掲載されたもので、吉田が日本社会学会会長として前年の同学会でおこなった講演に基づいて書かれたものだ。

この論考の趣旨は、冒頭のパラグラフに集約されているといえる。少し長いが引用しよう。

倫理や法、慣習や制度を総称して「規則」と名づけるなら、社会の秩序が規則によって支えられていることは、明々白々である。ところで他方、物理学や化学の対象と同様、社会科学の研究対象にもそれ固有の「法則」的秩序が存在するとするなら、「法則による秩序」と「規則による秩序」とは、一体、どのように関連するのであろうか。物理学の対象には法則のみがあって規則はない。したがって、物理学をモデルにする従来の科学哲学は、そもそも「法則と規則」という問題意識を欠いている。あるいはそれを必要としない。「法則と規則」問題は社会科学に独自のテーマなのである。たとえば、「社会と個人との関係」は社会科学の代表的な課題の一つであるが、この関係を支配する一般的な不変の「法則」が存在するのか、それとも、その関係は一定の文化的・歴史的な自生的・制定的「規則」によって制御されるのみなのか。[1]

社会の秩序は**法則**ではなく**規則**によって支えられているという認識は、まさに本書と共通している。また、社会秩序が法則によって規定されるのではないという考え方は、社会学者の多くに共有されていて、そのため法則とは異なる「秩序原理」を多くの社会学者が求めている（潜在的なニーズがある）、と吉田は考えている。

しかしながら他方、「社会科学に法則はない」と密かに、または無自覚に判断していた研究者にとっても、彼らがいかなるタイプの普遍化認識も拒絶して、ひたすら個別化認識に徹するならともかく、「法則」に代わる何らかの「〔経験的〕秩序原理」を密かに、または無自覚に模索していたことも否定できないのではないか。生物科学と社会科学を通底する新たな秩序原理としての科学的「プログラム」概念は、その要請に応えることになるだろう。少なくとも提唱者としては、そう期待したい。[2]

そして、そのようなニーズに応える（と吉田が考える）のが、「法則」に対する「プログラム」、「法則定立科学」に対する「プログラム解明科学」だ。本書でいう「ルール」が吉田の「プログラム」に対応していると考えていいだろう。

ただ、注意してほしいのは、前述の引用からもわかるように、両者の違いは自然科学と社会科学の違いではなく、生物科学（分子生物学）が「プログラム解明科学」に分類されているということだ。吉田は「ヒトゲノムの解読」こそが「プログラム解明科学」の契機になっていると考えており、そういう意味ではDNAの遺伝情報こそが「プログラム」の原イメージなのだろう。しかし本書の考え方では、ゲノム情報は仮にそれが「規則」的なものだったとしても、人間が作った規則ではないため（他者の規則であるため）、内からの研究の対象にはならない。

もちろん、吉田は遺伝情報と社会規範をまったく同一視しているわけではなく、前者を「シグナル性プログラム」、後者を「シンボル性プログラム」と呼んで区別しているのだが、「法則」と「プログラム」の間にはこれよりも大きな違いがあると捉えているので、この点については本書の考え方と大きな相違がある。

また、吉田はこの二年後に書かれた「プログラム科学」と「設計科学」の提唱[3]という論文で、「プログラム科学」とは別に「設計科学」という概念を提唱している。別にというのは、「プログラム科学」は「法則科学」と対をなし、「設計科学」は「実証科学」と対をなすというように、それぞれが独立した対立項のなかにあるということだ。

かなり強引に本書の考え方をそこに当てはめると、本書での「ルールの科学」は、法則ではなく規則を扱うという意味で、「プログラム科学」であり、なおかつ発見ではなく評価を目的とするという意味で（どちらかといえば）「設計科学」だ。しかし、吉田は「プログラム科学」は（本来は）実証科学であり、それとは別に「プログラム型設計科学」があるのだと考える。この点も本書の考え方とは大きく異なっている。

吉田も本書も、「法則」とは異なる秩序原理を見いだそうとしているという点では問題意識は共通している。というよりも、筆者はそのような問いを吉田から学んだのだ。

しかし、その問いの「答え」に当たる吉田の「プログラム」概念と本書の「ルール」概念は、大きく異なるものだといわざるをえない。ルールは（少なくとも厳密な意味では）実証研究の対象にはならないと筆者は思うが、吉田はプログラムの実証研究はありえると主張する。確かにDNAの遺伝情報がどのように作用するのかという実証研究は現実におこなわれているだろうが、社会規範についても（厳密な意味での）実証研究がありえるのだろうか。もしありえるなら、それはどのようなものなのだろうか。

吉田はすでに他界していて、少なくとも筆者の知るかぎりでは「プログラム科学」というアイデアを引き継ごうとする研究者もいないようなので、いまのところその問いに対する答えは得られない。

非常に大雑把な言い方をすれば、筆者は吉田から自然科学的発想からの離脱というアイデアを、盛山からは「社会学の社会的意義を明確にする」という問題意識をそれぞれ受け継ぎ、「ルールの理論」という基礎理論を据えることによって筆者なりの「社会学」を提案した。それが「ルールの科学」なのだと捉えている。

注

（1）吉田民人「ポスト分子生物学の社会科学――法則定立科学からプログラム解明科学へ」、日本社会学会編「社会学評論」第四十六巻第三号、日本社会学会、一九九五年、二七四ページ

（2）同論文二九〇ページ

（3）吉田民人「「プログラム科学」と「設計科学」の提唱――近代科学のネオ・パラダイム」、社会と情報編集委員会編「社会と情報」第三号、東信堂、一九九七年

第6章　機能主義とルールの科学

第1部で説明したように、本書は「社会学のグランドセオリー」を構築しようという壮大な意図をもっている。では、社会学にはこれまでグランドセオリーは存在しなかったのだろうか。

この問いに答えるのは簡単ではないのだが、おそらく日本の社会学者のほとんどが「グランドセオリー」と聞いてまず思い浮かべるのは、タルコット・パーソンズの構造―機能主義だろう。また、これを引き継ぐロバート・K・マートンの理論（「潜在的機能」や「逆機能」など）もまた、パーソンズとは趣が違うものの、社会学一般に適応する分析枠組みを提示しようとしたという意味で、ある種の「グランドセオリー」を目指したものだったかもしれない。ニクラス・ルーマンのシステム理論でも等価機能主義として機能主義というアイデアは引き継がれている。このように、**機能主義**は社会学のグランドセオリーの候補として真っ先に挙げられるものだ。

初学者のために機能主義をごく簡単に説明しておくと、社会を生物に見立てて理解する考え方だとイメージしてもらえればわかりやすいと思う。人間の体には様々な臓器や器官があり、そのそれぞれが私たちが生きるために何らかの役割を果たしている。その役割が「機能」だ。例えば、消化器官は食物から栄養素を吸収して生きるためのエネルギーを得るという機能をもっている。機能主義は「社会」も同じように理解できるとする考え方だ。

日本社会は、物を生産し流通させる仕組み（経済）や、子孫を生み、知識や技術を伝え、社会の構成員に育て上げる仕組み（家族制度や教育など）、ルールを作って秩序を維持し、集団的な意思決定をおこなう仕組み（政治など）という、様々な部品によって構成されている。そして、その一つひとつの部品である組織や制度などもまた、より小さな部品から成り立っていると、考えるのである。企業組織が複数の部門から成り立っていることを思い浮かべればわかりやすいだろう。

このような考え方は、おそらく多くの人にとって違和感がないものだと思う。例えばある企業は、生活に必要な物資を生産することや、雇用を生み出して労働者に賃金を支払うことによって、社会に貢献している。家族という集団も、子を生み育てることによって、また高齢者の生活を支えることによって、社会に貢献している。このように、社会のなかにある様々な組織、集団、活動などがそれぞれ社会に対して何らかの貢献をすることによって、社会は成り立っている。このように社会をイメージするときの「社会に対する貢献」が**機能**なのだ。「社会に対する貢献」は、より小さなレベルでは、（企業などの）組織に対する貢献だったり、活動に対する貢献や集団に対する貢献だったりする。つまり、より一般的には機能は「部分の全体に対する貢献」だということになる。

機能主義というのは、機能（「部分の全体に対する貢献」）という観点から、様々な組織や集団、社会現象などを分析しようとする考え方だとイメージしてもらえばいいだろう。言い換えると、機能主義は機能という**問い**をもつ社会学理論なのだ。

先に挙げたような機能主義の系譜に属する様々な理論では、「機能」という概念はより抽象化されていて、必ずしも部分の全体に対する貢献とはいえないものもあるのだが、初学者が本章の内容を理解するためには、以上のようなイメージをもっていれば十分ではないかと思う。

本章では、このような機能主義を本書の考え方と対比させながら検討していくが、厳密な学説史的研究が目的ではなく、機能主義というものを、社会学が暗黙のうちに共有する志向性（の一つ）として扱いたい。というのは、パーソンズの構造―機能主義が多くの批判にさらされて、少なくとも現在の日本ではそれに依拠する研究はほとんどみられないなど、機能主義は「過去の遺物」という扱いを受ける一方、それでもなお、少なくとも一部の社会学者にとっては何らかの意味で、機能主義は必要なものだったり、場合によっては社会学のアイデンティティと関わるものだとイメージされたりすることさえあるからだ。

本章はまずこのような現状の把握から出発したい。

1 機能主義の「復権」？

現代の「機能主義」

筆者が機能主義についてあらためて考えてみるきっかけの一つに、一冊の本がある。『社会学はどこから来てどこへ行くのか』[1]と題するその本は、四人の社会学者の対談で構成されている（以下、『社会学はどこから来て』と略記し、同書からの引用はページ数だけを示す）。著者として名を連ねる岸政彦、北田暁大、筒井淳也、稲葉振一郎は、いずれも社会学界では名の知れた研究者である。対談を所収したものなので、何度も推敲を重ねたすきがない論理が展開されているわけではないが、そのぶん現代の社会学者のある種の「気分」のようなものが反映されているので、本章の検討作業にとって好都合といえる。

この本の基本的なスタンスは、「はじめに」に書かれた以下の文章によく表れているだろう。

> 私たちは以前から、社会学者は大上段から振りかぶって社会全体を「診断」するのでもなく、方法の正しさを政治的信念に譲り渡してしまうのでもなく、実証的な方法と理論で、さまざまな社会の問題に向き合う「普通の学問」になるべきだ、ということを語り合っていた。（二ページ）

社会学は変わりつつある。それは、職人たちが特定のテーマと特定の方法で、広い意味での社会の問題に取り組んでデータと知見を蓄積する、「普通の学問」である。

（五ページ）

「普通の学問」というのは、本文でも何度か登場し、第一章のなかの一項（「普通の学問」としての社会学）にも使われている言葉なので、『社会学はどこから来て』のキーワードの一つだと思われるが、この語が意図するのは「地道な実証的研究」といったイメージではないかと思う。

もちろん、地道な実証的研究の重要性について異論はないのだが、それだけで学問になるわけではない。何のためにデータを蓄積するのか、何を目指して実証的研究をおこなうのか、実証的研究によってどのような理論が実証されるのか。それが明らかにならなければ学問とはいえないだろう。それでは『社会学はどこから来て』に参加する社会学者たちが実証の先にみているものは何なのか。その問いに対する答え（の少なくとも一つ）が**機能主義**だ。

第一章の岸と北田の対談のなかで、「他者の**合理性の理解**」（他者の行為が何らかの意味で合理的であると理解すること）が「何かを説明したことになるのか」という疑問が提起されるが、それを受けて北田が次のような発言をし、そこで「機能主義」という言葉を使っている。

そういう意味でいうと、まあ社会学は機能主義なんじゃないかな。ただ、機能というからには、何かに対する機能である、と。だからその「何か」をちゃんと明示して、そこにおいての機能であるというのを示していく。そのうえで、他のやり方もありうることを示す。等価機能主義みたいな考え方でいけば、その機能を充たすには他にもやり方があるはず、とか。そういった意味では、社会学っていうのは機能主義であらざるをえない面があるのではないか、と私は思います。

（五〇ページ）

このくだりを最初に読んだときには、かなり驚いた。「機能主義!? いまさら機能主義なのか」と。かつて筆者が「社会学概論」という授業を担当していたときにも機能主義には触れていたが、それはあくまでも過去の理論としてであり、「かつてはこのような考え方がありました。でもこれではだめですよね。だから……」という扱いだったので、「社会学は機能主義」という表現にはかなりの違和感をもった。

釈然としないまま『社会学はどこから来て』を読み進めていくと、ここでいう機能主義とは、どうやら過去の理論（パーソンズ理論など）の再評価という意味ではなく、もっと漠然としたもの、「機能主義的な考え方」とでもいうべきものらしい。ではそれは具体的にはどのようなものなのだろうか。

構築主義と機能主義

『社会学はどこから来て』の著者たち（特に岸と北田）のイメージする「機能主義」を理解するうえで参考になるのが、構築主義との対比で機能主義が語られているという点だ。ただ、この構築主義とは、（当人たちも認めているように）あまり厳密な概念ではなく、「イメージ」のようなものだと捉えたほうが正しい。これも座談会形式だからこそのことだが、本書ではむしろイメージとして語られているからこそわかることがあると考える。

それでは、『社会学はどこから来て』では、構築主義と機能主義はどのように対比されているかをみていこう。北田は、構築主義が方法論的に優れていることを認めたうえで、以下のような発言をしている。

たしかに、方法論が先に立っていて、だから実証性はどうやっても担保されることになるんだけど「うーん、で?」っていう。その「で?」っていう問いがすっごく残酷でね。（一〇七―一〇八ページ）

これを筆者なりに言い換えると、構築主義的な研究のなかには、方法論的には文句のつけようがないのだが、その研究にどんな意味があるのかという疑問を感じるようなものがある、ということだ。しかも北田が「残酷」という言葉を使っていることからは、その疑問にはまともに答えられないだろうと北田が考えていることも示唆されている。「確かにおっしゃることはごもっとも。でもそれで？　それにどんな意味があるの？」。社会学者同士でさえ、互いの研究をそのようにみてしまうということは、筆者自身も（みる側としてもみられる側としても）経験している。それは確かに社会学という学問のあり方としてゆゆしき事態だが、このことはたぶん構築主義に限ったことではないと思う。つまりいまここで問題にすべきは構築主義がそのようなものなのかということではなく、構築主義をそのようなものとイメージしたうえで、それと対比させて機能主義を肯定的に評価しているということだ。つまり、岸と北田は、機能主義がそのような批判を免れる何らかの性質をもっている、と見なしているということになる。では、それは何だろうか。その答えは、以下の岸の発言に示されていると思う。

機能主義は、生態学的な見方から切り離すために、価値中立をいれて機能主義になったと思うのやけど、でも機能（ファンクション）ていう概念が中心にある限り、やっぱりそれはなんらかの判断をしていると思うんですよ。完全にその判断抜きでやろうとしてるのが構築主義で、その系譜というか、なにか社会問題みたいなリアリティとか概念が立ち上がってきて、それが変化していくのをただ追っかけていくんだと。だから、構築主義ってね、説明のゴールがないんですよね。（一〇二ページ）

ここで「判断」という言葉が使われているのに注目してほしい。かなり乱暴にまとめてしまうと、構築主義はただ事実を提示するだけだが、機能主義はそれに**機能**という判断を加えているといっているのだろう。そしてその判断こそが必要なのだと岸は考えていて、先の発言からみれば北田もそれに同意しているということだろう。このような考え方であれば、筆者にも何となく理解はできる。

「意味」と機能主義

しかし、機能主義をこのように捉えるのは、かなり特殊な考え方ではないだろうか。そのような疑問をもった筆者は、社会学者が機能主義を肯定的に評価している（なるべく堅い論文ではない）文章がないかと探してみたところ、ある論文（エッセーに近いかもしれない）を見つけた。学術誌の特集の冒頭に掲載された片桐新自の論考で「現代社会の危機と社会学の役割──素朴な社会学主義者の呟き」というものだ。タイトルからもそれほど堅すぎない内容だとうかがえる。

著者の片桐新自はこの論文の「3 社会学の再生を求めて」というセクションで、「社会学のディシプリン」を再構築するための条件を三つ挙げているのだが、その最後が「機能分析」なのである。片桐の考える機能分析とは以下のようなものだ。

　ある社会現象を研究対象として取り上げた際には、誰でもその社会現象がどのような因果関連で生まれてきたのかを研究するとともに、今の時代の中でどのような意味を持っているかを研究するだろう。その意味というのを機能と言い換えても大きな問題はない。私は、基本的に社会学は社会の多くのメンバーにとって意味のあること──社会的機能を持つこと──を研究すべきだと思っているが、中には大多数のメンバーにとっては意味はないが、ある少数集団にとっては意味があるという場合もあるだろうし、そうしたものを社会学の研究対象から排除すべきだとは思わない。その場合でも、機能の考察は可能である。(2)

この文章には「意味」という言葉が使われている。社会のメンバーにとって意味があることが機能だということは、やはりある種の判断をしているということになる。つまり、この文章の趣旨は『社会学はどこから来て』と同じ方向性をもつと考えていいだろう。

機能あるいは機能主義をこのようにイメージすることは、学説史的には必ずしも正確ではないのかもしれないが、現代の社会学のありようを考えていくためには、非常に参考になるのではないかと筆者は考える。ただ単に事実を明らかにするだけで、社会学は自らの使命を果たせるのだろうか。少なくともそのようには考えていない社会学者たちがいることが、ここからわかる。ある事実がどのような意味をもっているのかを明らかにすること、その事実について何らかの判断をすること、そのような要素が社会学という学問には必要だという考え方が、少なくとも社会学者の一部には共有されているといえるだろう。そして、その「意味（を見いだすこと）」や「判断」が本書での評価にあたると、筆者は考えている。つまり、ここで取り上げた考え方は、本書の第1章で説明した評価の必要性と、基本的には同じベクトルをもっていると考えていいのではないだろうか。

機能主義という考え方は、少なくとも現代の社会学では、評価のための理論枠組みという側面をもっている。そしてそれこそが、機能主義が求められる理由になっているのだ。これをここまでの議論の暫定的な結論としたい。そのうえで、機能主義はどのような評価をおこなうのかを次節で考えてみたいと思う。

2　評価の枠組みとしての「機能主義」

部分の全体に対する貢献

機能主義はもともと評価の枠組みとしての性質をもっている。それは、順機能／逆機能という概念が用いられることからも明らかだろう。順機能というのは、部分の全体に対する（プラスの）貢献であり、これに対して逆機能はマイナスの貢献、つまり何らかの害を及ぼすような影響をもたらすことだが、プラスだけでなくマイナスもありえると想定していることが、評価枠組みとしての性質を明確に表している。

「部分の全体に対する（プラスあるいはマイナスの）貢献」とは、要するに「社会にとって役に立つのか、害になるのか」という観点での評価だと考えればわかりやすいだろう。つまり、あらゆる社会現象、組織や集団、人々の活動などをすべて「社会に役に立つのか」という観点から評価するということだ。

しかし、このような考え方には違和感をもつ人も多いだろう。すべてを「社会に役立つかどうか」という観点から評価していいのだろうか。私たちはただ「社会の役に立つ」ためだけに生きているのだろうか。そもそも「社会に役立つ」とはどういうことなのだろうか。何が役に立ち、何が役に立たないのかを誰がどうやって決めるのだろうか。それは「客観的」に見極められることなのだろうか。人々の利害や意見が対立しているとき、どちらかの活動を「社会の役に立つ」と認定することができるのだろうか。

実は、機能主義という考え方が過去の理論としてあまり顧みられなくなった理由の一つは、この「部分の全体に対する貢献」という考え方に様々な問題があるからだ。「社会の役に立つ」というときの「社会」が、現状の社会、しかも場合によってはその主要な一部を意味するなら、現状や社会の主流を形成する集団に貢献するものだけを肯定する考え方になりかねない。いわば現状追認の理論になってしまう恐れがあるのだ。そのため、筆者はこのような意味では機能主義は受け入れることができないと思う。

合理性の理解と機能

もちろん、ここまでみてきた岸・北田（『社会学はどこから来て』のほかの著者たちもこの点では同様だろう）そして片桐も、「部分の全体に対する貢献」という評価基準を無批判に採用しているわけではない。むしろ明確に否定しているといってもいいだろう。例えば片桐は先に引用した文章の続きで、「社会にとっての機能というより、集団にとっての機能、極端な場合は個人にとっての機能と呼べるものになるかもしれない(3)」と書いていることからも、「部分の全体に対する評価」を考えているのではないことは明らかである。ただ、そうなると機能という概念がぼやけてしまい、評価の基準としての有効性が疑わしくなるのではないかと思われる。

岸も「個人に対する機能」のようなものを否定しない点については同様だが、その文脈で興味深い発言をしている。

「他者を理解すること」は機能主義だとして、「機能主義的に他者を理解することの社会的機能」があるんですよね。僕はこれを「隣人効果」って言ってます。たとえば生活保護を受けてるおっちゃんがパチンコやってるとする。すると「パチンコばっかりやって」といって叩かれるわけですよね。でも、ホームレスのおっちゃんとか生活保護のおっちゃんに会って話を聞いてみると、なかなか辛いものがあって、そりゃ支給日にパチンコでダーッと使っちゃっても、しょうがないわな、みたいなふうに思うんですね。これが「理解する」ってことじゃないですか。そうするとその時点で「パチンコやってたアイツ」「怠け者だと思ってたおっちゃん」が「隣人」になるんですよ。で、なんだか理解できる相手になるんです。（五一ページ）

ここでは、機能主義が質的研究における他者の**合理性の理解**と結び付けられている。このような大胆な結び付け方が妥当かどうかはさておき、筆者がこの文章で注目するのは、「機能主義的」に理解することによって他者が「隣人」になるという考え方だ。これはどういうことだろうか。

引用文中にある、「しょうがないわな」という表現は、確かに理解ではあるだろうが、同時にある種の評価ともいえないだろうか。「この人の行動は自分にも十分に理解できる」「もし自分が同じ立場だったら同じようにしていたかもしれない」、そういう意味で「隣人」になるということであり、「容認」というニュアンスでの評価だといえるのではないか。

このことをもっと明確に示す記述として、岸の知人の研究者がＤＶ（ドメスティックバイオレンス）の加害者から聞き取りをしたことについて語るくだりがある。

「ＤＶの加害者である：引用者」あるヒモみたいな男が、実はいま東京で、ナンバー張っているホストをやっている。会いに行ったらしいのよ、そのひとに。会いに行って、生活史を聞いたら、そのひと自身が壮絶な人生だった、という。そのときに上間陽子[4]は、それを書くと理解してしまうんですよ、それを。だから、書けなくなってしまう。

（三四五ページ）

理解すると書けない。それは、理解が何らかの意味での肯定的な評価（書き手にとってなのか、読者にとってなのかはわからないが）に結び付くからではないだろうか。自分が理解したことを書けば、それはその人（DVの加害者）を肯定したことになってしまう。あるいは、肯定していると受け止められかねない。そう感じるから「書けない」のだろう。

これはおそらく、インタビューなどに基づいた質的研究に限られたことではないと思う。先に引用した片桐は計量的研究を重視する立場をとり、社会学は「社会の多くのメンバーにとって意味があること」を研究すべきだが、「大多数のメンバーにとって意味がなくても、ある少数集団にとっては意味があるという場合もある」と述べている。このように、積極的に社会のメンバーにとっての意味を見いだそうとすれば、理解の場合と同様に、現状を（暗黙のうちに）肯定することにつながりやすいだろう。

暗黙の肯定的評価

（現代の）機能主義が現状肯定もしくは現状の追認を招きやすいという主張に対しては、「いやいや、社会学は様々な社会批判をしているじゃないか」という反論があるかもしれない。しかし、社会学による社会批判の少なくとも一部は、これまで述べてきたような**暗黙の肯定的評価**に基づいているのではないかと筆者は考えている。つまり、何らかの社会問題の被害者や、社会的に抑圧されているマイノリティの状況に光を当て、そのような人々の現実に寄り添ったり、暗黙のうちに肯定することが、社会批判の根拠になっているのではないだろうか。

そのような社会批判に社会的な意義があるという主張には筆者も賛同できるが、それは本当に社会学がするべきことなのだろうか。少なくとも「社会科学」という言葉のイメージからはほど遠いようにみえるし、自然科学とは異なるとしても「科学」に準じる営みとしての社会学の役割であるとはいいにくいのではないだろうか。筆者は、それはジャーナリズムや文学の仕事ではないかと思う。

以上の考察から導き出されるのは、現代の機能主義（的な志向性）は、暗黙の肯定的評価をもたらすということだ。実はこのような暗黙の肯定的評価は、機能主義とは異なるほかの社会理論に基づいた研究でもみられる（本書の第8章「エスノメソドロジーとルールの科学——方法の探究としてのエスノメソドロジー」を参照）。

暗黙の肯定的評価に問題があるとすれば、それを解決するには、評価そのものをやめてしまうか、あるいはよりよい評価を模索するかのどちらかになるだろう。前者はただ客観的事実だけを明らかにするという、自然科学と同じ方法を採用する方向になるが、第1章で説明したように、そのような立場では社会学の**社会的意義**を見いだせなくなると筆者は考えている。つまり、本書が採用するのは後者である。

そこで、機能主義による暗黙の肯定的評価と本書が目指す評価とはどのように異なるのかを、次節で明らかにしたい。

3　機能と方法

機能主義による評価と本書での評価を対比するために、まず機能主義の評価についてより詳しく考えてみたい。

機能主義に基づく評価はどのような評価なのかを明らかにするには、評価の対象と評価の基準という二つの観点から考察することが必要だ。

評価の対象

まず、評価の対象、つまり何を評価しようとしているのかという点から考えてみたい。

機能主義は機能という観点から何らかの対象を評価する。つまり何かがある機能をもつと考えるわけだが、その「何か」とはどのようなものなのだろうか。

伝統的な（パーソンズの）機能主義では、それは「構造」ということになるだろう。組織や集団のような人の集まり、または、秩序立った人々の営みである制度や慣習も機能という点での評価の対象になる。つまり、伝統的な社会学は、自然科学に倣うようにして社会とその構成要素を「モノ」（客観的に存在するもの—存在物）として捉えようとしており、そのような存在物一般が評価の対象になる。

それらの存在物は基本的に人の手によって作られたものなので、初めから「意味があるもの」として存在していると考えられる。例えば生活保護という日本の制度は、貧困者の最低限の生活保障という目的をもって作られた制度なので、当然のことながら貧困者の生活の維持という機能をもつ（と期待される）。つまり、社会の存在物は基本的には何らかの意図をもって作られたので、その意味で「機能」[5]をもつはずだ。これが暗黙の肯定的評価がおこなわれてしまう理由だと考えられる。

しかし、生活保護という制度は、実際に貧困者の生活を十分に支えているのかどうかという観点から評価ができるのではないか。それもまた機能分析ではないのか。

確かにそのとおりで、そのような評価には十分に社会的意義があるだろう。では、仮に生活保護制度が十分な成果を上げていないということがわかったら、それは生活保護という制度それ自体が「十分な機能をもたない」存在としてネガティブに評価されなければならないということになるのだろうか。それはあまりに乱暴な議論ではないだろうか。

実際には制度それ自体には問題がなくても、それを実行する組織の予算や人員の不足、教育の不徹底などの様々な理由で十分な成果を上げることができない可能性もある。にもかかわらず、機能主義という観点からは、その違い（制度そのものの問題か実行組織の問題か）はそれほど重視されない。なぜなら機能というのは（伝統的には）「部分の全体に対する貢献」であり、生活保護の場合は貧困者の生活保障ができているかどうか、つまり社会に役立っているかどうかという結果だけが評価基準になるからだ。

「部分の全体に対する貢献」という評価基準は、評価の対象が何らかの存在物であることに関わっている。つまり、ある存在（制度など）を**外から**みて評価しようとするからこそ「部分の全体に対する貢献」という基準が成立するのだ。この、外からみた評価だという特徴は、現代の機能主義でも生じている。

先に紹介した岸の「生活保護を受けてるおっちゃんがパチンコやっている」ことについて、岸が評価しようとしているのは「おっちゃん」という個人だ（怠け者だと思っていたおっちゃんが隣人になる）。つまり、伝統的な機能主義と同様に、評価の対象は存在物（この場合は個人）なのだ。そしてそれは、「隣人」という表現が明確に示しているように外からの評価なのである。

しかし、外からみて、「パチンコをするおっちゃん」を理解できる存在（隣人）だと評価することと、「おっちゃん」自身にとってパチンコをすることがいいことなのかどうかということは異なる。もしかしたら、「おっちゃん」にとっては現実的でしかもよりよいやり方があるのかもしれない。しかし、外からの評価ではそのような評価基準は採用できないのだ。

機能という評価は、存在物（組織、集団、制度、そして個人）を対象とする評価だ。そしてそれは外からの評価であるために、暗黙の肯定的評価になりやすいのだと思う。

評価の基準

次に、**評価の基準**という観点から考えてみよう。

伝統的な機能主義では、**機能**は「部分の全体に対する貢献」であり、それがそのまま評価基準になる。わかりやすくいえば、「社会の（あるいは上位の組織の）役に立つかどうか」という基準で評価されるということだ。もちろん、このような基準は現代では受け入れがたい。「社会の役に立つ」というときの社会が現状の社会であるなら、それは現状を無条件に肯定することになってしまうからだ（いまの社会のあり方に反したり、それを批判したりする活動はすべて逆機能ということになってしまう）。そのためこの基準がそのまま用いられることはないだろうが、それでも伝統的な考え方の一部は現代の機能主義にも受け継がれている。それは、「外部」に評価基準があるということだ。

先に引用した、機能主義に言及した北田の発言のなかに「機能というからには、何かに対する機能である」という表現があるが、ここからわかるのは評価の基準が外部にあるということである。例えばある組織の機能は、ほかの何か、つまり上位の組織やほかの組織、あるいは様々な人々に対する機能であり、そのような組織や人々を基準に考えることになる。要するに機能というのは何かと何かの関係や何かの何かに対する影響を評価する概念なので、評価の基準は常に評価されるものの外部にあるということになる。

では、評価の基準が外部にある（外からの評価である）ことによって何が起こるのだろうか。片桐は先に引用した文章で「大多数のメンバーにとっては意味はないが、ある少数集団にとっては意味があるという場合もある」と述べているが、ここから評価の基準として複数の候補があると考えていることがわかる。ある基準から考えて機能的ではなくても、別の基準からは機能的だと評価することがありえるということだ。しかしそれでは評価が恣意的になってしまわないだろうか。

例えば「暴力団」という組織が、多くの人々にとっては迷惑で有害だったとしても、一部の人にとって有益であれば「暴力団にも社会的機能がある」と評価されるのだろうか。

伝統的な機能主義では、実はこの点はそれほど問題にはならなかった。なぜなら「部分の全体に対する貢献」という基準であるかぎりはそこまで極端な相対主義には陥らないからだ（そのかわり現状追認的になるのだが）。しかし「部分の全体に対する貢献」という条件を取り除いてしまうと、今度は恣意的な評価を許すようになってしまう。

以上の議論をまとめるなら、機能主義は存在物（モノ）を外から評価するため、現状肯定的になりやすく、評価の基準が外部にあることによって恣意的な評価になる危険性がある、ということだ。これらのことから、機能という観点からの評価は、到底有効なものとはいえないと筆者は考える。

それでは、本書が提起する評価は、機能主義とどう異なるのだろうか。

表1　機能主義とルールの科学との対応関係（筆者作成）

	機能主義	ルールの科学（本書）
評価の対象	組織や集団や制度（存在物）	ルール
評価の考え方	機能を評価する	方法として評価する
評価の基準	他の存在物	そのルールを含むゲームの志向性
評価の性質	外からの評価	内からの評価

ルールの科学と機能主義

まず本書では、評価の対象は**ルール**である。機能主義では組織や集団、制度（これはルールとみることもできる）などの多様な存在物が評価の対象だが、本書の立場では評価すべきものはルールだけになる。

ルールをどのように評価するのかというと、それは**方法**として評価する。これは、機能主義が組織や集団などを機能という観点から評価することと対応する。機能主義が機能を評価するのに対し、ルールの科学は方法を評価するということだ。そして、ここが最も重要な点だが、機能というのは「ほかの何か」に対する機能であるのに対して、方法はルールを含むゲームの志向性に対応する方法だということだ。つまり、評価の基準は外部ではなく内部にある（**内からの評価**）。以上のことを整理したのが表1である。

例えばある組織の機能は、ほかの何かに対する機能になるため、その「何か」が評価の基準であり、外からの評価になる。これに対して本書が考える評価は、その組織のルールを方法として評価するのであり、その組織自体の（ゲームの）志向性に基づいて内からの評価がなされる。その組織が何かの製品を作ることを目的とした組織であれば、例えば現在のルールに基づいた活動が十分な品質の製品を十分な数だけ生産できたかどうかという基準で、方法として評価されるということだ。

このように評価の基準が「内部」にあることは、その評価が自己評価であることを意味している。[6] そしてそのことによって、恣意的な評価や暗黙の肯定的評価は回避される。なぜなら、正しい評価がおこなわれることは、評価対象（＝評価主体）にとって利益になるからだ。もし評価が利益になるという考え方に疑問があれば、本書の第1章を思い出してほしい。そもそも評価が必要なのは、ルールが変更可能だからだ。つまり、（自分たちにとって）よりよいルールに変えていくために評価をしているのだから、評価がただ現状を肯定するだけだったり恣意的なものだったりすれば、自分たちの不利益になってしまう。

先に引用した岸の発言を例にとるなら、「パチンコをするおっちゃん」を、社会の役に立たないと評価したり、反対にパチンコをするのには「おっちゃん」なりの合理性があるのだと理解したりするのは外からの評価だが、それに対して本書が想定する評価とは、「おっちゃん」自身が自分の生活（ゲーム）を組み立てるうえでパチンコを、あるいはパチンコの制限を、どう評価するのかということだ。

ただし、ルールの科学が扱うのはあくまでも、方法の共有／共有の方法としてのルールだ。つまり、その「おっちゃん」個人の問題について考えているのではなく、「おっちゃん」が参照しているルール、この場合はパチンコという共有された方法を評価することになるのだ。

一般的には、社会学者は自分が生きる社会のルールについて研究する場合は、そのメンバーであるという資格に基づいて評価することになる。自分が所属しない組織や集団などについて調査をする場合には、（第一義的には）その組織や集団の（ゲームの）志向性を基準にした評価をおこなう。当然のことながら、実際に調査をするうえでは様々な配慮が必要なのだが、基本的な方向性は明確だと思う。

機能主義が現在でも（少なくとも一部の社会学者に）支持されるのは、それが評価の枠組みとして期待されているからだ。しかし機能主義は（伝統的なものも現代の機能主義も）、評価の枠組みとしては致命的な欠陥をもっている。それは外からの評価であるために、恣意的な評価や暗黙の肯定的評価に陥りやすいという問題を抱えていることだ。それに対して本書では、ルールを方法として評価するという考え方を提案する。その最も重要な特徴は、内からの評価、自己評価であるという点だ。

4　関連づけの理論としての機能主義

ここまでは評価という観点から機能主義と本書の考え方を対比してきたが、それ以外にも機能主義と本書の主張には対照的な要素がある。それは、ある事象と別の事象の関連をどのように理解するのかという点である。

機能主義は、**機能**という概念で、ある**存在物**（組織、集団、制度など）と別の存在物との関連を記述できる。これがあるから機能主義はグランドセオリーとしての役割を期待されるのだろう。例えばある制度の研究をしていて、その具体的な活動を詳細に記述できたとしても、それが社会にとってどんな意味をもっているのかがわからなければその研究の社会的な意義は明らかにならない。しかし、その制度の社会的機能が記述できれば、「何のための研究」なのかが説明できるようになるはずだ。このように、機能主義には個別の研究の**社会的意義**を明確にすることが期待されるのだと思う。

これに対して、本書の考え方は先に述べたように自己評価なので、その知見をより大きな文脈に位置づけることができないのではないかという疑念をもたれるかもしれないが、実際にはそうではない。このことを理解してもらうために、簡単な事例に基づいて説明してみよう。

ある会社Aのなかに組織Bがあるとする。この組織BはCという活動をしている。

機能主義では、AとBの関係を機能という言葉で説明する。組織BはCという活動をすることによって、Aに対してある機能をもつ、というわけだ。

これに対して本書の考え方は会社Aのおこなう**ゲーム**から考え始める。会社Aは何らかのゲームをおこなっていて、そのゲームの方法としてある活動Cが必要になる。そこで、その活動Cを組織Bが担うというルールを作る。この説明では、AとBはゲーム（Aの活動）とルール（としての組織B）という関係にある。

機能主義はまず組織（**人の集まり**）に着目し、その組織が何をおこなっているのか（活動）を明らかにするのだが、本書はまず活動（ゲーム）に着目し、その**方法**の一環として組織を考えることになる。そういう意味では考え方が逆向きになっている。

では、なぜ逆向きの考え方になっているのだろうか。筆者はその理由は機能主義が**自然科学**の発想から出発しているからではないかと思う。

例えば人間の体について考えるとき、私たちは自分の体を自分でデザインして作っているわけではないので、体の器官や組織は自分の意図の外側にある。そのため、自然科学はまず人間の体にどのような器官や組織があるのかという事実から明らかにしていく。そして、それらがどのようなはたらきをしているのかを調べるわけだ。そのような方法が社会にも応用されたものが機能主義だと考えればわかりやすいだろう。だから、まず組織Bに着目するわけだ。

人間の社会（例えば会社組織）について研究する際も、第三者としてそれをみて、まずどのような組織が存在しているのかを明らかにしてからそれらのはたらきを調べるというアプローチは、それなりに意味がある場合もあるだろう。

しかし、私たちが**当事者**として組織について考える際には、そのような考え方は不自然だろう。例えば会社Aの経営者や出資者であれば、その会社の目的に照らして活動を評価するのがごく自然である。当事者にとっては、会社の目的（ゲームの**志向性**）に照らして様々な活動を方法として評価するのは当然のことで、組織（を作ること）はそのような活動の方法の一つとして位置づけられる。

会社組織では目的をもって組織を作るのは当然だが、必ずしも明確な意図のもとに計画的に作られたとはいえないような集団や制度などの場合はどうだろうか。例えば家族制度（近代家族）について考えてみよう。

機能主義的な考え方では、家族は社会や個人に対して様々な機能をもつとされる。そのなかの一つは、子どもを生み育て、社会に次世代のメンバーを提供することだろう。このように、機能主義ではまず家族という集団が所与のものとして存在すると考え、それが社会にどのような貢献をしているのか（機能）を考える。

では本書の考え方ではどうなるのかというと、まず私たちの社会は、次世代のメンバーを育てるというゲームを必要としているということから出発する。そのための方法として、学校制度や家族制度、あるいは少年司法などの様々なルールが作られていて、それらをそのゲームの志向性に照らして評価することになる。

以上のように、本書の考え方は、ある意味では**機能主義**を逆転させたものだといえるかもしれない。そしてその逆転は、社会学が自然現象を対象とする学問ではなく、社会を研究するための学問であるからこそ必要なのだ。

注

（1）岸政彦／北田暁大／筒井淳也／稲葉振一郎『社会学はどこから来てどこへ行くのか』有斐閣、二〇一八年
（2）片桐新自「現代社会の危機と社会学の役割――素朴な社会学主義者の呟き」、関西社会学会編「フォーラム現代社会学」第一巻、関西社会学会、二〇〇二年、一一ページ
（3）同論文一一ページ
（4）ここで、孫引きのようにして上間陽子の名前を出すことには（やや否定的な文脈なので）ためらったのだが、名前を伏せるのも不自然なのでそのまま引用した。ここでの上間の振る舞いはあくまでも岸の解釈だろうし、さらにいえば、特定の個人に帰せられる考え方というよりは、少なくない割合の社会学者の間で共有されている受け止め方だろうと思う。
（5）意図とは異なる機能である「潜在的機能」については、コラム3「潜在的機能について」で説明する。
（6）現実におこなわれている「自己評価」のなかには、外からのチェックのための自己評価というものもあるだろう。

例えば、エビデンスに基づいて自己評価して報告し、それに基づいて予算配分が決まったり人事がおこなわれたりするわけだ。その場合は、自らを正当化するために恣意的な評価がおこなわれたり、肯定的に評価するバイアスがはたらいたりすることもあるだろう。本書が想定している（本来の）自己評価はそのようなものではもちろんない。あくまでも自らのためにおこなわれる自己評価だ。

コラム3　潜在的機能について

機能主義についての本書の捉え方に対して、機能主義を擁護する立場からの反論として予想されることの一つに、本書の考え方では潜在的機能を扱えないのではないか、というものが考えられる。

潜在的機能とは、マートンが提唱した、意図されていない、あるいは予想も認知もされていない機能のことである。例えばある部族の雨乞いの儀式は、実際に雨を降らせるという効果（機能）をもたなくても、各地に点在する集団の成員が集合することによって集団的同一性を強化する、つまり連帯感や帰属意識が増すという効果をもつかもしれない。このような、意図されざる機能が潜在的機能だ。(1)

本書はゲームの志向性を基準に評価をおこなうので、もし「雨を降らせる」（もしくは農業に必要な水を得る）というゲームに基づいて雨乞いの儀式を評価すれば、（少なくとも自然科学の知見に基づけば）肯定的に評価されることはない。そのため、潜在的機能を見落としてしまうという批判は説得的にみえるかもしれない。

しかし、潜在的機能というのはそもそも社会現象を外からみるからこそ必要な考え方なのだ。ある部族の活動を観察していると、雨乞いの儀式をしていることがわかった。しかし、雨乞いをしたからといって雨が降るわけでもない。そんなことは長年やっていればわかるはずなのに、どうしてそんな儀式がずっと続いているのだろうか。そういう疑問に答える際に、潜在的機能という概念は役立つ。

しかし、内から考える際にはそのような考え方にはならない。もしたびたび水不足に見舞われていて、水を得る方法を真剣に探し求めているなら、雨乞いが不合理なのは明らかだ。雨乞いには潜在的機能があるとしても、それで水不足が解消するわけではない。ただ、集団的同一性を強化するというゲーム――当事者の感覚では、仲間と交流するゲームという感じだろうか――という観点からみれば、雨乞いの儀式は重要かもしれない。おそらく人々は、仲間と出会って交流する機会として、雨乞いの儀式を楽しみにしているだろう。そういう意味では潜在的でも何でもない、明確な目的意識に支えられた活動である可能性もあるだろう。

以上の考察からわかるように、潜在的機能という概念は、集団や制度などの存在物から出発して考察するという機能主義的（自然科学的）な見方をするから必要なものであって、ルールの科学には必要がない概念なのだ。

注

（1）Merton, Robert K., *Social theory and social structure: toward the codification of theory and research*, Free Press, 1949.（ロバート・K・マートン『社会理論と社会構造』森東吾／森好夫／金沢実／中島竜太郎訳、みすず書房、一九六一年、五九ページ）

第7章　構築主義とルールの科学
――質問・応答のゲームの探究としての構築主義

第6章「機能主義とルールの科学」で紹介した議論のなかでは、構築主義はある種の「仮想敵」のようなものとして語られていたが、それは構築主義に問題があるというよりは、むしろ現代日本の社会学界でそれだけ構築主義の存在感が大きいことの現れだと、筆者は考えている。

筆者の考えでは、構築主義は現代日本の社会学で最も「成功している」社会理論である。その理由は、まず構築主義の考え方には「常識的なものの見方」を覆す要素があり、それが「社会学ならではのものの見方」を代表すると受け止められているからだ。もう一つの理由として、構築主義が経験的な研究のガイドラインとして「使える」ことも大きいだろう。その一方で、構築主義に対する様々な批判があることもまた、理解できる。

結論を先取りすることになるが、本書の立場は、構築主義を社会学全体のなかのある部分を担う理論として明確に位置づける、というものだ。第6章で検討した機能主義に対しては、基本的にはそれを否定して、機能主義とは異なるやり方で社会学を基礎づけようとしたのだが、構築主義に対しては、それを全面的に否定するのではなく、ルールの科学のなかに取り込むことを試みる。本章のタイトルから、最終的な結論は想像がつくだろう。

構築主義をめぐってはこれまで多くの議論が交わされてきたが、本書ではそれらの詳細には立ち入らない。そうした議論の延長線上に本書の主張を置くのではなく、本書が依拠するルール／ゲームの理論にとって構築主義にはどのような意味があるかを説明するのが眼目だからだ。したがって、構築主義そのものを詳しく理解したい読者は、構築主義について解説した優れた本がいくつもあるので、それらを読んでほしい(1)。

1 構築主義とは何か

まず、初学者向けに**構築主義**（社会構築主義）の簡単な説明から始めたい。

構築主義とは、ひとことでいえば、様々な社会現象が「客観的に実在する」ものではなく、人々が相互にやりとりするなかで作り出される（構築される）ものだと考える立場だ。

これだけではよくわからないと思うので、構築主義の代表的なフィールドである「社会問題」について説明しよう。

「社会問題」という研究テーマは、当然のことだが社会学という学問にとって、欠くべからざる重要な研究テーマだ。現実の様々な社会問題をしっかり記述したり、それが生じるメカニズムを明らかにしたりすることは、社会学の使命として非常にわかりやすいだろう。これまでも述べてきたように伝統的な社会学は社会を**存在物**として扱うので、「社会問題」も具体的な存在物、つまり実際に生じているできごとなのだ。

しかし、実際に具体的な社会問題を調べようとすると、ある問題が生じる。それは、「社会問題」の現実的な定義は何か、ということだ。世の中には様々なことが起こっているが、そのなかのどれが社会問題でどれはそうではないのか。その区別はどうやってつけるのだろうか。例えば、ある日一人の高齢者が交通事故で死亡したとしても、それ自体を「社会問題」とは呼ばないだろう。しかし、近年は交通事故死亡者に占める高齢者の割合が増加していて約半数が高齢者だということからそれを「社会問題」だと呼ぶ人がいるかもしれない。一方、相対的には割合が増加していても、交通事故で死亡する高齢者の絶対数は近年減少し続けているのだから「社会問題」とまではいえないという人もいるかもしれない。

社会問題を具体的な事実に基づいて研究しようとすれば、まず対象としている事実が社会問題であることを示す必要があるが、それは簡単なことではない。そのため、現実的には、社会問題の研究は、すでに社会のなかで社会問題だと考えられている現象を対象にすることが多くなる。例えば少年犯罪の増加がマスメディアなどで話題になり、多くの人の関心を集めていれば、それを社会問題として取り上げることには異論は少ないだろう。しかし、それは本当に「問題」とするに足るような事実なのだろうか。いくつか特徴的な少年犯罪が起こったので耳目を集めているが、冷静に考えれば少年犯罪の件数は減少傾向にある、という場合も、やはり少年犯罪は社会問題なのだろうか。

また、反対に、ごく少数の人しか「問題」だと感じていないようなことがらは、社会問題として取り上げることができないのだろうか。あるいは、世間にはあまり知られていないが非常に重要な問題だと研究者が理解すれば、それを社会問題として取り上げることはできるのだろうか。

このようなことは、単に研究対象を特定できない、という技術的な問題にとどまらない。というのも、ある問題が社会問題なのかどうかということは、政治的な意味をもってしまうからだ。あるできごとを社会問題として取り上げるということは、そのできごとに批判的な立場をとることを意味する。例えば大気汚染が社会問題だと示すことは、大気汚染が「悪い」ことだという主張を含んでいるはずだ。そのような倫理的な主張を社会学者がするべきではないとまではいわないものの、少なくとも十分な根拠に基づいて主張しないと、学者自身の社会的責任が問われるだろう。しかし、大気汚染を社会問題として取り上げるには、まず大気汚染がなぜ悪いのかを論証することから始めるとなると社会問題研究など到底成り立たない。

このように社会問題の定義には難しい問題がつきまとうのだが、構築主義はいわばそれを逆手にとって、逆転の発想で乗り越えようとする。

社会問題の定義が難しいのは、その定義自体が「社会的な問題」だからだ。つまり、社会には多様な人々がいて、それぞれに異なる価値観や異なる認識をもっていて、ある人々が問題だと感じていてもほかの人々はそうは思わないということがいくらでもある。問題だと思う人々の主張が徐々に多くの人に受け入れられるようになり、多数の人がそれを「社会問題」だと受け止めるようになることもあるが、そうならないこともある。それが社会問題の現実ならば、社会問題が社会問題として認識されるようになっていくプロセスそのものを研究対象とするような社会問題研究が成り立つのではないか。これが構築主義のアイデアだ。

社会問題というのは、そもそも社会に生きる人々が定義する（何が社会問題なのかを決める）ものだ。そのプロセスは複雑なので、何が社会問題かを研究者が簡単に決めることなどできない。ならば、その難しさそのもの、つまり人々が社会問題を定義するプロセスを、研究対象にしようということだ。

構築主義の「構築」とは、社会問題とは「構築」されるものだという捉え方を示している。社会問題は初めからどこかに存在しているものではなく、人々が相互のやりとりを通して作り上げていく（構築する）ものだという認識を表しているのだ。

そのため、構築主義はしばしば、社会問題を「軽く」みているという誤解を受ける。確かに社会問題は、その問題によって苦しい生活を余儀なくされる人々にとっては逃れようがない現実であり、確かにそこに「存在」しているものだ。にもかかわらず、構築主義はそれを「構築」されたものにすぎないと主張する。構築主義者は人々が苦しんでいる現実に目が向いていないのではないかという見方は、おそらくいまでも完全にはなくなってはいないのではないかと思う。

しかしこれは、まったくの誤解だと筆者は考える。構築主義は、社会問題が構築されたものだと見なすが、それは社会問題を「虚構」や「認識上の問題」だと見なしていることを意味しない。

構築主義は、「何を研究対象とするのか」という点で、それまでの考え方とは異なるのだ。次の項目ではそのことを詳しく説明したい。

2　whatからhowへ

伝統的な社会学は、**自然科学**からの影響を受けているため、まず何らかの社会的な**存在物**を特定してから、その性質を調べようとする。例えば組織や集団、制度や規範、民族や国家などだが、社会問題もそのうちの一つだ。そのため、伝統的な（自然科学の影響を受けた）社会学からみると、社会問題が客観的な存在なのか「構築されたもの」なのかは重要な論点になる。このような見方からすると、構築主義は、社会問題は構築された結果できた存在だと主張しているようにみえるのだ。

しかし、構築主義の研究対象は社会問題という存在物ではない。構築主義は社会問題が構築されるプロセスを明らかにしようとしているのだ。つまり、社会問題とはどのようなものか（what）ではなく、どのように構築されるのか（how）、という**問い**に、答えようとしているのだ。この、what から how への転換は、革命的な発想の転換だと筆者は考えている。

what から how への転換がなぜ革命的なのかは説明が必要だろう。実はこれは、それほど単純なことではない。まず、構築主義をめぐる議論の出発点として、筆者は「社会問題は構築されたものかどうか」という、しばしば議論される論点を採用しない。これはさほど重要な論点ではなく、議論すべき重要な論点がほかにあるからだ。それは、構築主義は社会問題（など）の「原因」を問わない、あるいは問えないことをめぐる議論だ。

社会問題の研究は、なぜある社会問題が生じるのか、あるいは生じたのか、あるいはその社会問題を解決するにはどうすればいいのか、という問いを動機にしている場合が多いと考えられるし、少なくともそのような問いに答えてくれるだろうという期待を背負っているだろう。特に、原因の究明は、対策を講じるのに必要なので、非常に重要だ。そのため、社会問題研究の主要な目的の一つは、その問題の原因を特定することにあると考えるのは自然だろう。少なくとも、自然科学的発想に立てばそうなるはずだ。

しかし、社会問題を構築されたものだと見なすと、原因の特定はできなくなる。社会問題は何らかの原因によって生じたものではなく、人々の相互作用によって構築されたものだからだ。実際に、構築主義的研究では、対象になる（構築された）現象の原因を問うことはない。[2]

社会問題が客観的事実なのか、それとも構築されたものなのかということには、それほど重要な意味はないと筆者は考えている。しかし、原因の探究をするのかしないのかというのは、研究の**社会的意義**に関わるきわめて重要な問題であり、原因を実証的に究明するには社会問題を客観的に定義する必要がある。だからこそ、構築されたものかどうかが論点になるのだ。

因果的な説明をするには、まず対象になるものを明確に定義する必要がある。そのためには社会問題とは何か（what）にこだわらざるをえない。また、原因についても、原因は何か（what）という形で問うことになる。複雑なプロセスが想定されていても、それは基本的には**因果関係**が絡み合ったものとして描かれ、**what** という問いが集まったものだと見なす。

これに対して、構築主義的な考え方では、人々の告発（クレイムメイク）やそれに対する別の人々からの反発（対抗クレイム）によって社会問題が構築されると考えるが、それらの概念はすべて人々の営みであり、基本的に **how** をベースに理論が組み立てられている。このような考え方は、自然科学的な発想とはかけ離れたものであり、社会学独自の考え方の基礎になるものだと筆者は捉えている。構築主義が「社会学らしい」と受け止められているのは、実はこのようなこと、つまり自然科学的ではないことが、一つの理由なのかもしれない。

構築主義が「how」の問いに導かれるものであり、自然科学的発想とは異なるのはこうしたことによるのだが、まだ重要な問題が残されている。社会問題の原因を問わないということが、どうして構築主義の考え方では正当化されるのか、ということだ。

普通に考えれば、原因の究明は社会問題への対処として必要なことのはずだ。にもかかわらず、それに無関心な構築主義に、どのような社会的意義があるのだろうか。

この点は構築主義に対する批判的な見解が生まれる一つの要因ではないかと、筆者は考えている。しかし、それは十分に正当化できるものだというのが本書の見解だ。次節ではそのことについて説明したい。

3　構築主義と質問・応答のゲーム

本書の考え方では、社会問題の原因を問うなどというのはナンセンスだ。それは、「社会問題」という言葉の性質から説明できる。

第2章で説明したように、本書は人々の営みを、**命令・行為のゲーム**と**質問・応答のゲーム**の二種類に分類できると考えている。命令・行為のゲームは行為一般であり、何かを作ったり、加工したり、破壊したり、動かしたり、動いたり、交換したり、攻撃したり、という様々な営みを含み、当然それらは集団的・組織的にもおこなわれる。質問・応答のゲームは、問いに対して答えを得ることであり、認識や思考、判断などがこれに該当し、命令・行為のゲームと同じく社会的な営みとしてもおこなわれる。

これらのゲームは**自然言語**によってなされていて、逆にいえば自然言語はそれらのゲームと深く関わっている。つまり、私たちの言語の主要な語彙は、何らかのゲームで用いられることを想定して作られている。例えば、走るとか歩くといった運動に関わる動詞は、命令・行為のゲームのなかで使われる言葉（**命令の語彙**）だ。私たちは人に走れとか歩けと命令・指示するし、自分に対しても、歩くべきだとか走るべきだといった判断を下す（実際に歩いたり走ったりする）。このような動詞は、記述のゲーム（質問・応答のゲームの答え）でも用いられるし（あの人は何をしているのか、という問いに対して「走っている」と答える）、質問・応答のゲームの「問い」でも使われる（あの人は走っているのか）。ただし、それらが「問い」として使われるのはかなり限られたシチュエーションになるだろう（走ってはいけない場所や場面など）。

これに対して、「リンゴ」などの物の名前を示す名詞の場合は、命令・行為のゲームのなかで用いられることはあまり想定できず、基本的には質問・応答のゲームの「答え」で使われることがほとんどだろう（「これはリンゴなのか」という問いに意味がないわけではないが、使われる場面は限られるだろう）。

以上のような考えに基づいて、「社会問題」という言葉について考えてみよう。

社会問題という言葉は、命令・行為のゲームで使われる言葉ではなく、質問・応答のゲームの「答え」として使われることも想定しにくい。つまり、何らかの問いの答えが「社会問題」になることは、皆無ではないかもしれないがこの言葉の一般的な使われ方ではない。このように消去法で考えると、社会問題という言葉は、質問・応答のゲームの「問い」で使われる言葉（問いの語彙）だということになる。

「これは社会問題なのか」という問い、つまり社会問題であるかどうかを問う質問・応答のゲームは、私たちの社会にとって必要なゲームだ。このゲームは、社会の側からみれば、社会のなかで生じている様々な不都合や不満などから、公的な解決が必要な問題を見つけ出し、選び出す営みである。また、自分が抱える不利益や不満などを公的に解決したいと望む人たちにとっては、これは自分たちの「問題である」という主張（クレイム）をどのようにして人々に認めさせるのかという課題に取り組む営みだと考えられる。このように考えると、社会問題の「構築」とは、抽象的な概念なのではなく、具体的な人々の営みであり、それを明らかにすることには十分な意義があることがわかるだろう。

そもそも社会問題という言葉は「何を解決するべきか」を決めるための営みのなかで作り出された言葉だと考えられる。それならばまず問うべきなのは社会問題の原因ではない。むしろ、問うとするなら「理由」ではないだろうか。それがなぜ社会問題なのかと問えば、例えば「多くの人が苦しんでいるから」とか、「個人的な努力では解決できないから」などという答えが返ってくるかもしれない。これらは理由であって、原因ではない。つまり、社会問題とはそのような性質をもった言葉だということだ。

しかし、社会問題の原因を考えることができなければ、社会問題を解決できないのではないだろうか。例えば少子高齢化が重要な社会問題ならば、どうして少子化や高齢化が進むのかを解明する必要があるのではないか。もちろんそのとおりで、例えば少子化ならば、なぜ出生率が下がっているのかを結婚や出産などをめぐる人々の営みから明らかにする必要があるし、高齢化も同様だ。しかしそれは、「社会問題」の原因ではない。

以上のことから、筆者は構築主義を、質問・応答のゲームに特化した理論だと結論づけたい。それはあらゆる社会現象（人々の営み）をカバーする理論ではなく、本書の言葉で説明すれば、二種類のゲームのうちの一方だけを取り扱う理論だということだ。これは、もう一方である命令・行為のゲームを扱う理論が別に存在していることを前提にしている。(3)

構築主義が主として扱うのは、基本的に「〇〇かどうか」を問うゲームだ。例えば「社会問題」がそうだが、その下位カテゴリーになる様々な「問題」も同様だ。「児童虐待」「DV」「貧困」「環境汚染」「地球温暖化」などはいずれも、「私たちはそれをどのように（社会的に）判断しているのか」という観点から、つまり「質問・応答のゲーム」として考察することができる。また、（重要な意味をもつ）様々な**社会的カテゴリー**も、「〇〇かどうか」を問うゲームとして考えることができる。例えば、「日本人」「大人」「家族」などは社会的に重要なカテゴリーなので、どのように判断してそれをカテゴリー化しているのかを考えることには意味があるだろう。

厳密な意味での構築主義にこだわらなければ、適用範囲はさらに広がる。「ラベリング論」は構築主義の前身ともいえるもので、犯罪について構築主義と同様の見方をする。つまり何が犯罪なのかを決める具体的なプロセスに注目する理論だ。しかし本書の立場では「犯罪」もまた、質問・応答のゲームに属する言葉であり、その原因を問うことにはなじまない。

犯罪の原因を突き止めないのはまずいだろうと思われるかもしれないが、「犯罪」という言葉はあくまでもルールに基づいて社会的に許されない行為を取り締まるための言葉であり、行為を導く言葉ではない（「犯罪」をしようと思って犯罪をする人は、一部の例外を除けば通常はいないはずだ）。そのため、犯罪一般の原因など存在しないのだ。もちろん、犯罪を構成する具体的な行為、例えば殺人であれば「人を殺す」という行為は意図的なので（意図的でなければ殺人にならない）、その動機も構造的な要因も特定できる可能性がある。ただそれはその事件の原因であって「犯罪の原因」ではないということだ。

私たちは社会生活を営むうえで、様々な「社会的な判断」を必要とする。それらのすべてが、構築主義または構築主義的な発想に基づく研究の対象になるはずだ。そう考えれば、その適用範囲はかなり広いのではないだろうか。

以上のように、（社会問題などの）「構築」のプロセスを解明するという構築主義の立場は、十分に正当化できるものだと本書は考える。それは、質問・応答のゲームの解明なのだ。

しかし、それでもまだ問題は残っている。それは、構築のプロセスを明らかにすることに、どのような社会的な意義があるのか、あるいは社会的な意義があるどのような知見に結び付くのか、ということだ。ありていにいえば、構築主義は「何の役に立つのか」ということだが、この点では、構築主義は必ずしも十分な答えを用意できていないのではないかと思う。

最後の節では、この論点について考えてみたい。

4　構築主義のゴール

例えばある具体的な社会問題がどのように構築されたのかを正確に記述できたとしよう。発端になった告発や問題提起など（クレイム）はどのようなものだったのか、それに反論する主張（対抗クレイム）はどのようなもので、どのように発表されたのか。それぞれの立場の主張はどういう論拠をもち、どのような形で人々に訴えかけ、また人々に受け入れられたのか。それらの主張は、人々の行動や、組織・制度などの生成や変化や消滅などに結び付いたのか。それらのことがわかった場合、それは何の「役に立つ」のだろうか。

この問いに対する答えは大きく分けて二つあると思う。一つは、具体的・個別的な事実から何らかのパターンを見つけ出すことで、普遍的な**法則**を見いだせるというものだ。実際に構築主義の議論のなかには「自然史」という概念がありある種の法則性が想定されている。例えばあるタイプの主張に対してはどのようなタイプの反論が生じやすいのか、とか、どのような条件があるときに一方が有利なものとして議論が収束しやすいのかという、**予測**に役立つ知見が得られれば、研究の社会的な意義を認めることができるかもしれない。

しかし、これは社会現象に法則を見いだそうとする試みであり、すでに第１章で説明したように、決してうまくはいかない。もし何らかの法則のようなものが見いだされたとしても、それが**当事者**に知られることによって、その法則のとおりには事が運ばない可能性があるからだ。例えば、この主張に対してあるタイプの反論が予想されると初めからわかっていれば、それを見越して対策を考えるだろうし、相手に有利な展開になりそうだと予想できれば、そうならないように行為を修正するはずだ。つまり、社会学が社会に対して寄与しようとするかぎり、法則を見いだすことはいたちごっこにならざるをえないのだ。そのため、少なくとも本書の立場では、この考え方は採用できない。

もう一つは、何らかのパターンを見いだすことで、それを法則ではなく**規則**（ルール）として理解するという考え方だ。例えばある主張に対してある種の反論が接続するのは、法則によるのではなく、例えば、「相手の主張に反論するためにはその根拠を否定すればいい」とか「多数決には従わなければならない」というルールがあるからだと考えるのだ。

ルールも相手の出方や議論の帰結を予測することに役立つ可能性はあるが、それが主要な目的ではない。これも第１章で説明したことだが、ルールは法則と違って変更可能なので、変更の可能性を視野に入れた**評価**が必要だというのが本書の主張だ。

社会問題の構築というゲームのルールを評価するには、そのゲーム自体の**志向性**を基準にして**方法**として評価すればいい。例えば、公正な判断や客観的な判断という志向性がある場合、「ある主張に反論するには論拠を否定すべし」というルールが十分に共有されていれば、そのルールは肯定的に評価されるかもしれない。また、それぞれのプレーヤー（告発する人々や反論する人々）の志向性（つまり自らの主張を通すこと）に基づいて、どのルールが自分たちにとって有利にはたらくのか（よい方法なのか）という観点からの評価もできる。

もちろん、このような評価は常に簡単にできるわけではない。多くの場合はそれぞれのルールのメリットとデメリットを見つけ出すだけで終わるかもしれない。しかしそれだけでも、十分に意味がある知見ではないだろうか。

現在おこなわれている構築主義的な研究は、ルールの評価を研究のゴールとしては必ずしも意識していないのではないかと思う。しかし、そのようなゴールが十分に共有されていなければ、何のための研究なのかという問いに満足に答えることはできないだろう。逆にいえば、そのようなゴールが共有されてさえいれば、構築主義は社会学の一つの研究分野として確固たる位置を確保できると、筆者は考える。

注

（1）例えば、平英美／中河伸俊編『新版 構築主義の社会学――実在論争を超えて』（〔世界思想ゼミナール〕、世界思想社、二〇〇六年）、中河伸俊／赤川学編『方法としての構築主義』（勁草書房、二〇一三年）など。

（2）構築主義の前身ともいえるラベリング論でははっきりと「原因論の排除」を打ち出している。

（3）構築主義の対象は、本書でいう命令・行為のゲームまで含むことができるという（少なくともそのように受け止めることが可能な）主張もある。吉田民人の「存在論的構築主義」という概念だ（吉田民人「新科学論と存在論的構築主義――「秩序原理の進化」と「生物的・人間的存在の内部モデル」」、日本社会学会編「社会学評論」第五十五巻第三号、日本社会学会、二〇〇四年）。実は筆者は吉田のこの概念を、本書のコラム２「吉田民人の「プログラム科学」について」を準備している際に知ったのだが、本書の立場からするとこれは「二種類のゲーム」という考え方を先取りしたものだと考えることもできる。吉田の慧眼にはあらためて驚かされた。

第8章　エスノメソドロジーとルールの科学
――方法の探究としてのエスノメソドロジー

本章で扱うのは、エスノメソドロジーと呼ばれる社会学の理論体系だ。エスノメソドロジーは、これまで扱ってきた機能主義や構築主義に比べるとマイナーで、日本の社会学界でも必ずしも十分にその主張が知られているとはいえないだろう。にもかかわらずこれを取り上げるのは、本書の考え方がもともとエスノメソドロジーに触発されたものだからだ。

といっても、現状では、本書を読んでこれがエスノメソドロジーだと思う人は、エスノメソドロジストのなかにもほとんどいないのではないかと思う。エスノメソドロジーで用いられる基本的な概念をまったく使っていないし、エスノメソドロジーに特徴的な会話分析などの研究スタイルを採用しているわけでもないからだ。それでも、考え方の「根っこ」の部分は共有していると筆者は考えている。そして、そこからどの部分でどのように「枝分かれ」したのかを示すことは、本書の考え方を明らかにするうえでも役に立つだろうと思う。

1　エスノメソドロジーとは何か

第6章、第7章と同様に、まずは初学者向けにエスノメソドロジーについての簡単な説明から始めたいところなのだが、実はエスノメソドロジーを簡単に説明するのは、機能主義や構築主義とは比べものにならないほど難しい。そもそも、何を明らかにしようとしているのか、何を目指しているのかという点からして（構築主義以上に）わかりにくく、また、独特の用語法やレトリックがあるので生半可な解説ではすまないのだ（と筆者は思う）。

そこで、本章では、本書と共通する「根っこ」の部分について説明したあとは、具体的なエスノメソドロジー研究をいくつか紹介することによって、この理論について読者にイメージしてもらうことを目指したい。

人々の方法

筆者がエスノメソドロジーに触れたのは大学院生のころだった。ようやく邦訳書がいくつか出版されるようになったころで、日本ではそれほど広がっていない「新しい」理論だったが、筆者はこの考え方に衝撃を受けた。それは端的にいって、「エスノメソドロジー」という言葉そのものの衝撃だったといっていいだろう。

エスノメソドロジーとは、「エスノ（ethno）」と「メソドロジー（methodology）」からなる造語だ。「エスノ」は「エスニック」とか「エスノグラフィー」という言葉の語幹で、この文脈では「（ある社会の）人々の」という意味合いだと理解していい。メソドロジーはそのまま「方法論」だ。つまり、エスノメソドロジーとは「人々の方法論」であり、「人々の**方法**」を探究する学問、「人々の方法」という**問い**をもつ社会学理論だということだ。「人々の方法」という言葉だけでは、なかなかイメージがつかみにくいと思うので、初期のエスノメソドロジーの代表的な研究である「会話の順番取りシステム」を紹介しよう。

私たちは日常生活のなかで様々な会話を交わしている。家族や友人との雑談や職場の会議、買い物の際の店員とのやりとりなど様々な会話があるが、それでは、会話の「方法」とはどのようなものだろうか。あるいは会話の「仕方」と言い換えても差し支えないが、それがどのようなものなのかと説明を求められても困ってしまうだろう。いわゆる「話術」という、相手を説得したり、交渉をうまくまとめたり、自分の印象をよくしたりという技術を意味しているわけではなく、単なる会話の方法だ。べつに方法など意識しなくても会話は普通にできるのではないかと思うかもしれないが、会話には会話という行為独自の「方法」がある。それを「発見」したのがエスノメソドロジーだ。

会話とは、常に話し手は一人で、ほかの人が聞き手になり、しかるべきタイミングで話し手が交代する。同時に複数の人が話し続けることは（通常は）ない。そうでないと会話は成立しないだろう。では、どのようにして私たちは、話し手が一人である状態を維持し、話者の交代をスムーズにおこなっているのだろうか。私たちは会話というものを問題なくおこなうことができているのだから、スムーズな話者交代の方法を知っているはずだ。実際、多くの場合それはごく自然におこなわれている。にもかかわらず、どうしてそれができるのかを説明するのは難しい。

初期のエスノメソドロジーの代表的な研究者であるハーヴェイ・サックスらの研究によれば、私たちは、いくつかの簡単な規則によって話者交代を実現している。それが「会話の順番取りシステム」[1]だ。まず、会話のなかの発言には話者交代可能な切れ目がある。一つの文が終わったときなどがそうで、私たちはそれを意識できる。その切れ目にきたとき、話し手は次の話し手を指定することがある。典型的には質問文であり、質問された人が次の話し手として指定される（規則ａ）。現在の話し手が次の話し手を指定しない場合は、誰が次の話し手になってもいいタイミングが存在する。通常は最初に話し始めた人が次の話し手になる（規則ｂ）。そして、そのタイミングで次の話し手が現れない場合には、現在の話し手がさらに話し続けることができる（規則ｃ）。この三つの規則は、ａ、ｂ、ｃの順に優先される。大まかにいえばこのような内容だ。

私たちはこのような規則を「知っている」のだが、通常はあまり意識していない。しかし、実際の会話を思い浮かべれば、確かにそのような規則があると実感できる場合があると思う。例えば、話し手がまだ話し続けたいと思っているときに、聞き手の一人が、それに割り込んで話そうとすると、どういうことが起こるのかを考えてみればいい。まず話し手は自分が話し続けたいので規則aが適用されるような疑問文などは使わない。しかし、話の切れ目では規則bが適用されるので、別の人が話し手として認められてしまう可能性がある。そこでそれを避けるために話に切れ目ができないような話し方をする。「○○した」と終わらずに、「○○して、それから○○して……」と文の切れ目を作らない。あるいは、切れ目ができてしまってもそれを最小限にする。「○○したんです」のあとの間《ま》を極端に短くして、すぐに続きを話し、割り込まれないようにする。こういったことから、規則bと規則cが存在し、なおかつ規則bが優先されていることがわかると思う。

私たちはこのような規則とそれを使った会話の方法を確かに知っているのだが、通常は意識していない。このように、私たちの社会生活には、知っているものの通常は意識していないような様々な方法が存在しているといえる。そのため、それを明らかにしていくことは、私たちの「社会」というものについての理解を深めることになるはずだ。

ここで一つ注意を喚起しておきたいのは、方法の探究とは、私たちがまだ知らない自然法則を見つけ出すのとは異なり、ある意味ではすでに知っていることを、あらためて明らかにすること（エスノメソドロジーでは再特定化と呼ぶ）だという点である。そのため、そのような探究がどのような社会的意義をもつのかについては説明が必要だろう。私たちは会話の仕方をもともと知っているのに、それをあらためて明らかにすることにどういう意味があるのだろうか。この論点については第3節で考えたい。

自然言語の重視

エスノメソドロジーと本書が共有する「根っこ」はもう一つある。それは、**自然言語の重視**だ。エスノメソドロジーは自然言語こそが社会現象の「核心」であると考えていて、それは本書も共通している。

エスノメソドロジーが自然言語をどのようなものとして考えているのかを説明するには、前章で扱った構築主義の考え方から出発するとわかりやすいと思う。ある意味ではエスノメソドロジーは構築主義の考え方をより徹底しているともいえるからだ。

構築主義は社会問題を社会的に構築されるもの、つまり人々の相互行為によって作り上げられるものだと考える。このとき、その構築という営みは、言語（例えば「社会問題」といった言葉）を用いてなされる。つまり、「○○は（社会）問題だ」などの表現を必ず必要とする。

つまり「社会問題」という（あるいはそれに類する）言葉がなければ、社会問題を構築する営みはおこなうことができず、その意味で社会問題は存在しないということになる。端的にいうなら、「社会問題」という言葉がなければ社会問題は存在しないのだ。

この表現は非常に誤解を招きやすい。実際に（筆者の認識では）誤解に基づく論争が繰り返されてきた。どのような誤解かというと、「社会問題」という言葉がなければその言葉が指し示す客観的な事実（体の動きを含めた物理的事実など）まで存在しなくなると主張しているのだと思われてしまう。もちろんそんなことを主張しているわけではなく、社会問題が存在しないというのは、社会問題を構築する営みが存在しない、つまり、これは社会問題であると主張したりそれに反対したりするような人々の営みが存在しないということだ。

もちろん、「社会問題」という言葉がなくても、別の言葉による告発（問題提起）がおこなわれる可能性はある。例えば、支配・抑圧されている人が不満を共有し、反乱や暴動を起こす際には、社会問題とは異なる意味をもつ告発の言葉が使われるだろう。だがその場合、それは社会問題とは異なるタイプの社会現象だと見なされるだろう。

エスノメソドロジーはこのような考え方をさらに推し進め、あらゆる社会現象や社会の状態は、人々の記述によって構築されたものと見なす（と考えるとわかりやすい）。そのため、その研究方針は自然言語に徹底的にこだわったものになる。

エスノメソドロジーといえば、会話データやそれに映像情報を加えたビデオデータを用いた研究が多いが、それは実際に使われている言葉を（研究者による解釈を経ずに）「そのまま」データとして用いる必要があると考えるからだ。

本書の立場は、自然言語を重視するという点ではエスノメソドロジーと同じだが、自然言語のはたらきとしての「記述」についての考え方は異なる。それはエスノメソドロジーとルールの科学の言語観の違いに起因している。そこで、本章ではエスノメソドロジーにとっての記述の意味を考察することから始めたい。

2 「記述」の方法への特化

方法としての概念

エスノメソドロジーと言語（特に記述）との関係を考えるために、『概念分析の社会学2』[2]という本を取り上げる（以下、『概念分析の社会学2』と表記し、同書からの引用はページ数だけを示す）。概念分析というのは、日本のエスノメソドロジーの研究グループ（私見では日本で主流のエスノメソドロジー研究者と呼んでいいと思う）が提唱する考え方であり、そのグループが中心になって研究会を重ねた成果を論文集として書籍化したものが『概念分析の社会学2』だ。

「概念分析」というと、言葉の意味を詳しく調べる言語学の一種のようにみえるかもしれないが、そうではない。著者たちによれば、概念分析とは「人々の**方法**」に関わる研究だ。

ただしここで、概念と言うことで何を指すのかをめぐって少しだけ注意が必要かもしれません。たとえば、概念と言われると言語のこと、語のことが思い浮かんでくるかもしれません。概念とはすなわち語のことである、というように。しかし両者のこうした等置は不正確です。ここで概念と呼んでいるのは、物事を捉え、成し遂げる仕方のことだからです。（iii―ivページ）

なぜ「概念」が「物事を捉え、成し遂げる仕方」なのか。この本では「謝罪」を例にして説明している。

どのような状況においてどのような語と振る舞いによって表現を作ることが謝罪を行うことになるのか。また、こうした謝罪とみなされうる表現を作ることにより、これに続けて以後どのような事柄が自分や相手になすべきこととして期待されるのか。実際に謝罪を行うとき、私たちはこれらの事柄をわきまえながらそれを行っています。そしてこのような場合、私たちは謝罪という概念を持っている、と言うことができるでしょう。（ivページ）

ここからわかるのは、まず私たちはどのような振る舞いが謝罪と見なされるのかを知っていて、その知識が「謝罪」という概念を構成しているということだ。また、「謝罪とみなされうる表現を作る」ことでその後に生じると期待される行為についての知識も、その概念には含まれている。そして、私たちは実際に謝罪をする際にはそのような知識を用いている。だから、謝罪という概念は、「人々の方法」に関わるということだ。

読者はこの説明に納得できるだろうか。そんなに難しいことをいっているわけではないし、なるほどそうだなと思った人も多いと思う。しかし、ここはよく考えてほしいところだ。書いてあることは正しいし納得できたとしても、何か抜けていることはないだろうか。私たちが「謝罪」という概念について知っているのは、あるいは最低限知っていなければならないのは、これだけなのだろうか。

「謝罪」という言葉を辞書などで調べると（単純に「謝罪」の語意を調べると多くの場合「詫びる」と言い換えてい

るだけなので、さらに「詫びる」の語意のなかから該当するものを調べてみよう)、「非を認める」「赦しを請う」という言葉で説明されている。つまり、謝罪というのは自分が悪かったと認めて相手に赦してもらおうとすることだといえる。このような知識は謝罪をするうえで必要ないのだろうか。

このように説明すれば、先の引用には「書かれていない」ことがあることに気がついてもらえるのではないかと思う。「非を認める」とか「赦しを請う」というのは、いわば謝罪の目的だ(特に後者はそうだろう)。私たちは相手に赦してもらいたくて謝罪をする。そしてその目的のためのいわば手段として、どのような言葉でどのように表現すれば謝罪をしたとわかってもらえるのかという具体的な方法についての知識をもつことで、ようやく謝罪ができるようになるわけだ。

そういう意味では、確かに先の引用は方法についての知識を表現しているといえなくもないが、ただその知識だけで謝罪ができるとは思えない。謝罪の目的を知らずに、「どうすれば謝罪に見えるのか」という知識だけで謝罪が可能だとしたら、私たちは「謝罪」と「謝罪に見える行為」の区別ができなくなる。

記述への特化

以上のように、『概念分析の社会学2』での「概念」の説明は、少なくとも筆者からみれば問題含みだと思えるものなのだが、エスノメソドロジーでこのような表現が使われるのには理由がある。それは、エスノメソドロジーが言語を「何かを記述するもの」だと見なしているからだと、筆者は考えている。

エスノメソドロジーでは「謝罪」という概念を構成するのは、まず第一に、どのような場合に謝罪であると見なせるか(記述可能か)についての知識だと考える。つまり、「謝罪」という概念の核心を記述というはたらきに求めている。そして、謝罪という行為はその記述に関する知識に基づいておこなわれると考えられている。だからこそ、「どのような振る舞いが謝罪とみなされるのか」についての知識に基づいて謝罪という行為が可能であると考えるのだろう。

本書では、このように記述を特権化するような考え方をとらないことは、すでに説明してきたことからわかると思うが、その点についての説明は後回しにして、エスノメソドロジーの考え方についてさらに詳しくみていきたい。

エスノメソドロジーは、それを専門としない社会学者からは「何をしたいのかよくわからない」と評されることがしばしばある。筆者はその原因の一つが、エスノメソドロジーの言語観、つまり記述だけを重視する点にあると考えている。このことを『概念分析の社会学2』のなかの論文からみていこう。

取り上げるのは「「教示」と結びついた「学習の達成」」[3]という論文だ。これは、小学校の体育の授業で教師が児童に「水に頭まで潜る」ことを教え、テストする様子を分析したものだが、ここで議論したいのは、この論文が何を明らかにしようとしているのかという点、つまりこの論文の「問い」についてである。

読者は、このタイトルからこれが何を明らかにしようとする論文なのか、想像ができるだろうか。「「教示」と結びついた「学習の達成」」という表現からは、どのように教えればうまく学習ができるのか、ということ、つまり「教示」の方法や「学習」の方法を明らかにしようとする研究だろうと思うかもしれない。エスノメソドロジーは方法の探究なのだから、そう受け止められても仕方がないかもしれない。しかし、この研究の目的はそれとはまったく違う。

この研究が明らかにしようとするのは「学習の過程」ではなく、「学習の達成」である。これはエスノメソドロジーという考え方を理解するうえでの「肝」なので、少し紙幅を割いて説明したい。

本書をここまで読んだ読者には、**構築主義**の延長線上にエスノメソドロジーがあるといえばおそらくわかりやすいのではないかと思う。

構築主義は社会問題を社会的に構築されたものと見なす。人々の相互のやりとりのなかでこれは社会問題であるという理解が共有されること、それ自体が社会問題なのだ。エスノメソドロジーはこのような考え方をさらに進めて、様々な概念に適用する。この場合は「学習」だ。

例えばある児童が何らかの行為を初めておこなったとしても、それだけでは「学習がなされた」と見なすことはできない。例えば、質問に当てずっぽうで答えたらたまたま正解だったという場合は、「学習の達成」とは見なされないだろう。そのため、質問を繰り返して一定以上の正解率が得られた場合に「学習がなされた」と見なす、という手続きが必要になる。つまり、何らかの「テスト」、あるいはそれに類するものがなければ、「学習の達成」は生じないのだ。

注意してほしいのは、これは「ちゃんと学んだかどうかはテストをしないとわからない」という単純な考え方ではないということだ。テストによって（あらかじめ存在している）「学習が達成された状態」が認識され、確認できる、というのではなく、テストによって「学習の達成」という事態が「作り出されている」と考えるのだ。これは、「社会問題」という言葉（とその言葉を用いた活動）がなければ社会問題は存在しない、という考え方と同じことととして理解できると思う。ある状況を社会問題であると記述できることが、社会問題が存在することと同義であるのと同様に、エスノメソドロジーにとっては「学習が達成された」という事実は、「学習の達成」を記述できることと同義なのだ。そしてそのような記述の**方法**を、そのまま「学習の達成」の方法だと考えるのだ。

この論文では、学習をそのように捉えたうえで、教示と学習の関係を明らかにしようとする。つまり、「教えられたことができた」ことがどのように達成されるのか（達成の方法＝達成の記述の方法）が探究課題なのだ。

以上のような探究課題に基づいてこの論文が分析するのは、小学校一年生の体育の授業でおこなわれた「水遊び」（水に頭まで潜ること）の事例だ。本節ではエスノメソドロジーが何をしようとしているのかについて考察することが目的なので、分析（データ）の詳細は割愛するが、エスノメソドロジーらしく、実際におこなわれた会話やその場面の映像などをもとにしたきわめて詳細な分析がなされている。この分析で著者が注目するのは、どこまで潜ることができたのかを児童に教えるために、潜ったときに頭のどこに水面が達したのかを手で示す「測定のシステム」だ。そのシステム（手で水面の位置を示すこと）によって、教示と学習（の達成）が結び付けられているというのがこの論文の結論だ。著者は以下のようにまとめている。

このように、教示と結びついてある行為が「学習の達成」として私たちに見えているのは、教師や学習者自身によって、教示で示された達成すべき行為と学習者によって達成された行為が、行為の基準を通じて同一に見えるように志向されているからである。
（一九二ページ）

わかりにくいと思うので、筆者なりに補足すると、「学習の達成」がなされた（ようにみえる）のは、「測定のシステム」によって、教師にも学習者自身にも、要求した（された）ことと実際にできたことが「同一にみえる」からだ、というのが著者の主張なのだ。つまり、教師が「できた」と評価し、教師と同じ基準で学習者自身も「自分はできた」と納得できるようでなければならない、という理解でいいだろう。

問いの語彙と命令の語彙

以上のようなエスノメソドロジーの考え方について、読者はどう感じただろうか。筆者としては、できるだけ「エスノメソドロジーにはなじみのない人」にもわかりやすいように説明したつもりなのだが、ハードルはかなり高いかもしれない。また、ある程度理解してもらったとしても、このような研究が一体何の役に立つのか、という疑問もあるかもしれない。

筆者は、わかりにくいという感想と、何の役に立つのかわからないという疑問は、どちらも共通の原因によるものだと考えている。それは、「概念」（この場合は「学習」）を記述という観点だけで捉えようとする考え方から生じていると思う。

「学習」という概念は何かを記述するものだ。では何を記述するのか。一つは「学習の過程」である。つまり、何をしていればある人が「学習している」と見なすことができるのかというのが「学習の過程」の記述である。そしてもう一つが、「学習の達成」の記述であり、それが先ほど紹介してきたことだ。

概念を**記述**だと考えるかぎり、学習という概念にはこのような意味しかないが、本書の考え方は違う。「学習」という言葉は、命令・行為のゲームでも、**命令**として用いられる言葉だ。つまり、「学習しろ」という命令によって学習という行為を作り出すはたらきをもっている。この意味で、「学習」という概念は「社会問題」とは異なる。

「社会問題」という言葉は基本的に**問いの語彙**であり、**命令の語彙**としては使うことができない。「社会問題をしろ」とか「社会問題をしよう」という表現は意味をもたず、「社会問題の仕方」という言葉もわけがわからない。そのため、問いの語彙としての分析、つまり構築主義的な分析は比較的受け入れられやすい。これに対して、「学習」は、どちらかといえば命令の語彙だ。「学習しろ」も「学習しよう」も有意味な表現だし、「学習の仕方」には多くの人が関心をもっている。「学習しているのか」とか「学習したのか」というように問いの語彙としても使用可能なので、それに着目した分析にも意味はあるだろう。だが、「学習」といえばやはりまずは「学習の仕方」を思い浮かべるのではないだろうか。だからこそ、「学習」を問いの語彙として分析することには抵抗を感じる人が多いのではないだろうか。

そのため、筆者は「学習」という概念について考えるのであれば、やはり行為としての学習を中心にするべきであり、そのためには命令としての「学習」概念を分析しなくてはならないと思う。

加えて、「学習の達成」について考察するのであれば、おそらくほかの「概念」を使ったほうが、少なくとも読者には理解しやすいのではないかと思う。例えば日常言語なら、「わかった」とか「できた」という言葉だ。先ほど紹介した研究についても、「わかったかどうか」「できたかどうか」を確認する質問・応答のゲームの方法を明らかにするための研究なのだと説明すれば、その意義はもっとわかりやすくなるのではないだろうか。例えば、結論を以下のように言い直すことができるかもしれない。

教育活動のなかで、「できた」かどうかを確認する方法として、先生が評価するのと同じ方法で自分でも評価できるような手段が有効（あるいは必要）である。潜水は（自分では見えないので）その手段が確保しにくい課題だが、ちょっとした工夫でそれを提供することができる。それが水面の位置を手で示すという方法だ。

この説明のほうが著者の文章よりよほどわかりやすいと思うのだが、いかがだろうか。

以上の考察から、筆者が主張したいことは、言語を記述という観点だけで捉えるエスノメソドロジーの考え方には限界があるということであり、その点さえ何らかの方法で乗り越えることができれば、エスノメソドロジーはもっとわかりやすく有意義なものになるのではないか、ということだ。

3　暗黙の肯定的評価

事実上の評価

前節では、エスノメソドロジーの言語観について考察したが、エスノメソドロジーについてはもう一つ議論しなくてはならない重要な論点がある。それは、**評価**という論点だ。

エスノメソドロジーは「人々の方法」を探究する理論だが、それは具体的にいえばどのようなことなのだろうか。人々の方法が具体的に記述できたとして、それにどのような意味があると考えるのだろうか。

例えば、前節で取り上げた論文では、最終的に「水面の位置を手で示す」という方法が見いだされたわけだが、そのことがもつ意味は何だろうか。一つの考え方としては、「人々は学習の成果を達成するために、一般的にこれこれの方法をとっている」という主張がありえるだろう。しかしこれは、ある種の社会法則を見いだそうとすることにほかならない。本書の立場としてそれは正当化できないし、エスノメソドロジーもまた、そのようなものを目指す理論ではない。なによりその方法はすでに人々（当事者）が知っていることであり、なおかつ実際におこなっていることだ。それをわざわざ「こんな方法がおこなわれている」と指摘したところで、何の意味があるのだろうか。

それでは、本書で考えるように、エスノメソドロジーもまた方法を評価しようとしているのだろうか。実はこの点は非常にあいまいだと筆者は考えている。公式にはエスノメソドロジーは方法を評価するための理論ではない。しかし、事実上評価に足を踏み入れてしまっている、あるいはそのように受け止められかねない要素があると思う。例えば前節の論文について筆者が解釈し直した文章では、あえて「必要」「有効」という言葉を使った。それはそのほうが読者にはすんなりと受け入れられるのではないかと思ったからだ。つまり、ある種の評価だと考えたほうが方法の探究は受け入れられやすいのではないかと思う。

しかし、前節の論文には明確に評価だといえるような表現は見当たらない。そこで、『概念分析の社会学２』のなかから評価がより重要な論点になるような論文を選んで考えてみたい。取り上げるのは、「授業の秩序化実践と「学級」の概念(4)」という論文だ。

この論文のテーマは、「学級を一つにまとめあげる」という課題である。具体的な教育実践を分析することによって、その課題に関する「実践にうめこまれた技法」を明らかにすることを、研究の目的としている。

使用するデータは、ある公立小学校の一年生学級でおこなわれたある日の授業を録画して文字に転記したものだ。この日の生活科の授業の目的は「屋上に行って仲よく遊ぶ」ことだった。

児童たちは屋上に向かうために教室後方で二列に並ぶよう指示され、全員が並び終わるまで座って待つ。全員が並び終えてから教師は「だまって立ちます」と号令をかけるが、一部の児童たちが立ち上がる段階になってもおしゃべりをやめない。そこで、教師は「だまって立つ」ことができるように指導していく。このときに「学級」という概念の運用技法が用いられているというわけだ。

論文で用いられている会話データ（トランスクリプト）は、声のトーンやタイミングなど細かい表現を詳細に記述できる記法で書かれていて、その記法に慣れていない人にとっては理解しにくいと思われるので、本書ではそれらを省略して、話された内容と動作（二重の丸括弧でくくった部分）だけを記載することにする。議論の大筋はそれで理解できると思う。

それでは、実際のデータをみてみよう。以下のトランスクリプトは、上の数字が行番号（参照のための番号）、その下のTは教師の発言を意味し、AとBが特定の児童の、Sは不特定の児童の発言をそれぞれ意味する。Ssは複数の児童の発言である。断片一は、児童たちが教室後方で並び終わったあとに教師が立つように号令するところから始まっている。

【断片一】

((列後方の児童たちがざわざわおしゃべりをしている))

01　T：　はい　だまって立ちまーす

02　Ss：((立ち上がり始める))

03　T：　はいダメー座るー((手をぱちんと叩く))

04　Ss：((座る))

（二〇一―二〇二ページ）

教師の「だまって立つ」という指示にもかかわらず、一部の児童はおしゃべりをやめない。そこで、教師の指導が始まる。それが断片二と断片三である。一重の丸括弧は聞き取りが困難な箇所を示している。

【断片二】

08　T：　あーあおしゃべりで終わりたい人がいるのね

09　((列後方の児童たち、静かになり前を向き体育座りをする))

（二〇三ページ）

【断片三】

10 T：昨日やったじゃない　やったよねー
11 並ぶときはー　しゃべるんだっけ？
12 S：おーしゃーべーりーしないっしない
13 T：しゃべるんだっけ
14 S：（　）ちがう　みんなお勉強してるから
15 T：そーだよー
16 並ぶときはしゃべらないって昨日やったでしょー？
17 忘れちゃったのもう　一日でぶわーんって
18 そうしないといつんなっても出発できないんですー
19 いーですかー？
20 Ss：はーい

（二〇五―二〇六ページ）

教師はひととおりの指導を終え、もう一度だまって立つように指示するのだが、それでも話している児童がいる。そこで、教師はより強い指導をすることになる。これが断片四である。

【断片四】

24 T：だまって立ちましょう
25 Ss：（立ち上がり始める）
26 A：（かなー）

27 T：はいしゃべったー座る
28 A：あの
29 Ss：（座り始める）
30 T：残念　誰かがしゃべった　聞こえちゃったー　座る
31 T：誰でしょう
32 B：このひと（Aを指差す）
33 T：みんなに迷惑かけてるよ？みんなを待たせてるよ？
34 B：（Aをはじめ四人の児童を順に指差していく）
35 T：ちゃんと約束まもらないと　ね？
36 　　みんなでやるときは

（二〇七―二〇八ページ）

以上のデータを著者はおおよそ以下のように分析している。

まず、断片一では教師はしゃべったことに対して、全員を座らせるというペナルティを科している。このとき、しゃべった児童を特定することなく全員（つまり学級）に責任を帰属させている点に、著者は注意を喚起している。

断片一では座らせることがペナルティかどうかは必ずしも明確ではないが、断片二ではそれはよりはっきりする。つまりしゃべっていると「おしゃべりで終わる」ことを予想させ、そのような「望ましくない帰結」を避けるために「だまって立つ」ように仕向けようとしているということだ。そしてここでも、誰がおしゃべりをしているのかを特定しない話し方をしていることに、著者は注目する。

続く断片三は、ルールの確認だ。「昨日やった」という言葉で児童が知っているはずのルールについての知識を児童から引き出し、ルールを確認することによって「ルールを知らなかったから仕方がない」という言い訳を封じる。そして、ここではルールについての正しい知識を返していたのは一人の児童だったにもかかわらず、それを「学級」の知識として扱うことによって、全員の言い訳を封じているのだと考える。

最後の断片四が議論の中心になる箇所だろう。教師は指導のあとでもう一度黙って立つように指示するが、それでも話していた児童がいたことを指摘して座らせる。そして、児童に「誰でしょう」と問いかける。この「誰でしょう」という発言をどう捉えるのかが議論の中心になるだろう。重要なポイントなので、論文でこれについて論じている箇所を引用しておこう。


その後31行目で教師は「誰でしょう」という問いを発しているものの、これはおそらく誰がしゃべったかを特定しようとして発したものではない。この問いかけに応えるように32・34行目で行われた児童Bによるおしゃべりをした者の特定に教師はお礼も評価も返していないし（これは児童Bによる応答が求めざるものであったことを意味している）、映像を確認すると教師はそもそもAのいる列後方に視線を向けており、誰がしゃべったかを把握した上であえてこの問いかけを発しているように思われるからだ。そうであるならこの教師による「誰でしょう」の問いかけは、断片二における「（Xすることにより）Yしたいひとがいる」という発言同様、「学級の中の不特定な誰か」を浮上させることを通して責任の帰属先を曖昧にしたままおしゃべりの当事者に振る舞いをたださせる効果をねらったものであるように思われる。　（二〇八ページ）

つまり、「誰でしょう」という問いを発しているにもかかわらず、教師は発言者を特定しようとはせず、むしろあいまいなままにしているのだと、著者は考えているのだ。

また、次の「みんなに迷惑かけてるよ？みんなを待たせてるよ？」という発言もなかなか微妙な表現だ。通常は「迷惑」という言葉を使えば、迷惑をかけている者とかけられている者へと分けてしまうのだが、おしゃべりをした生徒をあいまいにしているために、責任の所在を特定しないまま迷惑を問題化できていると著者は評価する。

そして、そのような（あいまいにしたままの）流れであるおかげで、最後の「ちゃんと約束まもらないと」は特定の誰かに向けたものではなく、「学級全体に向けられているように聞くことができる」と分析しているのだ。

著者の考えは理解できたと思うが、読者はこの論文の主張に納得できただろうか。

筆者は納得できなかった。特に断片四の解釈はかなり強引だと感じた。仮に教師の意図が著者がいうとおりに「特定しないこと」だったとしても、児童Bの「この人」という発言は、意図どおりの結果になることを阻んでいると思う。著者は教師がBの発言に対して「お礼も評価も返していない」と指摘するが、逆にいえば、Bに対して反論やその効果を打ち消そうとする行為もしていないようにみえる。そのため、教師はBの発言を暗黙のうちに肯定しているように、児童たちに受け止められないだろうか。さらに、Bが四人の児童を指さしたあとに、（それを否定せずに）「ちゃんと約束まもらないと」と発言したのなら、それはBが指さした児童に向けたものだと、児童たちに解釈されないだろうか。

筆者は、以上のような自分の解釈が正しいと主張したいわけではない。筆者はあくまでも論文に記載された情報だけで判断しているのに対して、おそらく著者はそれ以上の情報、例えばほかの児童の様子や教師のちょっとした表情なども踏まえたうえで、そのように判断しているのだろう。しかし、少なくとも論文の記載からは、筆者の解釈も十分に成り立つように思える。にもかかわらず、論文がこのように書かれたことには理由があるのではないかと思う。そのことはこの論文の結論からうかがうことができる。

そこでは、一人ひとりの児童を「個」として扱うことの重要性を指摘する主張を紹介したあとに、以下のように論文の主張をまとめている。

なるほど、子どもたちをかけがえのない「個」として扱い、その一人ひとりの学びと向き合うことの重要性は否定すべくもない。それは教育の理想的なあり方だろう。しかし、それもまたやはり学級が整然とした状態にあり、その基盤のもとで授業が問題なく成立してこそ実現しうる理想なのではないだろうか。そのうえでまた、子どもたちを「学級」というまとまりのもとで扱うことは単に秩序や効率性のために行なわれるだけでもない。確かに本章が取り上げたのは、授業の目的を滞りなく果たすために学級の状態を整える実践だった。しかしそこでは、叱責を通して子どもたちの道徳性を育むということもまた同時に行なわれていたはずだ。そしてそのとき「学級」概念の運用は、一部の児童たちの振る舞いをきっかけにその道徳的効果を学級全体へと波及させ、かつその効果を個への強い責任帰属を避けるようなかたちで実現可能にしていた。このことは秩序や効率性を超えた意義を持ちうるものであるだろう。（二一〇ページ）

筆者がこの部分を引用したのは、これは**評価**なのではないかと問題提起したいからだ。「学級」概念の運用が、「秩序や効率性を超えた意義を持ちうる」と書かれていることから、これは評価であると解釈されても仕方がないものだろう。

しかし、筆者は著者がはじめから方法の評価を意図していたとは思えない。それはエスノメソドロジーの流儀ではないし、論文のなかでの著者自身の説明も「いくつかの技法を明らかにする」「「学級」概念のありようを明らかにする」（一九六ページ）というもので、「評価」やそれに類する言葉は使われていないからだ。にもかかわらず、評価と受け止めざるをえない表現が使われてしまうのは、著者がこのデータ、特に教師の意図を、理解しようとしたからではないだろうか。

暗黙の肯定的評価

ここで読者には、本書の第６章で機能主義について論じたことを思い出してほしい。そこでは、（現代版の）機能主義的な考え方が、対象を理解しようとすることによって**暗黙の肯定的評価**をおこなってしまうことを指摘した。そして、そのようなことは機能主義以外の理論でも起こりえると書いたのだが、それがいまここで議論し

ていることなのだ。(5)

この論文の著者は、トランスクリプトをみながら、なぜここで教師はこのような発言をしたのか、また、状況の変化にどのように対応しようとしたのか、ということを考え、そのうえでデータと十分に整合する解釈を提示したのだろう。それは確かに教師という役割と整合する合理的な方法であり、だからこそ肯定的に評価してしまうのだろうが、そのことこの方法がうまくいっているかどうかは別の問題だ。

先に示した、断片四に関する著者の解釈と筆者の疑念を見比べてほしい。著者は主として教師の意図に注目している。「特定しようとして発したものではない」とか「効果をねらったもの」という表現は明らかに教師の意図に言及したものだ。それに対して筆者は、ほかの児童がどう感じたかに注目している。「受け止められないだろうか」とか「解釈されないだろうか」という表現からは、教師の意図とは異なる評価基準を採用していることがわかるだろう。

以上のようなことから筆者は、著者が基本的には教師の意図を理解することによって(合理性の理解)、この方法を暗黙のうちに肯定的に評価してしまっていると考える。そしてこれは、第6章で議論した機能主義の問題点と基本的に同じなのだ。

このような批判に妥当性があるとするなら、どのように対処するべきなのだろうか。一つの方法は、評価あるいは評価だと受け止められかねない表現を慎み、ただ事実だけを報告するというスタイルに徹するということだが、何度もいうように、それでは社会学は社会的意義をもちえない。そのため、筆者はより積極的に評価をおこなうべきだと考える。

この論文は、筆者が考える評価の具体的なあり方を説明するうえで最適の題材なので、この事例に即して、どのように評価ができるのかを説明したい。

対案としての評価の方法

まず、研究の目的が評価であることをあらかじめ明確にしておき、そのことについて調査対象者（この場合は教師）とあらかじめ合意しておくことが必要だ。その際、評価とは研究者が一方的におこなうものではなく、あくまでも当事者の基準に則して（そこでおこなわれているゲームの志向性を基準として）[6]なされることも説明する必要がある。具体的には、どのような状態を目指しているのか、どうなれば成功といえるのかということを、しっかり聞き取っておかなくてはならない。

実際の評価のためには、教師の意図ももちろん明らかにする必要があるが、それだけでなく結果として生じたことをどのように受け止めるのかも明らかにする必要がある。トランスクリプトなどからわかることもあるだろうし、インタビューを併用してもいいかもしれない。このデータなら、筆者がまず知りたいと思うのは、教師が児童Bの発言についてどう思ったのか、ということだ。

さらに踏み込んで調査をするなら、筆者はこの教師の判断がどのようなルールを参照することによって生まれたのかを知りたいと思う。例えば、「おしゃべりで終わる」というのをペナルティとして提示したのなら、どこからそのような方法を思いついたのだろうか。何か参考にした事例があるのか、あるいは誰かの「教え」が念頭にあるのか。このような関心は、この事例を単に一人の教師の方法として考えるのではなく、何らかのルールが背景にあるのかもしれないと想像するからだ。これが、方法の共有／共有の方法としてのルールを評価するという本書の考え方にほかならない。

このように、評価という作業はかなりの部分を調査対象者に依存する。そのため、研究者の専門性はあまり必要がないように思えるかもしれない。調査対象者が説明することを単に難解な専門用語に置き換えただけになってしまっては研究の社会的意義に説得力は望めないだろう。そのため、筆者は選択肢の提示を研究者の役割として推奨したいと思う。

例えば、教師がペナルティをてこに児童を指導しようとしたときに、ペナルティではないほかの方法もあるのに、なぜそちらを採用しなかったのかと問うことができる。また、児童Bが「この人」と言ったときに、その言葉に応えなかったのはなぜか、あるいは、誰がしゃべったのかを特定しなかったのはなぜか、などを問うこともできる。つまり、なぜAをしたのかだけではなく、なぜBではなくAをしたのかを問うということだ。そのことによって、評価に比較という視点を持ち込むことが可能になる。BよりもAという方法はどういった点で優れているのかなどを検討できるのである。これは、第4章で説明したルールの**相対化**による特徴づけと関わっている。

これはあくまでも理想だが、研究者は現場の人よりも広い範囲の知識をもつことで、より多様な選択肢を提示することができるのではないだろうか。ほかの学校（小学校以外も含む）の事例や、学校ではない場所での指導の仕方を知っていることがそれを可能にするかもしれない。特に本書が構想するルールの科学の場合、ルールの理論を中核理論とするので、それもまた多様な選択肢を示唆する根拠になると思う。

このようなことは、あくまでもこういうことができたらいいな、という漠然とした理想のようなものではあるが、それでも、やる気と機会がある研究者がチャレンジできる程度には具体的なのではないだろうか。

それでは最後に、本章で考えてきたことをまとめておこう。

まず、本書はエスノメソドロジーから「方法の探究」という考え方を受け継いでいる。これは本書の考え方の核心ともいえる部分であり、その意味では、本書の考え方はエスノメソドロジー研究の一つの発展形だといえるだろう。

しかし、本書はほかのエスノメソドロジー研究とはいくつかの点でまったく異なる考え方を採用している。そしてその観点からは、（本章で紹介したような）エスノメソドロジー研究は以下の二点で限界をもっている。

まず一つは、エスノメソドロジーが扱う「方法」が「記述」に特化したものだということだ。これはエスノメソドロジーの言語観に由来するが、エスノメソドロジーの「わかりにくさ」の原因でもあり、その適用範囲を著しく狭めてしまっている。

もう一つは、エスノメソドロジーが方法の「評価」について明確な方針をもっていないことだ。評価をしないことは社会的な意義という点からみて問題だが、事実上暗黙の肯定的評価をしてしまう場合もあり、これもまた大きな問題だと思う。

以上のような点について何らかの対策を講じさえすれば（それが本書だという主張なのだが）、エスノメソドロジーは決して特殊でマイナーな学説ではなく、むしろ社会学を変革していく力をもつ理論として存在意義があるのではないかと思う。

注

（1）Sacks, H., Schegloff, E. A., Jefferson, G., "A Simplest Systematics for the Organization of Turn-Taking for Conversation," *Language*, 50(4), 1974.（H・サックス／E・A・シェグロフ／G・ジェファソン「会話のための順番交替の組織――最も単純な体系的記述」、H・サックス／E・A・シェグロフ／G・ジェファソン『会話分析基本論集――順番交替と修復の組織』所収、西阪仰訳、S・サフト翻訳協力、世界思想社、二〇一〇年、二八ページ）

（2）酒井泰斗／浦野茂／前田泰樹／中村和生／小宮友根編『概念分析の社会学2――実践の社会的論理』ナカニシヤ出版、二〇一六年

（3）五十嵐素子「「教示」と結びついた「学習の達成」――行為の基準の視点から」、同書所収

（4）森一平「授業の秩序化実践と「学級」の概念」、同書所収

（5）エスノメソドロジー研究の社会的意義として、エスノメソドロジーの研究成果は、結果的に「インストラクション」になるような内容と関わるため、「チュートリアル的な特徴」をもつと主張されることがある（例えば前田泰樹／水川喜文／岡田光弘編『エスノメソドロジー――人びとの実践から学ぶ』〔ワードマップ〕、新曜社、二〇〇七年〕二五〇ページ）。つまり、エスノメソドロジー研究の成果は、「方法を教える」ことに役立つというのだ。しかし、それはその方法が学ぶに足るものであるという評価を前提としているはずだ。本章でみたようにそのような評価が自覚的にはおこなわれず、実際に用いられている方法なのだから意味があるはずだという判断に基づくのであれば、それは暗黙の肯定的評価であり現状追認であるという批判を免れないのではないだろうか。

（6）評価そのものを当事者に依存するのではなく、当事者の基準を用いて評価をするということだ。

コラム4　第8章の事例を評価してみる

エスノメソドロジーについての考察をさらに深めるために、第8章第3節で取り上げた論文「授業の秩序化実践と「学級」の概念」のなかの事例「学級を一つにまとめあげる」を、筆者なりに**評価**してみようと思う。

ただし、ここで筆者が用いるデータは、あくまでも論文に掲載されたものであり、筆者自身が現場に立ち会ったわけでもビデオ画面を見たわけでもないし、当事者との接触もまったくない。そのため、評価の正当性は担保されていない。それでもなお筆者の評価を掲載するのは、本書の考え方を理解してもらうための参考になると思うからだ。この点に配慮して読んでいただきたい。なお、トランスクリプトは再掲しないので、随時第8章に戻って確認していただきたい。

まず、断片一の「やりなおし」を命じるシーンだが、ここではまだ教師が何をしたいのかははっきりしていない。それが明確になるのは断片二であり、「おしゃべりで終わりたい」という表現を使うことから、教師がペナルティを意識していることは、論文の著者がいうとおり明確だと思う。

筆者はこの時点で、「別の選択肢」を提示したいと思う。ここから先の筆者の主張は本書の第3章で説明したルールの理論を下敷きにしている（ただし、本書では以下で使う考え方のすべては紹介していない。より詳しくは拙著『ルールリテラシー』をみてほしい）。

まず、人々の行動を規制する方法には、ルールとペナルティの二種類がある。この教師は**ペナルティ**を使おうとしたが、(1)もう一つの**ルール**を使う方法を説明しよう。

ルールで人の行動を規制するには、まず**ゲーム**におけるルールの位置づけを明確にする必要がある。つまり、「何のためのルールなのか」を理解させるのだ。この場合は、「屋上に行って仲よく遊ぶ」というゲームをしているのであり、そのためには「だまって歩く」必要があると理解させなくてはならない。ただ、このような指導は前日にすでにおこなっていたようだ（教師の「昨日やったじゃない」という発言がある）。それでは、ルールによる統制という考え方では、断片二の時点で何をするべきだったのだろうか。

単純化していうと、ペナルティによる誘導では「従わなかったとき」どうなるかを意識させ、ルールでは「従ったとき」どうなるか、あるいは「あるべき姿」を意識させるという、まったく逆のベクトルになると考えればわかりやすい。

断片二で教師は、「従わなかったら（しゃべってしまったら）」どうなるのかを示したが、逆の言い方も可能なのだ。つまり、「みんながしゃべらなかったら屋上で遊べる」ことを強調するわけだ。

このような言い方のメリットは、ゲームを（あらためて）意識させることにある。これは、みんなが（しゃべらずに）行動して、「屋上で遊ぶ」という目標を達成するゲームだ。おそらく子どもたちにとっても容易に「ゲーム」だとイメージできるだろう。

ゲームというイメージが共有できれば、その先はかなりやりやすくなる。「じゃあ、どうすればみんなでしゃべらずに行動できるか考えてみよう」「もししゃべりそうな人がいたらどうすればいい？」「しゃべっちゃだめ、と口に出してしまったら、自分がしゃべったことになっちゃうよね」。このような誘導で、「口に出さずにジェスチャーなどで互いに注意し合う」という「正解」に導けるのではないだろうか。

「別の選択肢」を教師がどの程度意識していたのかは、筆者にはわからない。このような選択肢を検討したうえで、何らかの理由で却下したのかもしれないし、まったく思い当たらなかったのかもしれない。あるいは、ペナルティという選択肢がこの教師が所属する集団のルールだったのかもしれない。そのような様々な可能性があるなかでこれを個別の事例として評価することは難しいが、一般論としては、ルールでの指導が可能であればそのほうが望ましかったのではないかと筆者は考えている。ペナルティを提示することは「ペナルティを避けるゲーム」をさせてしまいかねないし、その後の展開を考えても、ペナルティによる誘導にはリスクがあると思う。

断片三でルールを再確認し、断片四でもう一度だまって立つように指示するのだが、この二つの断片の間には行番号から見ると論文には掲載されていない何らかのやりとりがあった可能性がある。実はこの部分は非常に重要なポイントだったはずだと筆者は考えている。というのは、断片三でルールを再確認しているが、[2]それは一方ではルール違反をより免責しにくいものにする効果ももっている（二回目はルールを知らなかった、または忘れていたという言い訳が通用しなくなるからだ）。これは論文の著者もある程度説明していることだ。そのため、これ以降のルール違反はあってはならないし、違反があった場合の対処はより困難になる。ということは、断片三から断片四の間には、教師がより慎重に、しゃべる子が絶対に出ないように気を使いながら、指示を出す様子が観察されてしかるべきだと思う。実際にそのようなことがおこなわれたかどうかはわからないが、結果的には違反者が出てしまったのだから、それは不十分だったのかもしれない。

この事例で、別の選択肢を示すべき最後の場面が、断片四のAがしゃべったことへの対処だ。先に説明したように、これは本来「あってはならないこと」であり、この時点でかなり深刻な事態になっている。

この時点で教師ができることは、基本的に**排除**か**免責**のいずれかだ。ルールを維持しようと思えば、それ以外の選択肢はない。

断片四で教師がとった方法は排除だ。べつに排除が望ましくないというわけではなく、それが必要な場合もあると思う。しかし本当に排除が必要だったのかという評価は必要だろうし、排除をした場合には、その後どのようにして復帰させる（赦しをおこなう）のかという問題がある。

教師のとった方法が排除だという根拠は、論文の著者もなかば認めているように、[3]「迷惑」という言葉を使った点だ。しゃべった児童は、それ以外の児童にとって「迷惑な存在」だという宣言によって、「それ以外の児童」つまり、「学級」から排除される。

では、免責という方法は可能だっただろうか。断片三でハードルが上がっているので、それはなかなか困難だと思うが、可能性がないともいえない。

例えば、Aがしゃべった直後に教師とアイコンタクトがあって、Aがもし「しまった」という表情で話すのをやめたなら、それに対して免責の合図を送ることができるかもしれない。「ちょっとしゃべってしまったけど、すぐに気がついてやめたから、それでいいよ」という意味を目で語るわけだ。おそらく、わずかに表情を和ませるだけでいいだろう。

ただ、Bが複数の子を指さしていることから、しゃべった子は複数だったのかもしれず、だとすると免責は技術的には難しいだろう。

やはり排除はせざるをえなかったということなら、断片四とは異なる別の選択肢はなかったのだろうか。

筆者が提示できる選択肢は、一時的な排除をし、そのあとに速やかに赦すという方法だ。教師の「誰でしょう」という発言やそれを受けたBの指さしで、しゃべった子は特定されてしまっている。そして、「迷惑をかけた」存在だと認識されてしまっている。ここまできてしまったら、誰がしゃべったのかを教師があいまいにするのはかえって排除（分断）を恒常化させてしまいかねない。そこで、打てる手は、しゃべった子をきちんと特定したうえで、「学級」に復帰させる（赦す）という方法だ。しゃべった子を一人ひとり指名して、どうしてしゃべってしまったのかを尋ね、どうすれば次はしゃべらずにできるのかの道筋を示し、最後にきちんと謝らせる（「迷惑をかけた」と言ってしまっているので謝罪をさせて赦すしかない）。重要なのは、この手続きを児童がペナルティだと受け止めないように配慮することだ。これはあくまでも、いったん排除してしまった子を復帰させる（赦す）手続きなのだ。だから、ほかの子たちが迷惑は償われたと感じ、再び仲間として受け入れるように誘導する。簡単なことではないが、それこそが教師に求められる技術だろう。

以上のように、いくつかの選択肢を示したうえで、あくまでも一般論として筆者がこの事例の評価をするなら、まずペナルティによる誘導という方法をとってしまったことが望ましくはなく、そのために違反者を（過剰に）意識せざるをえなくなった。そして、（結果的にみれば）十分な指導をせずにもう一度同じ事態になり違反者を出してしまったことは大きな失点であり、困難な状況に陥ってしまった。その状況を改善する方法としては、排除したうえで赦すという方法が望ましかったが、排除（分断）をあいまいなままにしているので、これが恒常化してしまうことが懸念される、ということになる。

もし、小学校低学年でこのようなペナルティによる指導（しかも、一部のルール違反者が学級全体に「迷惑」をかけるという形態での指導）が一般的におこなわれているのだとすれば（そうではないことを願うが）、それは恐ろしいことだと思う。著者は違反者へのペナルティによる指導が学級全体に波及すると考えているようだが（二一〇ページ）、それは違反者に対する（それ以外の者による）非難を正当化することによってはじめて可能になる。ルールを守っている児童たちにしてみれば、自分たちが目的を達成しようとするには非難することしかできないからだ。そのような指導は、ルール違反をする者をただ非難し排除することしかできない大人を生み出してしまいはしないだろうか。

これに対して、筆者が推奨する方法は、ルールを互いに守り守らせる（共有する）ための、具体的な方法（共有の方法）を身につけさせようとするものだ。それは学校教育で十分に可能なことなのではないだろうか。

なお、蛇足ではあるが、この事例は、方法の共有／共有の方法という観点からみると、やや特殊であることを指摘しておきたい。

これまでの説明では、子どもたちの「屋上に行って仲よく遊ぶ」というゲームの方法として「だまって歩く」というルールがあるとしてきた。したがって、これまで評価してきたのは、そのルールを守らせるための教師の指導、つまり**共有の方法**である。そのため、共有の方法の理論であるルールの理論の知見を用いて、教師の指導を評価できたわけだ。

しかし、一方ではこの教師の指導を、小学校での生徒指導というゲームの方法だとみることもできる。そして、それはこの教師個人の方法とはかぎらず、何らかのルールを背景にして共有されているものなのかもしれない。あるいは、もしかしたらこの教師の方法は共有されているはずのルールを逸脱しているのかもしれず、その場合は、なぜそのような逸脱が生じるのかを検討することもできる。このような考え方では、教師の指導は**共有され**

た方法（もしくは共有された方法からの逸脱）と見なされるが、同時にその方法を共有する方法、つまり共有の方法（この教師がどのように指導されたのか、など）の評価もおこなわなくてはならないということになるだろう。

少しややこしいとは思うが、方法の共有／共有の方法とは、このように場合によっては多層的になっていることにも注意してほしい。

最初に書いたように、この評価はあくまでも限られた情報に基づくものであり、ここでの評価が正当化されるとは筆者も思わない。あくまでも、本書の考え方を理解してもらうための仮想的な評価だと受け止めてほしい。

注

（1）厳密に考えると、この事例では二つのペナルティが使われていると考えられる。一つは著者も指摘しているように屋上で遊べずに「おしゃべりで終わり」になることだが、「みんなに迷惑かけてる」と思われることもペナルティと見なすことができる（教師はそうならないようにさせようとしている）。そして、誰かがおしゃべりをしているかぎり、しゃべっていない児童も含む全員が屋上で遊べなくなるので、実はこの二つは連動していることも重要な点だろう。

（2）これは第3章で説明した「注意」だ。

（3）著者は「誰か」と「学級全体」との関係を浮上させてはじめて「迷惑」という語は使用可能になる」（前掲「授業の秩序化実践と「学級」の概念」二〇八ページ）と説明していることから、「誰か」（しゃべった児童）は「学級全体」に含まれていない、つまり著者が排除を認識していることがわかる。

コラム5　「概念」と「ルール」

エスノメソドロジーが「役に立たない」（と思われている）原因の一つは、その場の秩序があくまでも局所的に産出されると考える点にある。つまり、何らかの社会構造や権力など（マクロ構造）が原因になってある社会現象が生じるとは考えない、ということだ。

実は本書の考え方もほぼ同様であり、あくまでも人々の活動（ゲーム）が先にあり、その方法（ルール）が共有されることによって社会が作られると考える。

しかし、秩序の局所的な産出にこだわると、観察された相互行為はあくまでもその場で作られたものだと限定することになり、そこで得られた知見の一般化を認めないという考え方につながる。このような考え方が、エスノメソドロジーという研究の有用性を著しく損なってしまっている。

本書の考え方は、秩序の局所的な産出という考え方には基本的に同意しながらも、そこではルールが参照されていると考える。ルールが人々を拘束し、動かしているのではなく、主導権は完全にルールを参照する側にある。ルールは**記録**または**記憶**によって事実性をもつが、それ自体が力をもつわけではない。ルールを利用したいと思う人がそれを参照することによって、方法を共有するのだ。

このようなルール概念を導入することによって、局所的な達成にこだわりながらも、その背景にあるルールを記述したり評価したりできるようになるのだ。

このように考えれば、第8章で紹介した『概念分析の社会学2』で使っている「概念」という言葉も、実は「ルール」と同じような理論的役割をもっていると理解することができないだろうか。

秩序が局所的に産出されるという考え方を維持しながらも、（共有されている）「概念」が使われている（参照されている）様子を記述することによって、より普遍的なテーマに取り組むことが可能になる。それが「概念分析」なのではないだろうか。

だとすれば、「概念」という理論的概念は、まだまだ漠然としすぎていて、理論枠組みを作り上げるための道具としては不十分だと筆者は思う。

むしろ、「概念」は、ルール（の表現）なのだと考えたほうが、すっきりとした見通しが得られるのではないだろうか。

第９章　ルールの科学の研究方法
――社会調査の再整理

１　ルール／ゲームの調査

これまでは主として社会学の「理論」を取り上げてきたが、本章では社会学の「方法」、つまり社会調査について考えたい。

本書が構想するルールの科学も、決して思弁的な営みだけに終始するものではなく、実際の社会を調べることでしか理論を作っていくことはできない。この点は自然科学と変わることはない。

自然科学が調べるのは、実際に存在している物体や生物などだ。それらの性質を調べたり、動き（物体の運動や生物の活動など）を調べたり、内部構造を調べたりする。そして、そこから何らかの法則の発見を目指すわけだ。では、社会学は何を調べるのだろうか。

量的調査と質的調査

社会調査という言葉で多くの人がまず思い浮かべるのは、質問紙調査（アンケート調査）ではないだろうか。被調査者の属性、行動、考え方などを同じ形式で質問し（アンケート用紙への記入）、その結果を統計的に分析する。社会調査の代表が質問紙調査だと感じるのは当然だと思う。というのは、社会調査という言葉をタイトルに含む書籍のほとんどが多くのページを質問紙調査の説明にあてているからだ。一部の大学には「社会調査士」の資格のためのカリキュラムがあるが、そこでも統計学の授業の履修を必須としているように、社会学界でも質問紙調査は重視されている。

しかし、社会調査には質問紙調査以外にも様々な方法がある。質問紙調査と同じくらい重要視されているのが、インタビュー調査だ。これは、質問紙調査よりも少数の人を対象により詳しい質問をおこなう調査方法だが、単に詳しく尋ねるだけでなく、分析方法が質問紙調査とはまったく異なっている（この点については第3節で説明する）。ほかにも、フィールドワークや参与観察と呼ばれる、調査対象のなかに入り込んで観察したり質問したりする方法や、書かれた文章を手掛かりにして社会を探る言説分析や内容分析（メディアが伝える内容の統計的分析）という方法、さらには人々が言葉でやりとりする場面の音声や映像を記録する会話分析やビデオ分析という方法もある。

このように、社会調査の方法は非常に多様で、調べようとする対象も多岐にわたるのだが、日本の社会調査のテキストでは、これらを量的調査と質的調査に分けて説明することが多い。量的調査とは、質問紙調査や内容分析のように、統計的な方法で分析をおこなう調査のことで、質的調査はインタビューや参与観察、言説分析、会話分析などの、統計的な手法以外で分析をおこなう調査の総称だ。

確かに、質的調査と量的調査という枠組みは、（本書の立場からも）重要だ。しかし、本書では、質的／量的という区分よりもさらに重要な分類を提案したいと思う（第2節）。そして、量的調査がおこなう統計的分析という考え方と、質的調査の分析方法（考え方）それぞれについて、本書の立場から提案をおこないたい（第3節）。ただ、これらの議論のためには、まずルールの科学という本書の立場では、何を調べる必要があるのかという点から説明したいと思う。

何度も説明しているように、本書が構想するルールの科学の最終的な目的はルールの評価であり、その評価の基準はルールが属するゲームの志向性だ。そのため、調べるべきことがらとしてまず挙げられるのは、ルールとゲームである。どのようなルールが存在し、それがどのように参照されているのか、あるいは参照されていないのか、また参照されたとしても十分にルールに基づいた方法が用いられているのか。ルールについてはそういったことを明らかにする必要がある。ゲームに関しては、実際にどのようなゲームがどのようにおこなわれているのかを具体的に記述しなくてはならない。どちらもそれほど難しくないように思えるかもしれないが、実はそれぞれかなり困難な課題を抱えている。

ルールの調査

まずルールについては、ルールが存在しているということをどのように明らかにすればいいのかという、難しい問題が立ちふさがっている。そもそもルールはどこかに存在しているものなのだろうか。第3章でも説明したように、私たちはルールが存在するという感覚をもつ（ルールの事実性を確認する）ことによって、そのルールを有効なものだと認めているのだが、その感覚は、何らかの**記録**または**記憶**に基づいている。記録とはルールを文章などで記したものであり、法律や様々な組織の規則などを考えれば容易にイメージできるだろう。記憶とはルールの存在を根拠づける何らかのできごとの記憶であり、例えば誰かにそのルールを教えられたとか何らかの話し合いで決めたとかということだ。また、記憶というよりも知識という言葉のほうが正確だが、言葉がルールの存在を含意していることもある。例えば、「嘘をつく」「裏切る」「えこひいきする」「いじめる」という言葉はその言葉が示す行為をネガティブに価値づけていて、その言葉の含意について十分な知識があれば禁止のルールの根拠になる。また、ルールに対してそれを否定する**反ルール**の根拠になる事実が参照されると、ルールが十分に人々の行為に反映されないことがある。この場合もまた、その根拠は記録や記憶だが、ルールに違反しても（十分には）とがめられなかったような事実（についての記録や記憶）は、反ルールを正当化する根拠として、しばしば重要な意味をもつ。

ルールの存在を示す根拠があったとしても、それだけでルールが有効になるとはかぎらない。ルールは実際にそれが必要とされる場面で参照されなくてはならないからだ。例えば法律が定められていてもそれを知らなければ従いようがないし、一応知っていても、実際に必要な場面で失念していれば、ルールは機能しない。このように実際にルールが参照されるかどうかを示すものとして、筆者は**ルールの参照可能性**という言葉を使っている。ルールの参照可能性はあくまでも可能性であるため、直接測定することはできないが、実際にどの程度参照されているのかがわかれば、ある程度の予測はつくと考えられる。そのため、ルールが実際にどの程度参照されているのかも、調べるべきことがらになる。

ルールがあっても、それに従う人もいれば従わない人もいる。そして、従わない人のなかには、ルールを知らなかったり失念していたりして（つまりルールを参照せずに）ルール違反をする人もいるが、ルールを参照してもなお従わないという人もいる。そのため、ルールの参照可能性とは別に、どの程度の人がルールに従っているのかも知る必要がある。さらに、ルールを知りながら従わない人については、その理由も明らかにしなくてはならない。第3章で説明したように、その理由は形式的にはいくつかに分類できる。

以上のように、ルールについて調べるというだけでも、かなり多くの側面からのルールの記述が必要なことがわかっていただけたかと思う。あるルールがあるのかないのかという単純な問題ではまったくないのだ。

ゲームの調査

それでは、ゲームについてはどうだろうか。ゲームを記述するうえで厄介なのは、それが志向的な営みだということだ。

本書ではゲームを命令・行為のゲームと質問・応答のゲームの二種類に分類しているが、それぞれ命令と質問が**志向性**を与えるはたらきをしている。そのため、ゲームを記述するには、単に行為を記述するだけでは不十分で、それをもたらした（志向性を与えている）**命令**も明らかにしなければならない。同様に、ある主張や認識や叙述がおこなわれていると記述するだけでは不十分で、それらは何らかの質問への答えなので、その質問（**問い**）は何かを明らかにしなければならない。

かなり抽象的な議論でわかりにくいと思うので、いくつか例を挙げながら説明しよう。人々が「歩いている」としよう。その動作は同じでも、志向性を与える言葉（命令）が異なれば、それは別のゲームだ。もし「散歩をしよう」と思って歩いているのなら、それは散歩というゲームだし、「ダイエットのためのウオーキングをしよう」と思っているならそれはウオーキングというゲームで、「スーパーまで歩いて行こう」と思っているのなら、それはスーパーまでの移動という別のゲームだ。このように考えなくてはならないのは、ルールを方法として評価するためだ。もし「腕を振って大股で早めのスピードで歩く」というルールがあるとしたら、それは「ダイエットのためのウオーキング」のルールとしては肯定的に評価できるかもしれないが、「散歩」や「スーパーまでの移動」というゲームのルールとしてはとりたてて必要ではないだろう。このようにゲームを評価の枠組みとして考えるなら、志向性は必ず明らかにする必要がある。もっとわかりやすくいえば、方法を評価するためには、「何をしているのか」だけでなく、「何をしようとしているのか」がわからなければならないということだ。

質問・応答のゲームの例としては、ある人物を評価するゲームを考えてみよう。「この人は○○というアイドルのファンです」という記述（これは人物評価に誰のファンなのかという基準を採用していることになる）が適当なのかどうかは、その評価がどのような問いのもとにあるかによって異なる。もしその人と友達になれるかどうかという問いであれば、その記述は妥当かもしれないが、企業がその人を採用するかどうかという問いであれば、あまり妥当な記述ではないかもしれない（少なくとももっと重要な記述があるだろう）。この記述がどのような問いに対する答えなのかがわからなければ、評価することはできないのだ。

このように、行為の方法を評価するには命令が、記述（質問・応答のゲームの答え）の方法を評価するには問いが、それぞれ明らかにされなくてはならないということなのだ。

質問・応答のゲームの場合には、さらに厄介なことがある。それは問いの不在だ。質問・応答のゲームでは、しばしば問いが発せられる前に、あるいは問いを要請しながら、その問いの答えだけが発せられる。第2章で説明した**問いの先取り**だ。自己紹介は形式的には「あなたは誰か」という問いへの答えだが（そのような問いが自己紹介の内容を方向づけている）、実際に「あなたは誰か」と問われる前に答えが発せられる。このとき、実際には問いが発せられなくても自己紹介をする人は問いを意識している。つまり、何が問われているのかを理解しているということだ。名前だけが問われているのか、職業や組織上の立場を答えなくてはならないのか、相手は自分の「人となり」を知りたいと思っているのか。このように、想定される問いの種類によっておのずと自己紹介の内容は変わってくる。したがって、その自己紹介が適切かどうかは、先取りされている問いを明らかにしなければ評価はできない。

自然言語の重要性

ルールについてもゲームについても、言葉（自然言語）が重要であることは、あらためて強調しておきたい。ルールは基本的に言葉で表現されているし、ゲームの志向性も命令や問いという言葉で与えられている。こうしたことから、社会学での言葉の位置づけは、自然科学とは決定的に異なっていることを十分に理解しておく必要がある。

自然科学でも対象を記述するために言葉を使うが、それは記述の道具として使っているのであって、言葉は観察対象ではない。例えば「質量」という概念は言葉で表現されているが、研究対象になる様々な物質の構成要素として「しつりょう」という音や「質量」という文字が存在しているわけではない。つまり自然科学では言葉は常に観察する人間の側にしか存在しない。しかし、社会科学では、観察対象のなかにすでに言葉が存在している。そして、このことは、言葉の扱いを非常に難しいものにしている。

例えば、本書では「ルール」という言葉を法律や規則などを含む包括的な概念として用いているが、それはあくまでも理論的概念としてであって、人々が実際に使う「ルール」という言葉はそのような意味ではないこともあるだろう。例えばある人が「それはルール違反だ」と言った場合、それが何らかの法律や規則に違反しているという意味だと解釈することは、本書のようにルールを捉えていれば適切だといえる。しかしその人が、ルールと規則をまったく別の、むしろ排他的な概念だと捉えていたらどうだろうか。その場合は、「ルール違反だ」という発言は暗に「規則には違反していない」ということを意味しているのかもしれない（この場合ニュアンスとしては「マナー違反」に近い）。

理論的概念は厳密に定義することが求められる。本書での「ルール」も少なくとも何がそれに含まれるのかがわかる程度には厳密でなくてはならない。しかし、研究対象に含まれる言葉は、研究者による恣意的な解釈ではなく、実際にその場で人々がどのような意味合いでその言葉を用いているのかを明らかにする必要がある。そのためには、理論的な言葉とデータとしての言葉を明確に区別しなくてはならない。ただ、これは言葉で説明することは簡単だが、実際にはかなり難しいことだ。というのは、社会学で用いられる理論的な概念のほとんどが、日常的に使われる言葉をベースにしているからだ。「ルール」も理論的な語彙ではあるが造語ではない。これは日常的に用いられる「ルール」という言葉の語感やニュアンスをベースにして考案されている。そのため、研究のために「ルール」をいくら厳密に定義しようとしても、日常語としてのニュアンスにどうしても引きずられるし、その一方で人々が日常的に使う「ルール」という言葉を恣意的に解釈してしまう恐れもある。前者の問題（日常語のニュアンスに引きずられる）については、理論的な語彙を日常的な語彙と区別して意識的に用いるということしか解決策はないし、基本的にはそれで十分だと思う。しかし、後者（日常的な言葉の恣意的な解釈）は、非常に深刻な問題であり、この点に特に注意を促すために、正確な調査の基準として「**レリヴァンシー**

(relevancy)」を提案したい。

レリヴァンシー

レリヴァンシーとは、言葉の意味としては「関連性」だが、ニュアンスとしては「当面の問題との関連性」、あるいは「いまの状況との関連性」のようなことを指し、主観的な立ち位置との近接性を表している。そのため、マーケティングなどの分野では「自分ごと」という訳語が使われることもあるようだ。この訳語はレリヴァンシーのニュアンスを比較的よく捉えていると思うので、「自分ごと」を客観的な言い方に変えた「**当事者**にとっての意味」という表現が、本書で扱うには適しているかもしれない。レリヴァント（relevant）はその形容詞形で、「当事者にとって意味がある」といったニュアンスになる。つまり、ルールやゲームについて調査するにあたっては、**外から**の見方ではなく、**内から**の、あるいは当事者の見方が重視されなくてはならないということだ。そして、当事者の見方は言葉と密接に関わっているので、言葉については非常に繊細な扱いが必要なのだ。

例として、人々の「不公平感」を調査する場合を考えてみよう。「不公平感」というのは研究者が理論的な考察をするために必要な概念、つまり理論的な言葉である。それでは、人々は実際にこの言葉を使ったり、この言葉で自分の状況を把握したりしているのだろうか。これを言い換えると、「不公平（感）」という言葉は「レリヴァンシー」をもつのか、ということになる。私たちは、人と自分を比較して、自分が損をしていると感じたり、他人の状況が不当に恵まれすぎていると感じたりしたとき、「不公平」という言葉でそのような状況を理解するだろうか。もちろん、「不公平」という言葉を日常的に使っていて、自分の置かれている状況が不公平かどうかという問いかけに違和感なく答えることができる人も多いだろうが、そもそも「不公平」という言葉が意味をもつのは「公平でなくてはならない」という価値観があるからで、その価値観を十分に共有していない人にとっては「不公平かどうか」と問われても「ピンとこない」（「自分ごと」と思えない）かもしれない。そのかわり別の言葉、例えば「（いい目をみている人は）ずるい」という言葉なら、自分の感覚としてしっくりくる（「自分ごと」

だと捉えられる）かもしれない。

このような言葉の選択の問題は、これまでは妥当性の問題だと考えられてきた。妥当性とは測定したいものが正しく測定できているかを測る基準だ。この場合であれば不公平感を測定するには、「不公平」という言葉をそのまま使って質問する場合と、「ずるい」という言葉で質問する場合とで、どちらが正確に測定できるのか（妥当性がより高いのか）という観点で、調査の方法（質問文）を評価するということだ。

しかし、この妥当性という評価は、（少なくとも「不公平感」の場合は）「心の状態」を測定するという、自然科学に倣った考え方を背景にしている。「不公平感」と呼ぶべき状態が人々の心の中に存在していて、それを質問によって測定できると考えるのだ。しかし、本書の立場ではそのような考え方はとらない。調べようとするのは心の状態ではなく、ゲームやルールだ。「不公平感」という心の状態を調べようとするのではなく、「自分の置かれている状況が公平かどうかを問うゲーム」の存在や性質を明らかにしようとするのだ。また、妥当性という評価基準を採用する背景には、不公平感はすべての人を対象に測定できるものだという考え方がある。これに対して、「公平かどうかを問うゲーム」では、そもそも公平かどうかという問いかけがすべての人にとって「自分ごと」として感じられる（レリヴァント）とはかぎらないと考える。人によってはそれと似ている別のゲーム、例えば「ずるいかどうかを問うゲーム」のほうが、よりしっくりくる（レリヴァント）かもしれない。つまり、調べる対象がそもそも普遍的なものだとはかぎらないと考えるのだ。

なお、この説明ではレリヴァンシーは、「人による違い」に着目した、いわば「個人とのレリヴァンシー」だが、ほかにも「場面とのレリヴァンシー」もあると考えられる。同じ人であっても、友達と何かをしているような場面では「ずるい」という表現がしっくりくる（レリヴァントである）が、職場での仕事の分担などでは「不公平」のほうがしっくりくる（レリヴァントである）かもしれない。このように、場面ごとに異なるレリヴァンシーが存在する可能性もあるのだ。

それではここまでの内容をまとめておこう。

ルールの科学の研究（調査）では、調べる対象はルールやゲームであり、それらを様々な角度から調べなくてはならず、特に言葉に注意しなくてはならない。質問調査で使われる言葉は、調査対象者にとって「自分ごと」に感じられる言葉なのか、つまり「当事者にとって意味がある」のかどうか（レリヴァンシー）を意識しなければならない。

以上のことを前提にして、次節では多様な調査を独自に分類し、それぞれの位置づけを説明したい。

2 観察と質問

すでに述べたように社会学や社会調査法の概説書の多くは、社会調査の方法には大きく分けて量的調査と質的調査があると解説している。

しかし本書では、量的／質的という分類よりも優先度が高いある分類を採用し、そこから話を始めようと思う。それは、「観察」と「質問」だ。

観察／質問という分類

質問とは、文字どおり誰かに質問をし、それに対する回答を分析のためのデータにするという調査方法だ。これに対して、質問をせずにデータを得る方法はすべて観察ということになる。この分類方法では、アンケートもインタビューも同じ質問というカテゴリーに入り、観察には参与観察や会話（ビデオ）分析、言説分析や内容分析という調査方法（これらはこのあとの説明で取り上げる）などが含まれる。

本書がなぜ観察／質問という分類を重視するのかというと、それは第1章で説明したような**自然科学**との違いを強調したいからだ。観察は生物の生態の（自然なままの状態での）観察や、気象や天体の観察（観測）など、自然科学でも用いられる方法だが、質問は自然科学ではありえない方法だ。

質問が自然科学にはない方法だということは特に説明は必要ないだろう。非生物に質問しようとする人はいないだろうし、ある程度の知能をもつ動物に質問したとしても「反応」はするかもしれないが「答え」ることは考えられない。質問はあくまでも言語を解する人間を対象にした研究だけで使われる方法だ。

自然科学には観察以外にも研究方法がある。それは実験だ。実験はある特定の条件だけを変化させ（それ以外の条件を同一にして）、その影響を観察する方法だ。例えば理科の実験を思い出してほしい。「同じ」バネに「異なる重さ」の重りをぶら下げると長さがどのように変化するかとか、「同じ重さ」の台車を「異なる角度」の斜面に置くと時間と距離の関係はどのようになるか、というようにして実験はおこなわれる。ほかの条件を同じにするのは、そうしなければ現れた結果が何によるものなのかを特定できないからだ。では、社会学には実験という方法はないのだろうか。

人間を対象にする学問でも、心理学には実験がある。特に社会心理学でおこなう実験は、人間の社会的行動に照準を合わせているので、社会学と研究対象が重なり合う。それならば社会学の研究でも実験はありえるということにならないだろうか。

しかし本書の考え方ではそうはならない。社会心理学は基本的に心理的**法則**を探究する学問だが、社会学は（少なくともルールの科学は）そうではない。法則の探究であれば実験室で条件を厳密にコントロールすることに意味があるが、ルールを評価しようとする場合は、実際の社会的場面で観察しなければ意味がない。つまり実験では**レリヴァンシー**を確保できないのだ。

質問の必要性

質問は自然科学にはない方法であり、アンケートやインタビューなどは社会学の代表的な調査方法だといえるが、では、社会学はなぜ質問という方法を必要とするのだろうか。また、質問をしなければわからないことがあるとすれば、それは何だろうか。

質問をしなければわからないこととしてまず挙げられるのは思考だろう。例えば、ある人が何らかの社会現象を不当だと判断したことが、観察されたとしよう。ではなぜ不当だと判断したのか、その理由や根拠は何か。こういったことは観察からはわからないので質問するしかない。また、行為についても、動機や意図などは行為者自身に質問しなければわからない場合が多い。

ただし、理由、根拠、動機、意図なども、状況によってはかなりの精度で推測が可能な場合もある。例えばある人が別の人に殴られて、その直後に殴り返したのなら、基本的には殴り返したことの意図は聞くまでもないだろう。また、質問しなくてもその答えを本人がすでに語っていることが観察される場合もある。ある人が人を殴り、殴った相手にその理由を問われて「おまえが俺を侮辱したからだ」などと答える場面が観察されれば、調査者がわざわざ理由を尋ねなくてもいいかもしれない（つまりこれは質問ではなく観察だ）。このように質問をしなくてもわかる場合もあるが、それはもちろんすべてではなく、わからないことのほうが多いだろう。そのため、まずは質問が必要なことがらとして、理由、根拠、動機、意図などを挙げておこう（ただし、観察ではわからない場合にかぎる）。

それでは、属性や人間関係はどうだろうか。例えば年齢や性別や血縁関係などは質問しなくてもわかる場合がある。しかし、性別の場合、戸籍上の性別や遺伝上の性別なら質問しなくても知る手段はあるが、ジェンダーアイデンティティ、つまり自分自身の性別をどう認識するのかということは、それが遺伝上の性別と一致しないことがあるので、質問しなければわからないだろう。つまり、属性のなかでも主観的な要素があるものは質問しなければわからないのだ。また、人間関係についても、例えば友人は誰かなどは質問しないとわからない。このように主観的な属性や人間関係認識は質問が必要な事項に含まれる。ただし、これらも理由や動機などと同様に、質問せずにわかる場合も、もちろんある。

では、客観的な属性や人間関係は質問しなくてもいいのだろうか。これは別の理由で質問が必要な場合がある。

プライバシーに関わることがらを観察によって知ることができたとしても、それを本人の同意なしに研究に利用してしまうと、研究の倫理、調査の倫理という観点から問題があるからだ。そのため、あらためて質問することによって、調査対象者に情報の管理を委ねる（回答を拒否できるようにする）必要がある。これもまた、質問が必要な理由である。

次に所有について考えてみよう。人とモノとの関係がすべてそうだとは言いきれないが、少なくとも所有に関しては、主観的な要素はない。あるモノは誰が所有しているのかとか、ある人の財産や収入がいくらなのかということは、主観に左右されることがあっては社会生活が成り立たないので、質問しなければわからないことではない。ただし、所有もプライバシーに属するので、質問として尋ねる必要がある場合が多いだろう。

最後に、ルールの記録と記憶だが、これについてははっきりしている。ルールの記録は基本的に（関係者には）公開されているはずなので、それを見ることができれば質問する必要はない。そして、記憶はもちろん質問しなければわからない。

社会学で質問という方法が用いられる理由は、質問が必要な場合があるからだけでなく、質問のほうが観察よりも効率がいいからということも考えられる。

例えば、人々の通勤時間を知りたい場合について考えてみよう。通勤時間は客観的事実なので、質問しなければわからないことではない。しかし、観察によって調べるのはかなり大変だ。一つの交通機関だけなら、鉄道会社やバス会社などの協力があればできるかもしれないが、乗り継ぎまで考えると一人ひとりを追跡するのは現実的ではないだろう。それならば、一人ひとりに質問をしたほうが簡単にデータを収集できる。実際にこうした調査はおこなわれているので、協力を求められたことがある人も多いだろう。このように、個人の行為についてのデータを大量に収集したい場合には、それが客観的事実であっても、質問のほうが効率的にデータ収集できる場合がある。

以上のように、質問しなければわからないこと、質問が必要なこと、また質問のほうが効率的なことなどがあるとわかっていただけただろう。質問がまったく必要ないのはルールの記録くらいで、あとは何らかの形で質問が必要になる。おそらくこうしたことが、社会学でインタビューやアンケートなどの質問の技法が重視される理由になっていると思われる。

質問の困難性

質問の技術的な困難さ

しかし、質問には技術的な困難さがいくつかある。

第一に、私たちが日常的に使う言葉(自然言語)はかなりあいまいなもので、人によって受け止め方が違う場合があるということだ。これはアンケートの質問文を自分で考えたことがあれば痛感することだと思うが、ごく簡単な言葉でも人によって捉え方が違うために回答が不安定になることがある。例えば「朝食」という言葉の意味は一見明確に思えるが、何時までに食べた食事なら朝食になるのかを考えると、多様な捉え方があるとわかる。十一時に食べた食事は朝食だろうか。十二時に食べてもそれがその日の初めての食事なら朝食なのだろうか。夜中または早朝の四時に食べた食事は夜食と朝食のどちらだろうか。こういったことを明確にしないまま質問をすれば、同じ「朝食」という言葉でも人によって意味が違ってしまうかもしれない。かといって、例えば「朝の四時から十時までの間に食べた、その日の最初の食事」などと細かく定義することは、特にアンケートの場合はあまり現実的ではない。そのため、質問によって得られる答えは、常にある程度のあいまいさをもっていると考えなくてはならない。

第二に、行為などの客観的事実を質問する場合には、そもそもよく覚えていなかったり、記憶違いがあったり、時がたつうちに自分の行為が自分自身で脚色されてしまったりすることが考えられる。特に、遠い過去のことを質問する場合には、それが十分に正確かどうかはあまり期待できないことが多い。

第三に、質問はそれ自体が人と人との間の相互行為なので、質問者と回答者の人間関係やその場の状況に回答が影響されてしまうことがある。例えば悪い印象をもたれるかもしれないと思うようなことについては、質問しても率直に答えてもらえない可能性が高い。「差別は悪いことだと思うか」と問われれば、普段はそう思っていなくても多くの人は「悪いと思う」と答えてしまうだろう。アンケートの場合は匿名性を確保することによって、インタビューの場合は質問者と回答者の間に信頼関係を築くことによって、このような問題を解消しようとするが、それも限界があるだろう。これは次に述べるさらに大きな問題とも関係している。

ここで挙げた問題点はすでによく知られていることなので技術的な対策も考えられている。アンケートであれば、質問文の作り方のノウハウや有効な質問の継承と蓄積、調査票の配布回収の方法の改善など、インタビューであれば、質問の技法や被調査者との関係の作り方についてのノウハウなどである。しかし、本書にとってはこれ以外にさらに大きな問題がある。それは、前節で紹介した**レリヴァンシー**に関わる問題だ。これはかなり複雑なので、詳しく説明したい。

質問・応答のゲームの再現としての質問

これから説明する問題の根本は、調査のなかで質問をし、それに答えてもらうというやりとりそれ自体が、一つのゲームであるということだ。まずこのことを理解してほしい。

質問についてのこれまでの考え方では、質問は何らかの事実（被調査者の行動、属性、人間関係、所有、また意見、態度、評価などの心理的状態など）を知る（測定する）ための方法として理解されている。もちろんそのような考え方を否定するわけではない。しかし、本書の考え方では質問はそれ自体が**質問・応答のゲーム**の一部であり、その意味で調査するべき対象なのだ。質問をするということは、特定の質問・応答のゲームを実際におこなってもらう（再現してもらう）ことだと考えられる。従来の質問の捉え方を測定としての質問とし、本書の捉え方を再現としての質問と呼ぶことで、この二つを区別して話を進めよう。

例として性別という属性について考えてみよう。測定としての質問という考え方では、性別についての質問は性別という属性を知るための手段にすぎない。人によっては性別は一つとはかぎらず、戸籍上の性別、身体上の性別、アイデンティティとしての性別がそれぞれ異なることも考えられるので、このうちのどれを知りたいのかをあらかじめ特定したうえで十分な妥当性をもつ質問をする必要がある。つまり測定する対象をきちんと特定し、それを正しく測定できているかどうかが、質問の成否を決めることになる。

これに対して本書では、性別という属性だけでなく、「性別を問う質問」についても調べようとする。どのような場合に性別が問われるのか、あるいは自ら問うのか。それぞれの場合に、どのような基準で答えようとするのか。そして、その答えはどのような帰結をもたらすのか（さらには、それらがどのようなルールに基づいているのか、いないのか）。それこそが本書が知りたいことなのだ。つまり、性別について質問をしても（「性別を問う質問」を再現しただけでは）、「性別を問う質問」についてはほとんど何もわからないのだ。

では、「性別を問う質問」について質問をすればいいのではないか。例えば、「あなたはどのようなときに自分の性別を意識しますか」などと質問してはどうだろうか。しかし、この問いに自然に答えられる人は、自分の性別に違和感をもつ人などに限られるのではないだろうか。つまり、多くの人にとって「どんなときに自分の性別を意識するか」という問いはレリヴァントではない（自分ごとには思えない）、要するに、日常生活で実際にしている質問の再現にはなっていないということだ。これは特にインタビューよりもアンケートでより顕著だが、再現として有効な質問は、その問い自体が具体的な場面で実際に問われる（その意味でレリヴァントである）場合に限られる。性別を問う質問それ自体は、ほぼすべての人が日常生活で繰り返し質問したりされたりしているので、一般的にはレリヴァンシーが高い（ただし、調査のなかでおこなわれる質問に答えることが、どのような場面〔の質問〕とレリヴァントであるのかは検討の必要がある）。しかし、「性別を問う質問」についての質問はそうではない。このように、質問についての質問は一般的には適切に再現することができず、その意味で、質問という方法は質問・応答のゲームについて調べるうえで適切な方法だとはいえない。

また、質問によっては場面によって意味が変わってしまう可能性があり、その場合は何を（どの場面での質問を）再現しているのかがわからないこともある。性別でもその可能性はあるが、もっとわかりやすい例として、いわゆる「生活満足度」（あなたはいまの生活に満足していますか、という質問）について考えてみよう。

いまの生活に満足しているかを質問したり、反対にされたりすることは、日常生活のなかでありえるシチュエーションだろう。しかし、この質問は場面によってまったく異なる意味をもつ可能性がある。例えば、自分を監督する立場の人（上司など）から、「あなたはいまの生活に満足しているか」と問われたら、どう答えるだろうか。もし相手が現在の環境への適応具合や待遇への不満の有無を知りたがっていると予想するなら、「おおむね満足しています」と答えるのが無難だと判断するかもしれない。しかし、上昇志向やチャレンジ精神があるかどうかが問われていると感じたなら、「あまり満足していません。もっといい生活がしたいと思っています」と答えたほうがいい印象を与えるのではないかなどと考えるかもしれない。あるいは年を取ってから自分の人生を振り返るという文脈でこの質問がされたなら、おのずと「いろいろあったけど、到達点としていまの生活はまあ満足できるレベルかな」という結論に、自分を誘導するかもしれない。これ以外にも様々な場面での「満足度の問い」が考えられるだろう。このように具体的には様々な意味合いでの問いが考えられるなかで、調査の場面での質問は、何を再現しているのか特定できるのだろうか。筆者はそのような特定は困難だし、人によって異なる可能性が大きく、「生活満足度」という質問は、少なくとも再現としての有効性は非常に乏しいと思う。

また、調査での質問が「公的な場面での質問」を再現してしまうために、私的な場面で同じ質問をされた場合のレリヴァンシーが乏しくなるという可能性もある。例えば、「差別は悪いことだと思うか」とアンケートで問えば、おそらくはほとんどの人が悪いことだと思うと答えるだろう。しかしそれは、「差別は悪い」という信念を多くの人がもっていることを意味しているとはかぎらない。この質問は「公的な場面で差別を評価する質問」を再現している可能性があるからだ。差別は基本的にルールとして禁止されているので、公的な場面では「差別はいけない」と答えなくてはならない（少なくとも現代日本ではそれがルールだろう）。そのため、調査による質問をある程度公的なものだと受け止めた人は、自分の本来の信念にかかわらず「差別は悪い」と答えると考えられる。このことは、「差別意識の測定」を目的とする調査では問題になるが、もしすべての人が公的な場面での質問・応答の再現をしているのなら、回答の性格がむしろはっきりするので、それなりに意味のあるデータが得られたと考えられる。しかし、調査による質問が公的な場面での質問の再現なのかどうかは、現実にはまったくはっきりしない。一部の人は、十分な匿名性が保証されている調査であれば、普段は友人などと冗談交じりで話しているようなことを答えてしまうかもしれない。それを「公的な場面での再現」だと捉えてしまうと、データを見誤ることになるだろう。

本書の立場でも、すべての質問の再現が困難だと考えているわけではない。例えば客観的事実に関する質問、具体的には出身地や職業を尋ねる質問などは、どのような人へのどのような場面での質問でもおそらく大きな変化はないと考えられるので、調査による質問でも十分に再現できると考えられる。そもそもこのような質問は測定だと考えて問題はないだろう。しかし、それ以外では、ゲームやルール、特に質問・応答のゲーム（とそのルール）に注目するなら、レリヴァンシーの問題（質問・応答のゲームの再現の困難さ）は、深刻な問題だ。

議論がかなり複雑になったので、いったんここまでの流れを確認したうえで先に進みたい。

まず、本節では調査の方法を観察と質問に分類し、社会学では質問が必要だということを説明した。しかし、質問には様々な困難な点があり、特に質問を質問・応答のゲームの再現だと考えると、レリヴァンシーの問題が非常に深刻だということが明らかになった。つまり、質問は必要だが解決すべき問題を抱えている、ということなのだが、それではどうすればいいのだろうか。

観察の先行

問題解決のための筆者の提案は、（質問に対する）観察の先行という原則に基づいて調査をする、というものだ。これは、まずできるかぎり観察したうえで、不足する情報を質問によって補うという考え方だが、このような原則が必要な理由をこれから説明したい。

直接観察の優位性

　まず観察がなぜ**レリヴァンシー**問題を回避できる、あるいはその可能性が高いのかということから説明しよう。観察のなかでも直接の観察、つまり実際の人々の営みを自分の目と耳で観察する方法なら、基本的にレリヴァンシー問題は生じない。なぜなら、まさに「現場」を見ているからだ。ある対人サービスをおこなっているグループの活動を、その人たちに同行しながら、一つひとつの行動や交わされる言葉をつぶさに記録することができれば、その記録は十分にレリヴァントなものになるだろう。ただし、気をつけなければならないことが一つある。それは観察する人（研究者）の解釈がレリヴァントではない可能性だ。例えばある人が手を振っているのを見て、それを観察者は「あいさつをした」のだと解釈する。だが実際にはその人はほかの誰かに何かの合図をしたのかもしれない。その場面特有の振る舞いやコミュニケーションのあり方などを観察者が知らなければ、直接観察しても必ずしもその記述がレリヴァントであるとはかぎらない。

　このような問題に対しては、すでに二種類の対応策が考えられている。一つは、できるかぎり解釈を加えない、客観的な記述を目指すという考え方であり、この代表的なものが会話分析だ。会話分析では、発せられた音声などをできるかぎり正確に記述する。言葉が途中で途切れたり、繰り返されたり、言い間違えて訂正したりしてもそれをそのまま記録するし、間《ま》ができればその長さも正確に記録する。抑揚や声の大きさや速さ、そして笑い声などの言葉ではない音声も記録する。また、人の音声が重なったり割り込んだりという、発言と発言の関係も記録する。こういった記法は、発言をできるだけ客観的に正確に記録するために考え出された方法だ。ビデオ映像を用いた分析でも、様々な記法が工夫されている。

　もう一つは、観察者が**当事者**と同じ解釈ができるように、当事者と同じ知識や感覚などを身につけようとする方法だ。この方法の代表が参与観察であり、観察者は調査対象とする集団などのメンバーとして活動しながら、当事者としての知識と感覚に基づいて記述する。直接的な観察でも、このような工夫がなければ十分なレリヴァンシーを確保できない可能性があるのだ。

やりとりの記録の利用

直接的な観察以外の観察としては、人々の言葉を使ったやりとりが「そのまま」記録されている場合に、それを読み取るといった調査が考えられる。例えば何らかの命令や指示が文書でなされる場合、その文書は実際におこなわれた命令「そのまま」のものだと考えることができる。大規模な組織では、重要な指示・命令の多くが文書でおこなわれることが多いので、それらをみれば、組織のなかでどのようなやりとりがなされたのかを観察することができる。これを観察だと位置づける理由は、質問によらない受動的な情報収集であることと、それが対象になる営みに影響を与えないことである。ただし、そのような組織でも文書以外のコミュニケーションはおこなわれているだろうから、すべてを観察できるわけではないことには注意が必要だ。

言葉を使ったやりとりが「そのまま」記録されているのは、公式文書によるやりとりだけではない。例えば多くの人に向けた主張が文書でおこなわれることは珍しくない。書籍や雑誌、新聞などの印刷物には多くの主張が掲載される。そして、それらの主張は批判や反論として相互に関係をもつこともある。このような文書を追えば、公の場での論争という営みを観察することができる。もちろん現代ではインターネットがやりとりの記録の観察可能性を飛躍的に高めている。メール、チャット、ブログ、SNSなど、様々な手段で私たちは文字によるやりとりをおこなっている（本書の言葉でいえば質問・応答のゲーム）。そういった情報の観察からは、人々の考え方や価値観を知ることができるだろう。

人々の営みが「そのまま」記録されているのは、言葉によるやりとりだけではない。経済活動や公的機関での手続きが必要な活動は、もともと記録を前提とした活動なので、それらの記録を観察することができれば人々の営みの「そのまま」をみることができる。これらは個別の情報（例えばある事業所の経済活動を知るための資料）としても利用できる可能性はあるが、それらが幅広く収集されて統計的な情報に加工されることによって、より大きな利用価値をもつようになる。これが、経済統計や官庁統計[1]といわれるものだ。こういった統計は多くの人にとって利用価値があるので、行政機関によって広く公開されている。こうした情報を参照することもまた「観察」である。

現代では、経済活動や手続きの必要な活動以外にも、人々の行動が「自動的に」記録されてしまっていることがある。それは、様々な活動がインターネットを介しておこなわれるようになったからだ。その量は膨大であり、そのためビッグデータという言葉が使われている。携帯電話の位置情報をインターネットによって収集して分析し、ある地点の人出の変化などを調べた研究を最近目にするようになったが、まさにビッグデータを使った成果だといえるだろう。これもまた、人々の行動の観察として有望な方法の一つだ。

観察を踏まえた質問

以上のように、ひとくちに観察といっても多様な方法があることを理解してもらえたと思う。これらは基本的にレリヴァンシー問題が起こりにくく、質問によって対象に影響を与えてしまう可能性もない。そのため、本書ではまずこのような観察から調査を開始することを推奨する。

しかし、すでに説明したように、質問でしかわからないことがあるのは事実だし、それぞれの観察の方法にも固有の限界がある。参与観察や会話分析はごく狭い範囲しか対象にすることができないし、文書やインターネットには出てこないようなやりとりは観察だけでは知ることができない。統計情報やビッグデータも人々の営みをすべて観察できるようなものではない。そのため、不足した情報を質問によって補わなくてはならないケースはかなり多いと考えられるだろう。

そのため、観察に加えて質問もせざるをえないのだが、本書が観察の先行という方針を提案するのは、質問という方法が必要とされる際に、あらかじめ観察をおこなっておけば、そこで得られた情報に基づいて質問することによって、レリヴァンシー問題に対応することができると考えるからだ。

まず、観察を先行させることによって、より具体的でその場の状況に即した質問が可能になる。例えば、企業の社員採用の基準を一般的に質問しても、それだけではレリヴァンシーが低いので、つまりあまり「自分ごと」として受け止められないので「積極性」とか「責任感」という抽象的な答えしか返ってこないかもしれないが、実際の面接場面でどのような質問をしているのかを観察したあとなら、それぞれの質問の意図を尋ねることによって、もっと具体的な基準に迫ることができるかもしれない。つまり、具体的な事実を引き合いに出すことでレリヴァンシーを高められるのだ。

現在おこなわれている会話分析では、インタビューなどの方法を組み合わせるというやり方はあまりおこなわれていないようだが、会話データだけではわからないことがあるのは当然なので、質問と組み合わせるという方法も積極的に検討すべきではないかと思う。この場合も、会話データ（または音声記録）を具体的に示しながら質問することによって、よりレリヴァントな質問が可能になると考えられる。

アンケートでも、あらかじめ観察が可能であればよりレリヴァントな質問が可能になる。例えば、いわゆる「授業評価アンケート」（大学などでおこなわれている、学生に授業を評価してもらうためのアンケート）について考えてみよう。もしあらかじめ対象になる授業を観察（授業参観）できれば、「授業は理解しやすかったか」などの漠然とした質問ではなく、「スライドの上映は効果的だったか」とか「ゲストスピーカーの話を聞くことは有効だったか」という、より具体的な質問が可能になる（もちろんそれぞれの授業ごとに異なるので工夫は必要だが）。では、もっと広い対象、例えば日本の成人すべてを母集団とするような調査の場合はどうだろうか。その場合は、調査を企画する人の日常生活自体が観察になる。世間の「常識」を感じ取り、多くの人が知っているだろうこと（例えばマスコミで話題になっていること）などについても人並みに理解できなければ、レリヴァントな意識調査などできないだろう。このようなことは、当然おこなわれてきたことだとは思うが、方法論としてあらためて意識する必要があるだろう。

また、観察の先行は、質問の言葉や表現をよりレリヴァントなものにするために役立つ。例えば先ほど例に挙げた授業評価アンケートでも、授業中に配布する紙の資料を、「レジュメ」と「ハンドアウト」のどちらの言葉で表現すればいいのか、または一般的な「配布資料」のほうがいいのかということは、観察が先行していれば容易に判断できる。筆者は所属大学の授業でアンケートを作成する実習を担当しているが、学生を対象としたアンケートを作るので、学生自身に自分の経験からいちばんわかりやすい言葉を選んでもらうようにしている。例えば学生たちがSNSでどの程度の交友関係の広がりをもっているのかを知りたいときに、具体的な質問の仕方は学生たちの日常的なコミュニケーション経験を参考にする必要がある。「相互フォロー」とか「(ネット上の)友達」という言葉を使ったほうがわかりやすいのか、それとも「つながる」などの漠然とした言い方のほうが「ピンとくる」のか。これもまた、観察の先行の一つだ。現代では、インターネットでのやりとりが参考になることがあるかもしれない。もちろん、インタビューでも、観察によって見いだされた言葉と表現を用いることがレリヴァントな質問をするために有効なことはいうまでもない。

しかし、観察を先行させようにもそれが現実的には不可能だったり非常に困難だったりすることも十分考えられる。そのような場合はどうすればいいのだろうか。そのようなときでも、観察の先行という方針をガイドラインにすれば様々な工夫ができる。

例えば、インタビューやアンケートの被調査者に自分自身を観察してもらい、それに基づいて答えてもらうという方法が考えられる。SNSでのやりとりについて質問する際に、あらかじめ自分のSNSでのやりとりを自分で「観察」してもらうようにする。そうすれば、事実関係についての答えが正確になるだけでなく、判断基準や価値観についても、より事実に即して答えてもらえる可能性が高くなるだろう。変則的な形態ではあるが、これもまた観察の先行の一つのあり方だ。

また、質問という方法のなかでも「質問」の要素が比較的少ない方法を先行させるというやり方も考えられる。アンケートをおこなう場合、選択肢による回答ではない、いわゆる自由回答という方法をとったり、インタビューではなるべく被調査者に自由に語ってもらう自由面接という方法を先行させるということだ。例えば比較的少数の対象者に自由回答を多く含むアンケートを実施してインタビューの可否を尋ね、インタビューを承諾してくれた人にアンケートへの回答を踏まえながらインタビューをする。このやり方は、学生が調査で実際におこなうことがあり、レリヴァンシーの向上に役立つと思われる。これもまた観察の先行をガイドラインとした方法だと考えていいだろう。

以上はあくまでも一例だが、要は観察の先行という考え方をガイドラインにした柔軟な調査方法が望ましいということだ。

3 統計的推論と合理性の理解

第2節では、調査のなかでも「データ」(観察されたことや質問への答え)を集めるまでのプロセスを論点にしたが、それだけで調査が完結するわけではない。集めたデータを何らかの方法で**分析**する必要がある。参与観察をすることによってわかった行動や発言、会話分析で作成した会話データ(トランスクリプト)、アンケート調査で得られた回答データ、そういったものについてどのような問いを立て、研究としての結論を導いていけばいいのだろうか。

それぞれの調査方法には固有の分析方法があり、例えばアンケート調査であれば、様々な統計解析手法が用いられている。ここではそれらを個別に取り上げて詳細に説明することはできないが、そういった具体的な分析手法の背後にある考え方に焦点を当てる。社会学は非常に多様な調査手法をもつ学問だが、分析についての考え方は基本的に二つに集約できる。一つが統計的推論、もう一つが合理性の理解だ。前者はアンケート調査や内容分析(言説の量的分析)などのいわゆる量的調査で用いられる方法であり、後者はインタビュー、参与観察、会話分析、言説分析などの質的調査で用いられる。「ルールを評価する」という本書の立場からは、どちらの方法についても、これまでとは異なる考え方を提示することになる。

統計的推論と合理性の理解の違い

それぞれの分析方法について説明する前に、両者の違いについて簡単に説明しておこう。

例えば、「ウイルス蔓延時に公共の場ではマスクをする」という行動にはどのような要因が存在するのかを、それぞれの方法でどのように明らかにするのかを考えてみよう。まず、**合理性の理解**では、人々にインタビューしたり観察したりしながら、そこにある合理的な理由を見いだそうとする。ある人は「ウイルスに感染するのが怖いから」マスクをするが、「自分がすでに感染していて人に移してしまうのはいやだから」マスクをする人もいるかもしれない。また「マスクをしていないと人の目が気になるから」という消極的な理由でマスクをする人や、「自分の顔の大部分を隠せるから」というウイルスとは関係のない理由でマスクをする人もいるかもしれない。これらは、「なるほどそういう理由なら納得できる」という意味で合理的であり、そのような理由を見いだしていくことが分析になる。これだけなら実に簡単なことだと思うかもしれないが、もし「お金がもったいないから」という理由を述べた人がいたらどうだろう。これは多くの人がすぐに理解できる理由ではなく、合理的な理由であるとはいえないだろう。そのような場合はさらに質問を重ねるなどして、合理的な説明ができるようにする必要がある。

社会学で、合理性の理解という分析方法がとられるのは、ルールというものがそもそも合理性（**論理的関係**）によって作用するものだからだ。

一方、統計的推論ではまったく異なるアプローチをとる。ここでの基本的な考え方は比較だ。つまり、マスクをする人としない人はどこが違うのかを調べることによってその違いの要因を明らかにしようとするのだ。ただ、マスクをする人一人としない人一人を比べて様々な違いがあったとしても、それだけで要因の特定ができるわけではない。二十代の男性会社員で独身のＡさんがマスクをしていて、五十代の女性専業主婦、既婚のＢさんがマスクをしていなかったとしても、年齢や性別や職業などのうちどの要因がマスクをすることに関係しているのかわからないからだ。そこで必要になるのが、確率や統計の理論を用いた推論ということになる（詳しくは後述する）。

このように説明すれば、どちらもそれほど難しい理論があるわけではなく、基本的な考え方はごく常識的なものだ。しかし、もっと細かく考えていくと、そこには様々な問題があることがわかる。本書では「ルールを評価する」という観点からその問題に切り込んでいこうと思う。

統計的推論

統計的推論の考え方

まず、統計的推論から考えてみよう。これはもともと自然科学で実験のデータを解析する方法として発達してきたものだ。その基本的な考え方は「ある特定の条件だけを変化させてそのことによる影響を調べる」というものだ。

例えばある新しい治療薬が有効かどうかを確かめる方法は、二つのグループの片方にその新薬を、もう片方には偽薬を投与して、違いが出るかどうかを調べるというものだ。これはかなり広く知られている方法だろう。このときに重要なのは「ある特定の条件だけを変化させる」ことができているのか、ということだ。新薬を与えるグループとそうでないグループを作っていることから、特定の条件を変化させていることはわかる。では、それだけを変化させている、言い換えればほかの条件がまったく同一であるということは、どのようにして保証されるのだろうか。例えば片方のグループがすべて二十代、もう片方が六十代だったとすれば、観察された違いが新薬によるものか年齢によるものなのかを判断できない。それでは年齢を同一にすればいいのかというと、ほかの条件が偏っていたらやはり正しい判断が下せない。考えられるかぎりの属性をすべて同一にしたとしても、もしかしたら私たちがまだ知らない未知の要因Xが、片方のグループだけに偏っている可能性もある。得られた結果が本当に新薬によるものだと、どうして判断できるのだろうか。

この問題を解決するのが、ランダムな割り当てと大量の調査だ。まずランダムというのはいわば「くじ引き」で誰に新薬を与えるのかを決めるということで、そのことによって様々な属性に系統的な偏りが生じないようにするわけだが、誤解してはならないのはランダムにしても偏りがなくなるわけではなく、偏りが確率的に予測できるようになるだけだ。そのため、ランダムに割り当てて偏りを予測できるようにして、なおかつその偏りが十分に小さくなると予測できるほど調査数を増やす必要があるということだ。

実験（新薬の有効性の確認は実験とは呼ばないが考え方は実験と同じだ）では、このようにランダムな割り当てによって「ある特定の条件だけを変化させる」ことができるが、調査でそれをおこなうのはかなり難しい。

例えば、あるウイルスの感染を予防するためのワクチンの有効性を、調査によって確認する場合を考えてみよう。調査の場合は（実験室ではなく）実際の社会活動を調べることになるので、ワクチンを打つか打たないかの割り当てをランダムにおこなうことはできない。人々は（最終的には）自分の意志でワクチンを打つかどうかを決めるのだ。そのため、ワクチンを打つ人と打たない人の間には何らかの違いが出てしまうことは十分に予測できる。例えば高齢だったり何らかの疾患をもっていたりしてウイルスの感染リスクが高い人は、ワクチンを打ちたいと思う傾向が強いかもしれない。もしそうならば、そもそもワクチンを打った人のなかには、感染した際に発症したり重症化したりしやすい人が多いことになるので、単純に打った人と打たない人を比べても正確な比較はできなくなる。

そこで必要になるのが、様々な要因を統計的に「取り除いて」ワクチンの影響だけを純粋に取り出せるようにする統計解析手法である。ここではその詳細には立ち入らないが、イメージとしては、ワクチン接種群と非接種群の間で高リスク者の割合が同じになるように数を調整してから比較する、というやり方になる。このような手法を採用することによって、調査でも実験と同じような分析が可能になる。

以上のことから、統計的推論とは、ある要因の純粋な影響はどのようなものかという問いに方向づけられた分析手法だということがわかる。

ここまでの説明は、おそらく社会学研究者の多くも、ほとんど違和感なく受け入れることができるのではないかと思う。社会学も基本的に同じ考え方で統計処理をしているのだ、と。しかし、近年統計解析の方法に対してより厳密な考え方が求められるようになるにつれ、社会学のなかからは別の方向を探る動きが生まれてきた。実は社会学はこれまでも前述のような考え方とは異なる考え方で統計的な分析をしてきたし、これからも違う方向を目指すべきだという主張が現れてきたのである。そのような主張の日本での代表的な論者が筒井淳也だ。

筒井は、社会学では必ずしも、前述のように一つの要因の影響を純粋なままで取り出そうとする「強い意味での因果推論志向のモデルがそれほど重視されなかった(2)」と考える。筒井が提起する論点は、「(個体の)異質性」と「介入」の二つだが、いずれも非常に重要な問題提起だ。本書では統計解析の具体的な方法論にはあまり立ち入らずに、例を挙げながら説明していきたい。

異質性の扱い

先ほど例に挙げたワクチンの有効性は基本的に自然科学の探究課題なので、社会学の課題である「外出自粛要請」の効果を調査で確認することを考えてみよう。

例えば地域Aでは「外出自粛要請」をおこない、別の地域Bではおこなわなかったとしよう。この二つの地域の比較から外出自粛要請の有効性を測定できるだろうか。なるべく特徴の近い二つの地域を選んだとしても、やはり年齢構成や職業構成で違いがあるだろう。この場合、年齢構成などの効果を「除去」して外出自粛要請の純粋な効果を取り出そうとするのが先ほど説明した考え方なのだが、はたしてそれでいいのだろうか。

それに答える前に筒井は、まずは社会学者はこれまでどうしてきたかについて述べている。社会学では年齢構成や職業構成のような個人の異質性を、除去すべきノイズとしてではなく、むしろそれらに積極的な関心を払ってきた。この場合であれば、年齢や職業などの属性の影響を除去したうえで、「純粋な」自粛要請の効果を統計的に測定するのではなく、むしろ年齢や職業による自粛要請の影響の違いに着目する。筒井は社会学のこのような傾向性について、その理由をあまり明確には述べていないが、本書では法則の探究である**自然科学**と規則（ルール）の探究であるルールの科学の違いとして説明できる。

ワクチンの効果は法則であり、それは基本的にどのような人にも一律に作用する。もちろん、人によってワクチンの効果に差があることは十分に考えられるが、それはほかの要因が作用してワクチンの効果を打ち消したり強めたりするからであって、ワクチンの効果それ自体が変化するわけではない（と考える）。これに対して、**ルール**はそもそもどのような人にも一律に作用するようなものではない。第3章で説明したように、ルールは常に「ある範囲の人」（ある**社会的カテゴリー**に含まれる人）にしか作用しない。例えばある組織のルールであればその構成員だけがそれに従う必要がある。つまり、私たちは「ある組織の一員だから」そのルールに従おうとするのだ。これは慣習のようなあいまいなルールでも基本的に同じであり、例えば自分は「ちゃんとした社会人だ」と思う人が、対人関係のマナーを守ろうとするのだ。逆にいえばそこからはじき出された人はマナーを守ろうという動機を失ってしまう。そのため、ルールの効果を調べるには、属性の影響を除去するのではなく、むしろ属性ごとの影響、つまり「どのような人たちがルールを守っているのか」を明らかにしなければならないのだ。

異質性を除去するのではなく、むしろ異質性を記述するという考え方の違いは、第1節で指摘した**レリヴァンシー問題**とも関わっている。そもそも、どのような人々にも一律に作用するようなルールのイメージはレリヴァントではないのだ。「外出を自粛せよ」というのは抽象的なルールとしてではなく、「明日飲み会の予定があるけど出席してもいいのかな」といった具体的な場面に適用されてはじめて意味をもつ（レリヴァントになる）。だからこそ、異質性を記述することはきわめて重要なのだ。

介入可能性を考慮した分析

二番目の論点である介入とは、調査の結果わかったことをどのように生かしていくのかということに関わっている。例えばワクチンであれば、その有効性が明らかになれば、それをできるだけ多くの人に投与できるような体制づくりが求められるだろう。このとき、ワクチンの効果は**法則**であり、法則は変化しない部分になる。これに対してワクチンを投与するかどうかは選択の余地がある部分、つまり介入が可能な部分である。そのため、ワクチンを投与した場合とそうでない場合を比較する分析には**社会的意義**があるのだ。

それでは、年齢という属性はどうだろうか。年齢は人が自由に選択できるようなものではなく、仮に年齢によって重症化率に差があるとわかったところで、年齢それ自体を操作して（介入して）対策を講じることはできない。そのため、年齢による比較という分析は、ワクチンが効くかどうかという分析に比べると、実践的な優先順位は低いだろう。

要するに属性などの多様性それ自体を要因と考えるのではなく、除去すべきノイズだと考える理由として、それ（属性）は「変化がない」要素であり、そこに介入することができない、という考え方があるというのだ。ここまでは筒井の議論に沿った説明だが、それでは社会学の場合はどうなのかという点に関しては、本書がどう考えているかを説明する。

ルールの科学では法則ではなく**規則**（ルール）を探究するわけだが、もしルールが法則のようにその効果が変化しないものであれば、「若者が外出自粛要請にあまり従っていない」ことがわかったとしても、どう介入すべきかわからないだろう。しかし、第1章で説明したように、ルールは法則とは異なりその効果が変化する。多くの人がルールに従う状態になったり、ほとんど従わない状態になったりするのだ。つまり、介入は年齢という属性に対してではなく、ルールそのものに対しておこなうことができるのだ。もし若者がルールに従っていないのなら、若者に対してルールを浸透させるような工夫が必要だという判断ができる。このような理由で、年齢とルール（に従うかどうか）との関係を調べることには意味があるのだ。

相関関係についての考え方

筒井の議論からは少し外れるが、介入という論点には、もう少し別の説明の仕方もある。ある変量と別の変量の関係を表す相関係数という数値が何を表しているのかを考えてみよう。例えば年齢とあるウイルスに感染した際の重症化率に相関があったとしよう。自然科学の考え方ではこれは**法則**であり、ウイルス自体が変異するなどしないかぎりはこの数値は変化しないものだと考える。そのため、「より正確な数値」を求めること自体が最終的な目的になる。しかし、年齢と外出自粛要請下での外出率に何らかの相関があった場合は、ルールの科学ではそれを法則だとは考えない。それはあくまでも現状を示す指標であり、時間の経過によっていくらでも変化していくものだと考える。そのため、相関係数が算出できたとしても、それ自体が研究のゴールにはならない。それはルールの**評価**に用いるためのものだ。このように、相関係数のような指標についても、それを普遍的な法則を表すものと考えるのか、現状を示す指標と考えるのかという、根本的な違いがあるのだ。

以上の考察から、統計的推論についてまとめておこう。

法則を見つけ出そうとする自然科学では、統計的推論はそのための直接的な分析手法だ。しかし、規則（ルール）を評価しようとするルールの科学では、統計的なデータはあくまでも社会の記述のためにある。もちろん、その記述がどの程度信頼できるものなのかを確認するために統計的な処理は必要であり、その意味で統計的推論はおこなわれている。ただ、ルールの科学にとって統計的推論は、特定の要因の影響を純粋なまま取り出すことが目的なのではなく、行為や判断基準と社会的カテゴリーとの関係を記述することに主眼が置かれている。つまり、**問い**としての性質がそもそも異なっているのだ。そして、そのようにして記述された関係は、不変の法則ではなく、介入可能な規則（ルール）であり、評価の対象なのだ。

合理性の理解

合理性の理解(3)という方法（**問い**）については、これまでに何度か議論しているので、その問題点についてはあらためて説明を加えなくてもいいだろう。基本的には、第6章や第8章で説明したように、他者の合理性を理解しようとする方法が、**暗黙の肯定的評価**をもたらしてしまう危険性があるというのが、本書の見解である。

合理性の理解が暗黙の肯定的評価につながるのは、調査対象者を**外から**みようとするからだ。調査対象者の言い分は外部の存在である研究者には評価することはできない。研究者にできることは理解である。だが、理解だけではその研究に何の意味があるのかわからなくなってしまう。そのため、研究者は自分が理解したことに何らかの普遍的な意味があると主張したくなる。調査対象者の行為は一見不合理だったり非倫理的だったりするようにみえるが、よく話を聞いてみると、理解可能な理由があることがわかった。そのため、この人のありようには「意味がある」。このような経緯で暗黙の肯定的評価はできあがってしまう。

暗黙の肯定的評価に陥らないようにするための対応策は、大まかにいって二通りある。一つは、評価もしくはそのように受け止められかねない表現を厳密に排除するという方法であり、もう一つが本書の立場である、積極的に評価をするという方法だ。

暗黙の肯定的評価に陥らないようにするには、外からではなく**内から**みて評価する必要がある。具体的には、**当事者**の評価基準に基づいて評価するということだ。これを本書の言葉で言い換えると、当事者がおこなっているゲームの志向性を評価基準にする、という表現になる。一般的にいってゲームは完全に私的なものではなく、少なくともある程度の範囲の人々に共有されていて、その意味で公的な性格をもつ。そのため、質問に頼らなくても観察によって明らかにできる可能性が高い。例えば組織の活動の趣旨などとして文書に記されていることもあるだろうし、当事者同士のコミュニケーションのなかに現れることもあるだろう。より普遍的なゲームの場合は、当事者以外にも十分に知られている可能性もある。例えば、第8章の最後に扱った小学校教師のゲームの志向性は一般的な教師の役割として理解可能なものだろう。本章前節で説明した観察の先行という原則はここでも必要になる。

以上のように、ある程度公的な性格のある評価基準（ゲームの志向性）が得られても、それを機械的に適用すれば評価は完成するかというと、必ずしもそうではない。第4章でも説明したように、ルールの評価とは一つの基準だけで機械的にできるようなものではなく、様々な観点からの多面的な評価が必要だからだ。当事者だからこそ気がつく評価基準もあるだろうし、反対に当事者ではないから気がつくことがあるかもしれない。研究者に当該ゲームに関する広範な知識の蓄積があれば、評価基準を提案することができるかもしれない。このような多様な視点を突き合わせていく作業が必要だ。そして、そこにこそ合理性の理解という考え方が求められる。つまり、ある評価基準を用いることが妥当かどうかということを合理的に理解することは可能なのかについて検討する、ということだ。

本書の考え方でも、やはり合理的な理解という方法は必要だ。だがそれは、あらかじめ評価基準であるゲームの志向性を特定したうえでの、ルールの評価の合理性の理解だ。このように、ベースになる評価基準をはっきりさせることによって、暗黙の肯定的評価に陥らない、生産的な評価が可能になると、本書は考える。

合理性の理解と統計的推論との関係

以上の考察を踏まえて、最後に合理性の理解と統計的推論との関係について簡単に説明しておきたい。というのも、両者の関係については、社会学界の内部でも十分に認識の共有ができていないのではないかと思うからだ。その背景にあるのは、社会学の（実証的な研究をおこなう）研究者の多くが、質的調査か量的調査のいずれかに軸足を置いていて、もう一方の調査法を的確に評価することが難しいという事情や、そもそも社会学は（全体として）何を明らかにする学問なのかが明確ではないという根本的な問題もあると思われる。そのため、質的調査は狭く深く、量的調査は広く浅く調べる、という不十分な理解（これは両者の違いを説明できていない）や、質的調査によって仮説を見つけてそれを量的調査で検証する、という誤解（そのようなプロセスでおこなわれる研究はほとんどない）が生じている。さらには、量的調査では当たり前の結果しか出てこない、とか、質的調査のデータは少数すぎて代表性がない、などの非難の応酬さえみられる。

しかし、本書では、社会学の目的はルールの評価であると明確に定めているため、質的調査と量的調査の、あるいは合理性の理解と統計的推論の関係を、明確に示すことができる。両者は異なる側面から評価のための材料を提供する調査なのだ。

まず、合理性の理解から説明しよう。

本書はルールを方法の共有／共有の方法であると捉える。共有の方法の具体的な中身を構成するのは因果関係ではなく**論理的関係**だ。そしてこの論理的関係がどのようなものなのかを調べるのが、合理性の理解という方法だ。

例えば、公共の場ではマスクをしなくてはならないというルールが機能するのは、「自分はちゃんとした大人（社会人）なのだからきちんとマスクをする」とか「マスクをしないとだらしないとか反社会的だと見なされてしまう」といった人それぞれの考えがあるからだ。つまり、それらはルールが機能する「仕組み」ということになる。そのため、そういった人々の考え（論理）を明らかにしようとする（合理性を理解しようとする）調査は、まさにルールの仕組みを調べる調査なのだ。そのような調査に基づけば、例えばそのルールの論理に問題がないかどうか、どんな場合でもうまく機能するかどうか、ということが評価できるはずだ。

このような調査によってルールの仕組みが点検され、多くの場合うまく機能するはずだということになっても、実際にルールが作られ、実社会のなかで稼働させてみると、予想していなかった不具合が見つかるかもしれない。マスク着用のルールの場合であれば、実際にどれほどの人がマスクをしているのかや、マスクをしない人がいるとすれば、それはどのような人なのかを調べる必要がある。これが統計的推論だ。すでに説明したように、ルールの科学では社会的カテゴリーと行為との関係に注目し、どのような人々が実際にルールに従っているか、あるいは従っていないのかを記述する。そのことによって、ルールが（結果として）期待どおりに機能しているかどうかという観点から、ルールを評価することが可能になる。

以上の説明を、ある自動車の性能をテストすることと比較してみよう。

まず、その自動車の設計を点検し、理論上どのような挙動をするのかを確認したり、個々の部品の性能をテストして、過酷な条件のなかでも期待どおりのはたらきをするかどうかをチェックする。このようにメカニズムという観点から確認をすることは、合理性の理解に該当すると考えていい。

設計や部品などに問題がなければ、実際に様々な条件のなかで走行テストをおこない、どの程度のパフォーマンスを示すのかを確かめる。これが統計的推論に該当するというわけだ。

このように考えれば、合理性の理解と統計的推論、あるいは質的調査と量的調査は、研究対象や研究テーマによって使い分けるような性質のものではなく、基本的にはすべての研究にとって両方の分析法あるいは調査が必要なのだ。

この見方に対しては、そうはいっても実際には質的調査か量的調査のいずれかしかおこなわない研究はいくらでもあるし、むしろそのほうが多数派ではないかという反論が予想される。確かにそうだが、しかし実はよくみると、そのような研究も一方に大きな力を割いているだけで、もう一方をまったくおこなっていないわけではない。

例えば、アンケート調査であれば、ある変数と別の変数との間に相関関係があったとしても、そのすべてを分析結果として報告するわけではない。例えば基礎疾患をもつ人のほうがマスクをする確率が高いという結果が出れば、やはり感染のリスクを恐れるからマスクをするようになるのだろうという推論が導かれるので、研究の成果として報告されるだろう。しかし、反対に基礎疾患をもつ人のほうがマスクをする確率が低いという結果が出たらどうなるだろうか。すぐに説明ができない結果なので、どうしてそのような結果が出たのか、合理的な説明ができるようになるまで、さらに詳しく分析されるだろう。

以上のことからわかるように、アンケート調査の分析という、基本的には統計的推論のプロセスのなかに、実際には合理性の理解（統計的な関係の解釈）というプロセスが含まれているのだ。そして、そのようなことが可能なのは、分析をおこなう研究者自身が研究対象になる社会の一員であり、だからこそ自分の感覚に基づいて判断することが、「人々の合理性の理解」の調査の、いわば簡易版として位置づけられているのだ。

では、質的調査の場合はどうだろうか。合理性の理解というプロセスは、統計的推論というプロセスをまったく必要としないのだろうか。筆者の見解は、合理性の理解というプロセスは何らかの統計的推論の結果を前提としているはずだ、というものだ。

例えば若者にマスクをしない理由についてインタビューしようとする研究者は、若者のほうがマスクをしない傾向が強いという統計的な結果を前提としているだろう。反対に、マスクの使用率が最も高い集団でマスクをしない理由を尋ねても、答えとして得られるのはおそらく完全に個人的な理由であり、ルールの評価という目的に役立つものではない可能性が高い。つまり、ルールの評価という目的があるかぎり、ある程度の普遍性をもつ理由があるだろうという想定の下で質的調査がおこなわれるはずであり、その意味で何らかの統計的推論が前提になっているはずなのだ。これは例えばマイノリティ集団（全人口に対する統計的少数派）の調査でも同じことだ。その集団に共通の要素（例えば被差別体験）があるという想定でインタビューがおこなわれるはずで、もしその想定が間違っていれば調査はうまくいかないだろう。

実際には、質的調査が前提とする統計的傾向は、必ずしもきちんと調査されたデータに基づくものだとはかぎらない。特定のフィールドに入り込んで得られた、「どうもこういう人が多いようだ」という経験や感覚などが質問内容を方向づけていることも十分考えられる。これは、量的調査での合理性の理解が研究者自身の感覚に依存していることと類似していると考えていいだろう。

以上の考察からわかることは、量的調査はそのプロセスに合理的な理解を含み、質的調査もそのプロセスに統計的推論を含んでいるということだ。このことにより自覚的になることは、どちらの方法にとってもプラスになるだろう。

注

(1) 政府などが公開している統計や白書のデータのなかには、質問紙調査によってデータを収集したものもある。それらは当然「質問」なので、ここでいう官庁統計はそれらを除外したものとして考えている。

(2) 筒井淳也「計量社会学と因果推論――観察データに基づいた社会の理解に向けて」、数理社会学会編「理論と方法」第三十四巻第一号、数理社会学会、二〇一九年、三六ページ

(3) 本書では、合理性の理解と論理的関係という紛らわしい言葉を使っているので、少し説明しておきたい。実は本書では「合理性」と「論理性」に事実上ほとんど違いはない。ただ、合理性は他者の理解という文脈で、論理性はルールの論理という文脈でそれぞれ使っている、あるいは使われている言葉であり、どちらかに統一するのが困難だったため、別の表現を使っている。

第3部　ルールの科学の応用

RULE

「はじめに」でも述べたように、ルールの科学という考え方に基づいておこなわれた研究はまだ存在しない。そこで、ルールの科学がどんな可能性をもつ理論なのかを具体的にイメージできるように、第3部では毛色が異なる三つの文章を用意した。

まず第10章「応用研究としての『差別論』」で取り上げるのは、筆者自身の過去の研究である「差別論」である。これは筆者の最初の著書だが、いわば本書の考え方のプロトタイプであり、同時に本書の考え方を柔軟に応用していただくためのヒントにもなっていると思う。

最終章は、「社会学」という学問自体をルールの科学の方法論で分析している。この分析によって、読者は社会学という学問をより大局的な視点でみることができるようになると思う。

最後の「練習問題」では、読者にもルールの科学を実際におこなってみてほしいと思い、課題を用意した。

第10章　応用研究としての『差別論』

1　『差別論』の特殊性

本章で取り上げるのは、筆者が初めて書籍として発表した研究である『差別論――偏見理論批判』[1]という本だ（以下、『差別論』と略記し、同書からの引用はページ数だけを示す）。『差別論』は、学会誌の「分野別研究動向（差別）」[2]で取り上げられる程度には、（少なくとも差別問題の）研究者には知られていると思うが、差別問題の研究としてはかなり特殊なものだといえる。「研究動向（差別）」での分類もそうだが、日本の差別問題研究は基本的に差別の対象とされる人々の種類によって、障害者の問題、性的マイノリティの問題、部落問題というように研究領域が分かれているのだが、筆者の研究はそのようなものではない。「研究動向（差別）」では一応部落問題の項目に入っているが、実際には差別問題一般についての理論研究であり、したがって必然的に「差別をする側」に焦点を当てたものになっている。そのような研究は、少なくとも研究動向の著者が分類に苦慮する程度にはマイナーな研究だといえるだろう。

もちろん、「差別をする側」についての研究がまったく存在しないわけではない。「偏見」「差別意識」「排外意識」などの態度や社会意識についての実証的研究はかつて盛んにおこなわれていたし、現在でも続けられている。しかしそれらは（主として質問紙調査に基づく）実証的研究であって、理論を追究する研究ではない。そういう意味では、「差別問題一般についての理論研究」は、少なくとも日本では、きわめてマイナーな研究領域なのではないかと思う(3)。

だが、『差別論』が特殊なのは、研究領域がマイナーだからというだけではない。研究方法もきわめて特殊なのだ。

通常の理論研究は、既存の理論枠組みや学説などを足がかりにして、それらを批判的に検討したり新たな考察を付け加えたりしながら進めていくものだが、『差別論』はそうではない。冒頭の差別の定義に関する議論でこそ既存の定義を参照しながら考察を深めるという通常の手順を踏んでいるが、いったん定義を定めて基本的な理論モデル（三者関係モデル）を提示したあとは、既存研究の援用を一切おこなわずに、理論モデルからの論理的な展開と仮想事例の検討だけで議論を進めている。自分でいうのもなんだが、これはかなり「ありえない」やり方だと思う。

もちろん、なぜそのような「普通ではない」スタイルになったのかについては、筆者なりの理由がある。既存の研究を援用しようとすると「うまくいかない」からだ。「既存の考え方」や「既存の理論」から離れようとしているのに、既存の差別研究を援用しようとしたとたんにそこに「引き戻されてしまう」（エスノメソドロジーでさえそう感じる部分があった）。そうした葛藤を繰り返すうちに、そういうものを一切無視して、自分なりの考えで進めたほうが結果にたどりつけると考えるようになったのだ。『差別論』を書くころにはそのようなスタイルがかなり身についていた。だからこそ『差別論』を書くことができたのだと思う。思い起こせば、『差別論』の中核的アイデアの一つである「三者関係モデル」(4)を思いついたとき、筆者はそれをいわば「異世界への入り口」(5)のようなものだと感じていた。筆者は実際にその「異世界」に踏み込み、いくつもの契機を経て本書に至るわけだが、実は『差別論』を書いた時点では、まだその「異世界」について十分には理解していなかった。つまり、『差別論』は（書かれた時点では）著者本人も十分に理解していない未知の方法によって書かれた理論書という、まったく意味がわからない存在だったということだ。

以上のようなことは当時から筆者もある程度自覚していて、『差別論』を書き終えたあとに（順序が逆ではあるが）自分がとってきた研究方法は何だったのかを考え続けてきた。しかし、それはなかなか順調には進まず、本書を構想するようになってからようやく自分でもある程度納得のいく説明ができるようになった。次節からは、『差別論』を現在筆者がどうみているかを明らかにしたいと思う。

2　入り口としての三者関係モデル

三者関係モデル

先ほど『差別論』の中核的なアイデアの一つである「三者関係モデル」を「異世界への入り口」だと表現したが、それはどういうことなのかを解説したい。

まず、三者関係モデルの概要から説明しよう。このモデルは、差別は本質的には排除行為であるとする江原由美子の研究[6]を下敷きにしている。江原の主張のポイントは、差異（社会的カテゴリー）に基づいて差別が生じるのではなく、排除によって社会的カテゴリーが形成されるのだという点にある。このような考察から江原は「差異は差別の根拠ではない[7]」という結論を導いた。日本の差別問題研究に少なからぬ影響を与えたこの主張には、筆者も大筋で同意するのだが、それでもまだ解決されていない問題があると考えた。それは、社会的カテゴリーを前提とせずになぜ排除が可能なのかが説明されていないということだ。江原は「女性が男性（A）から排除されるのは」女性であるという理由からではなく「男性ではない（A）ためにすぎない[8]」と主張するが、それでは

「男性」というカテゴリーは排除よりも先に存在していたということだろうか。しかし、「女性」というカテゴリーはないのに「男性」というカテゴリーだけが存在するというのはおかしい。なぜなら両者は対になっているはずだからだ。

排除というのは集合的な行為だ。一人で排除をおこなうことはできない。排除する側は必ず複数で、何らかの共通性をもつ集団や社会的カテゴリーでなくてはならない。排除をする主体であるこうした集団や社会的カテゴリーはどのようにして形成されるのだろうか。江原はそれらが排除によって作られると考え、筆者もそれに同意する。しかし、そうだとすると、排除という行為が生じるまでは排除主体はまだ存在しないことになるのではないか。いったい「誰」が排除するのだろうか。

このようなジレンマを解決しようとして作られたのが、三者関係モデルだ。排除という営みは、ある人（人々）を自分とは異質なものとして扱うこと（他者化）と、別のある人（人々）を自分と同質なものとして扱うこと（同化）が同時に生じることによって、おこなわれるという考え方だ。つまり、排除が先か排除主体の形成が先かというジレンマを、両者が同時に生じるという考え方で解決したわけだ。三者関係モデルの「三者」とは、行為主体である「差別者」、他者化の対象である「被差別者」、そして同化の対象である「共犯者」のことであり、この三者の関係で差別という行為を捉えようとしたのである。[10]

三者関係モデルによって差別がどのように説明されるのかは、本書の趣旨からはかなり外れてしまうので割愛する（興味があればぜひ『差別論』を読んでいただきたい）。ここではこのモデルがなぜ「異世界への入り口」なのかという点について説明したい。

「社会が立ち上がる瞬間」のモデル化

筆者はこのモデルを思いついたときから、これは単に差別問題を説明するためのモデルにとどまらず、さらに大きな意味をもつものだと直感的に感じていたが、それはなぜなのかが説明できなかった。しかし、いまはこのモデルの意義は、「社会」というものが立ち上がるその瞬間を捉えた点にあると考えている。

差別問題は従来、集団と集団の関係、あるいはある社会的カテゴリーと別の社会的カテゴリーの関係の問題だと考えられてきた。つまり、社会的なもの（社会構造や文化など）によって差別が生じるという捉え方だ。ではその「社会的なもの」はどのように作られるのだろうか。どうしてマジョリティとマイノリティという非対称な集団あるいはカテゴリーができるのだろうか。この問いの答えを、例えば「歴史」に求めるのは必ずしも間違いではないが、それだけでは最終的な答えにはならない。過去に起きた何のせいでマジョリティとマイノリティは生まれたのだろうか。

突破口を開いたのは江原の研究だ。社会的カテゴリーは排除によって形成される。この考え方が可能性を開くはじめの一歩になったと思う。しかしまだ不十分だ。排除主体もまた「社会的なもの」だからだ。最終的には、三者関係モデルによってはじめて個人の行為から「社会的なもの」が立ち上がっていく仕組みが理論化された。筆者はそう考えている。

個人の行為から社会が立ち上がっていくことを理論化するというのは、そう簡単なことではない。合理的選択理論ではゲーム理論などを駆使しながら、個人の合理的な行為から社会規範が作られていくプロセスをシミュレートしようとしたが、筆者がみるかぎり十分に成功しているとはいえない(11)。しかし、三者関係モデルは差別問題という限定された領域においてではあるが、「社会が立ち上がる瞬間」を捉えることに成功したのだと、筆者は考えている。

「社会が立ち上がる瞬間」を捉えるということは、社会を個人によって作られるものとして捉えることを可能にし、個人を中心にした社会学を構想することにつながる。まず社会（社会構造や社会システム）ありきで、個人は社会によって拘束されている存在だとイメージするのではなく、社会は個人が作り上げていくものであり、私たちの努力によっていくらでも変えられるものだとイメージする。そのような社会イメージは、私たち一人ひとりが、また、しかるべき権限と責任をもつ人たちが、何をするべきか、何ができるのかを考えるために役立つものになるはずだ。もちろんそのような社会イメージはべつに新しいものではないが、それを具体化するための道具として、三者関係モデルは大きな意味をもつものだったと、筆者は考えている。

このような社会イメージは、『差別論』以降の筆者の研究に、そして本書にも引き継がれている。本書でいうルールとは、私たちの手の届かないところに存在して私たちを一方的に拘束するようなものではなく、主体はあくまでも私たち個人であり、ルールは私たちが他者とゲームを共有するための方法だ。そして、私たちはそれを評価し、必要であれば作り替えていくのだ。

三者関係モデルの意味

三者関係モデルが、「社会が立ち上がる瞬間」を捉えた「異世界への入り口」だった理由は、それが二者関係ではなく三者関係によるモデルだ[12]ということにもあるが、それ以上に、三者のうちの一つが行為主体であり、個人の行為を起点にしたモデルだという点が重要だと思う。「マジョリティ集団が特定の人々を排除する」という捉え方は二者関係をモデルとし、「マジョリティ」という社会的存在が前提とされるが、三者関係モデルでは、そのような前提なしに、ある個人（差別者）の行為が、社会関係を作り出す仕組みが見て取れる。このように、個人の行為を起点とするモデルだからこそ、差別を「方法」だと捉えることが可能になるのだ。

三者から構成されるモデルは差別問題のモデルとしてだけでなく、「社会」の様々な局面に応用できる可能性をもっている。実は、本書の「ルール」概念も三者関係モデルによって成立しているのだ。

私たちはしばしば「ルールに縛られる」という言い方をする。これは「ルール」という社会的存在が、私たちに影響力を行使しているというイメージだ。しかし、そのようなイメージからは本書のようにルールを方法として捉える発想は出てこない。

では、どうしてルールを方法だと考えることができたのかというと、それはルールと人との二者関係ではなく、人とルールと人の三者関係のなかでルールを捉えているからだ。つまり、「ルールが人を縛る」のではなく、「人がルールを用いて別の人を縛る」と考えるのだ。

このとき、「人がルールを用いて」という部分が、ルールの参照だ。誰かがルールを引き合いに出して、「ほら、このようなルールがありますよ。だからあなたはこれこれのことをしなければなりません」と命じるのが、ルールの本来の姿だと、筆者は考えている。

実際には誰かにルールについて指摘されなくても自ら進んでルールに従うこともある。むしろそれが普通ではないかという疑問は当然生じるだろう。確かにそうだが、その場合は、自分が自分自身に対してルールを参照しそのことによってルールに従っている、と考える。つまり、三者関係のうちの二者がたまたま一致しているということになる。

なぜこのようなややこしい考え方が必要なのかというと、それは「ルールが人を縛る」というイメージから脱却し、あくまでも起点は「ルールの参照」という行為なのだと捉えなければ、ルールを「方法」として理解することができないからだ。[13]

以上のように、三者関係モデルには、これからも様々な応用が可能なのではないかと、筆者は考えている。

「差別の方法」の探究

話を『差別論』に戻そう。

三者関係モデルが「社会が立ち上がる瞬間」を捉えたものだとすると、ではそれは差別問題の研究にどのようなインパクトを与えるのだろうか。

筆者は、これによって差別を「行為」として捉えることが可能になったと考える。差別が行為（意図的行為）であるなら、その**方法**を具体的に分析することが可能だ。つまりここで、「人々の方法」の探究というエスノメソドロジーのアイデアが関わってくるのだ。

差別を行為として捉え、その方法を探究するということは、「差別の方法」を研究するということだ。『差別論』はまさに「差別の方法」についての研究だった。

「差別の方法」の探究というテーマをもつ『差別論』は、すでに本書と基本的な方向性を共有する研究だった。当時はまだ「ゲーム」「志向性」「(ルールの)評価」という言葉は使っていなかったが、次節ではそれらに該当するアイデアがあったことを示したい。

しかし、「差別の方法」という表現には、違和感を覚える人も多いのではないだろうか。差別に方法なんてあるのか。差別の方法を探究して何の意味があるのか。この疑問は当然のものだし、そもそも「差別行為」という概念自体がありえない、ということに気がついた読者は、本書の内容をよく理解してくれていると思う。確かに第7章第3節の社会問題をめぐる議論に基づけば、「差別の方法」を探究しようとする『差別論』の方針は、出発点から本書の主張に反していることになってしまう。次節では、この問題をどう考えればいいのかということから始めたい。

3　ルールの評価としての差別論

問いの語彙としての差別と命令の語彙としての差別

第7章で説明したことの復習を兼ねて、「差別」という言葉について考えてみよう。本書の二種類のゲームという考え方に基づけば、「差別」という言葉は本来は質問・応答のゲームに属する言葉(問いの語彙)であり、命令・行為のゲームの言葉(命令の語彙)ではない。つまり、「これは差別なのか」という問いは意味がある問いだが、「差別せよ」という命令や「差別をしよう」という意志は基本的にありえない。もし何らかの行為が差別であるとすれば、それは「差別をしよう」という意志によってではなく「それは差別だ」という指摘によってそうなるのだ。

これは「犯罪」という言葉と基本的に同じで、犯罪（一般）の意図というものは存在せず、そのため犯罪行為というものを少なくとも命令・行為のゲームとして概念化することはできないし、犯罪の方法の探究もありえない。

筆者が『差別論』を書いた時点ではまだ二種類のゲームというアイデアはなかったので、これほど明確な説明はできなかったが、「差別行為」という概念を成立させることが困難だということは理解していた。それでもなお差別行為にこだわったのは、「差別」は「犯罪」とは異なり、ある共通の意志が存在すると考えたからだ。その意志とは、ある人々を自分たちとは異なる存在として扱おうとする意志であり、それとともに何らかの意味で自分よりも劣っていると見なそうとする意志だ。ただ問題なのは、世の中で「差別」とされる事象のすべてが、そのような意志によって作り出されたものだとはかぎらないことなのだ。

この問題は、「差別の方法」の探究の入り口に立ちふさがる大きな壁だった。筆者もかなり長い間悩んだ記憶がある。最終的に『差別論』で採用した解決法は、差別には二種類の定義が可能であり、それぞれが異なる差別概念を提供するという考え方だった。二種類の定義とは、「差異」を根拠にして差別を識別する「差異モデル」と「関係性」を根拠にして差別を識別する「関係モデル」であり、前者を扱うのが「人権論」、後者を扱うのが『差別論』での「差別論」であるとした。このように議論の領域を分割することによって、「差別行為」だけを取り出そうとしたのだ。いまから考えれば、これは**質問・応答のゲーム**としての差別（差異モデル）と**命令・行為のゲーム**としての差別（関係モデル）ということになるだろう。

それでは、このような『差別論』での「差別行為」の概念化は成功したといえるのだろうか。筆者としては、使う言葉は違っても、本書『ルールの科学』の考え方に照らして基本的には間違っていないと思う。ただ、論理展開にはややアクロバティックなところがあり、わかりやすいとはいえないかもしれない。[14]

共有の方法としての「差別の連鎖」

「差別行為」という概念を成立させることができたとして、その方法とはどのようなものかという論点に移りたい。

まず、差別行為の基本的な方法とは、三者関係モデルが示すとおり、「他者化」と「同化」を同時におこなうというものだが、それだけでは差別の方法を十分に説明したことにはならない。なぜなら、ある特定の「差別者」が差別的な行為をするだけであれば、社会問題と認識されるほどの規模の問題にはならないからだ。ある「差別者」の行為によって別の「差別者」が現れ、それが次々に連鎖して大規模な問題になっていく。このようなプロセスを、『差別論』では「差別の連鎖」と呼んでいる。

これをあらためて本書の観点からみてみると、差別を連鎖させる仕組みとは、差別という方法を共有する方法、つまり**共有の方法**にほかならない。『差別論』では差別が連鎖する仕組みを「バイキン遊び」を事例に説明しているが、これを共有の方法として考えてみれば、差別問題だけに限定されないような示唆をもつのではないかと思う。

差別の弱点の発見

差別の方法（共有の方法を含めて）がある程度特定できたとすれば、最後はそれをどのように**評価**するのかという問題になる。実はこの点についてもかなり厄介な問題がある。

少しさかのぼるが、そもそも筆者が差別問題の研究を志したのは、研究によって差別を解消し、緩和し、対抗するといったことができるのではないかと考えたからだ。社会学の目的は差別という社会現象を説明する、あるいは理解することなのかもしれないが、では説明できたとしてそれからどうするのか、何のために理解するのか。その先、つまり研究成果をどう役立てるのかを見据えることなしに、研究に社会的意義を見いだすことはできないはずだと考えていた。この姿勢はその後の研究にも、そしてもちろん本書にも受け継がれている。

では、そのような考えのもとで、なぜ「差別の方法」の探究が必要だったのか。それは、差別という方法の「弱点」を見いだすためだった。差別という方法はかなり巧妙で、対抗策を立てても効果がなかったり反対に取り込まれたりする危険性がある。しかし、どこかに脆弱な部分があるのではないか。そのような思いから差別という方法を詳しく分析した結果、筆者は弱点を見つけたと感じた。

その弱点とは、差別は常に「共犯者」を必要とするということだ。共犯者を取り込もうとする行為（同化）は基本的に目に見えているのだが、それが取り込む行為（同化行為）だとは気づきにくい性質をもっている。したがって、同化のメッセージを可視化し、それに抵抗できるようにすれば、共犯者を取り込めずに差別は無効化される。これが『差別論』で筆者が提示した差別への対抗策だった。ここではこれ以上詳しく述べないが、さらに具体的に知りたい場合には『差別論』を読んでみてほしい。

差別に対抗する方法の評価

以上のような『差別論』の内容を、あらためて本書の「方法の評価」という方針に当てはめて考えてみよう。『差別論』は確かに「差別の方法」を明らかにしようとしたのだが、ではその方法をどのように評価したのだろうか。まず「差別の方法」の弱点を明らかにしたことが評価にあたるといえるかもしれない。しかし、弱点を明らかにしたのは、その弱点を克服してより強力な差別の方法を考えるためではないことは明らかだ。つまりこれは、方法の改善のための評価という本書の考え方とは合致しない。

「よりよい方法を考える」という意味で『差別論』が取り組んでいるのは、差別に対抗する方法の探究だ。実際にこの本では現実に実行されている「差別に対抗するための方法」の評価をおこなっている。被差別者のことをより深く理解する方法（一〇六―一〇七ページ）や、差別者と非差別者の間の差異を否定するという方法（一〇三ページ）が限定的な効果しかもたず、場合によっては逆効果になることがあると評価し、そのうえで先に示した差別の無効化という方針を提案している。

『差別論』は確かに「差別の方法」の探究として議論を開始しているが、目的としているのは「差別の方法」の改善ではなく「差別に対抗する方法」の改善なので、評価の対象になっているのも主として「差別に対抗する方法」なのだ。

だが『差別論』の「方法の評価」は、本書が意図する評価とは異なっている。本書がいう評価とはあくまでも**当事者**による評価、**内から**の評価なので、「差別の方法」の探究であれば、差別者にとってよりよい「差別の方法」を講じるための評価でなければならない。もちろん、そのような研究に**社会的意義**は認められないので、その意味では『差別論』がおこなった評価のほうが正しいのかもしれない。しかしそれでは、「当事者による評価でなくてはならない」という本書の考え方が否定されてしまうことになる。

筆者は、それでもなお、「当事者による評価」という本書の方針は揺るがないと考えている。これは本書の考え方の「理論」というよりは「思想」というべき側面に関わることで、非常に重要な論点だと思うので、節をあらためて詳しく説明したい。

4　『差別論』の限界

差別者の抑圧という限界

筆者は現在では『差別論』にはある「限界」が存在すると考えている。それはまさに、先ほど説明した評価に関わる部分にある。

筆者がこの本で試みたのは、「差別に対抗する方法」を見つけ出すことだ。そして、(手前味噌になるが)それにはある程度成功したと筆者は考えている。もちろん、現実に実行するには多くの課題があるが、例えば「いじめ」のような比較的限定された場面で生じる「差別」に対しては、十分に実現可能な方法だろうと思っている。しかし、「差別に対抗する方法」が十分に強力なものだとすれば、それは反対に「差別者」を孤立させ、抑圧してしまう危険がある。これは、フェミニズムによって男性が抑圧されているとか、被差別部落の環境が改善されたせいでその周囲が「逆差別」されるといった、まったく正当化できない主張を意味しているのではない。例えばいじめなどを例にとるとイメージしやすいと思うが、いじめを主導する子（これがこの場合の差別者だ）は、そうしたことを「せざるをえない」何らかの問題を抱えているのかもしれない。つまり、「差別者」が「差別者」にならざるをえなかった理由をまったく考慮しないで対抗策だけを考えても、それは問題の完全な解決にはならないのではないか、ということだ。

もちろん、「差別者」の抱える問題まで考えてやる必要はないという主張も理解できる。現実には差別に対抗することさえ十分にはできていないのだから、そんな余裕などないというのはよくわかる。しかし、『差別論』はもともと、対症療法ではなく問題の根本的な解決を目指したものだった。対症療法を求めるなら、そもそも関係モデルではなく差異モデル（人権論）のほうが適している。研究の目的を堅持するなら中途半端なところで妥協するのではなく、根本的な解決という方針を貫くべきではないだろうか。

筆者がこのような「限界」に気がついたのは、『差別論』を執筆してから数年が過ぎたころだったと記憶している。そして、より根本的な解決を目指すにはいったん「差別」から離れなければならない。そういう思いから、「権力」「ルール」「ゲーム」という研究テーマに取り組むようになった。それらの研究を経て本書の執筆に至り、ようやく筆者が求めていた「根本的な解決」の道筋を示すことができるようになったのだ。

「差別の方法」と「差別という方法」

『差別論』は「差別の方法」の探究であるとこれまで説明してきたが、本書の考え方を踏まえれば、差別という行為もまた何らかのゲームの方法だといえる。つまり「差別という方法」だ。**当事者**による評価が必要なのは、

「差別の方法」ではなく、「差別という方法」なのだ。例えば誰かを自分の思うとおりに動かしたいとき、その方法の一つとして「差別」が使われる可能性がある。あるいは、自分の「居場所」を確保するための方法としても「差別」が用いられることがある。もしそうなら、差別を根本的になくすためにできることは、差別という方法が当事者にとっても望ましいものではないことを明らかにし、なおかつ、ほかのよりよい方法を示したり、場合によっては作り出したりすることではないだろうか。筆者は『ルールリテラシー』で禁止のルールの運用のためには「禁止されていることをしない代わりに何をしなくてはならないかが明確にイメージできていなくてはならない」[15]と主張したが、これは差別（の禁止）についても当てはまるといえる。差別のかわりに何ができるのか、何をしなくてはならないのか。そういう発想こそが、差別問題の根本的な解決のために求められる。そして、「かわりにできること」を可能にするためのルールこそが、筆者が作り上げたいと思っているルールなのだ。

本書が「当事者による評価」にこだわるのは、たとえ「差別者」の問題であっても（あるいは犯罪者の問題であっても）、それを他人事として突き放してしまえば、本当の解決には至らないという信念に基づいている。そのような観点からは、『差別論』は差別問題の研究として限界をもつといわざるをえない。ただ、その点を知ったうえで読んでもらえれば、本書の考え方を具体化した研究の一例として十分に刺激的なものだと思う。差別問題にとりたてて関心がない人も、本書の内容をより深く理解したいと思うなら、ぜひ読んでみてほしい。

注

（1）佐藤裕『差別論――偏見理論批判』（明石ライブラリー）、明石書店、二〇〇五年。二〇一八年に新版が出版されているが、本書では初版出版時の状況について説明しているため、『差別論』と表記する。ただしページ数については、読者への便宜のため、新版のページ数を示す。

（2）好井裕明「分野別研究動向（差別）」、日本社会学会編「社会学評論」第六十四巻第四号、日本社会学会、二〇一四

年

(3) ただし、後述する江原由美子の研究のように、フェミニズム研究の領域では差別一般にも通用するような理論研究が存在していて、筆者の研究も部分的にそれらに依拠している。

(4) 佐藤裕「三者関係としての差別」、日本解放社会学会編『解放社会学研究』第四巻、日本解放社会学会、一九九〇年

(5) 正確には「異世界への入り口」という表現は本書を書くときに思いついたものだが、当時も「未開拓の理論的荒野を発見した」と考えていたことを記憶している。

(6) 江原由美子『女性解放という思想』勁草書房、一九八五年

(7) 同書六一ページ

(8) 同書九〇ページ

(9) これは厳密にいえば、そのような言葉や概念があったかどうかということではなく、レリヴァントな、つまりその場で意味があるカテゴリーだったのかということを問うている。

(10)『差別論』の副題は、「偏見理論批判」であり、三者関係モデルは偏見理論と対比するものとして説明されている。この対比を本書の考え方で説明すれば、偏見理論は「偏見」という状態（あるいは「存在物」）によって差別的な行為が引き起こされるという「法則」を見いだそうとする自然科学的な発想に立つ。これに対して三者関係モデルは、後述するように差別の「方法」（ルール）を探究するものだといえる。

(11) うまくいかない理由は自然言語によるコミュニケーションを考慮していないことにあると、筆者は考えている。

(12) ある人と別のある人との関係を意味づけるには、第三者を媒介することが必ず必要になるため、三者関係でなくてはならない。これが三者関係モデルである理由だ。しかし、三者関係あるいは三項関係のモデルはほかにも様々なものがあるので、それが最大の理由というわけではないと思う。

(13) この論点はあまりにも煩雑なので第3章では省略したが、詳しくは前掲「権力と社会的カテゴリー」を参照してほしい。

(14) 実は、前述のように差別の定義による棲み分けをしても、「差別」という言葉が命令の語彙ではないという問題は

解消していない。つまり何らかの意味での「差別行為」が存在するとしても、それは（差別以外の）どのような言葉によって方向づけられているのかが明らかにされなければならないのだ。この点についての筆者の暫定的な答えは、いわゆる「差別語」とされる言葉がその役割を果たしているのではないか、というものだ。例えば「めくら」という言葉は、「もっとよくみよ」という意味で「お前はめくらなのか！」といった使い方ができる。こうした知識が、「めくら」という言葉と結び付けられているのではないかということだ。ただし、このアイデアはまだ十分に完成したものではないので、ぜひ読者にも考えてほしい。

(15) 前掲『ルールリテラシー』一一四ページ

最終章　ゲームとしての社会学
――試論

本書を締めくくるにあたり、ルールの科学の一つの応用例として、「社会学」を本書の考え方を使って分析してみたい。といっても、綿密な調査をおこなったわけではないので、あくまでも本書の主張を理解してもらうための事例という扱いであることは、理解していただきたい。

自分の理論で自分を分析してみせるという、いかにも社会学らしい試みをこの本の最終章にすることの意義は、実は非常に大きいと筆者は考えている。社会学を一つのゲームとして分析することは本書で述べてきた枠組みの応用例であり、ある意味では総まとめという意味をもつと同時に、それによって社会学の現状を確認することは、本書を書く必然性を明らかにするという意味において、いわば本書の出発点としても理解できるからだ。

本書の立場では、「社会学」ももちろん一つの**ゲーム**だ。そして、命令・行為のゲーム／質問・応答のゲームという分類に当てはめると、当然後者ということになる。つまり、社会学は何らかの「問い」に答えようとするゲームなのだ。

ゲームであるかぎり、社会学は何らかの志向性をもち、それによって「方向づけられた」営みである。つまり、選択肢をもち、そのなかのどれがいいのかを判断する基準もあるはずだ。

このように社会学がゲームだとすると、本書で紹介した機能主義、構築主義、エスノメソドロジーなどの理論は、ルールとして位置づけられる。

社会学の理論（煩雑なので以下では理論とだけ表記する）がルールだというと、違和感をもつ人もいるだろう。これは本書が提唱する「ルール」という概念を理解してもらうための格好の事例だと思うので、少し説明しておきたい。

まず、理論は社会学というゲーム（研究）をおこなう際の**方法**だ。何らかの対象（既存の社会学なら社会現象や集団など）を研究するには、研究対象のどの側面に着目するのか、どのような分析枠組みでデータを整理するのかというガイドラインが必要であり、それを提供する理論は社会学というゲームの方法だと理解できる。

そして、方法としての理論は、研究者の間で共有されている。社会学の場合は、すべての社会学者が必ず共有している理論というものがあるかどうかは疑わしいが、研究者は自分が依拠する理論については当然熟知していて、理論の側から見れば、その理論は一定の割合の社会学者に共有されているといえる。また、おそらく大部分の社会学者は、自分が依拠する理論以外の理論についてもある程度の知識はもっているはずだ。そうでなくては、特定の理論を選択することができないからだ。構築主義については、第7章で説明したような多少の誤解はあるだろうが、まったく知らない社会学者はほとんどいないはずだし、機能主義がどのようなものかを説明できない社会学者もほぼありえないだろう。

以上のことから、社会学にとって理論は**共有された方法**、すなわちルールだということがわかる。

理論がルールだという説明に違和感をもつのは、それはべつに社会学者は理論に「縛られて」いるわけではない、と感じるからだろう。確かに、特定の理論を選ぶことが強制されているわけではなく（研究対象によって制約はあるだろうが）、どの理論を使うかは基本的に自由に選ぶことができるし、自分で新しく理論を作ることも禁止されているわけではない。

しかし、それでもなお、既存の理論は社会学者の研究を緩やかに「縛っている」のだ。既存の理論にまったく依拠せず研究をおこなうことは、研究者自身にとって非常に困難なだけでなく、そのような研究の価値を認めさせるのは、既存理論を用いた場合よりずっとハードルが高い。このような事情から、既存の理論のいずれかに依拠して研究をおこなうという、「オーソドックスな」スタイルが選ばれる可能性のほうが非常に高いだろう。

以上のことから、「拘束力」などの明確な力がはたらいていなくても、共有された方法をルールとして扱うことが妥当だと理解してもらえるのではないだろうか。

ただ、既存の理論を無視した、いわば「やんちゃな」研究が社会学から排除されるのかというと、そういうわけではない。第10章で扱った『差別論』は、バックグラウンドが不明な、ある意味わけのわからない研究だったと思うが、それでも意義のある研究だとは受け止められたようだ。社会学はある意味では「懐が深い」学問なのだと思う。ということは、社会学というゲームの理論は、強いルールではなく、弱いルールだと考えられる。

以上のように、ルールを方法の共有／共有の方法だと捉え、弱いルールまで視野に入れることで、本書のルール概念は様々なゲームに適用できるということが、わかってもらえるだろう。

それでは、以上のような見通しの下で、ルールとしての理論をどのように評価できるのかを考えてみよう。

1　社会学というゲームのルール

質問・応答のゲームとしての社会学と判断基準のルールとしての社会学理論

ルールの評価に入る前に、社会学の理論がルールだということについて、もう少し詳しく考えておきたい。

第2章と第3章で説明したように、本書が考えるルールには、行為のルールと判断基準のルールという二種類がある。行為のルールとは、命令・行為のゲームに接続するルールであり、判断基準のルールは質問・応答のゲームに接続するルールだ。

社会学というゲームは質問・応答のゲーム、つまり何らかの問いに答えるゲームなので、それに接続するルールとしては、問いに答えるために別の問いを立てるルール（判断基準のルール）と、問いに答えるために何らかの行為をおこなうルール（行為のルール）が考えられる。

前者は例えば、ルールの評価という問いに答えるために、ルールの記述（そのルールはどのようなものか）という問いを立てる。そう考えると、第4章の第1節から第3節で説明したことはすべて、ルールの科学の「ルール」（判断基準のルール）を記述したものだとわかるだろう。

一方、行為のルールについては、第9章第2節で説明した「観察の先行」などの原則が該当する。これは、ルールを評価するためには質問の前に観察を先行させなくてはならないという原則で、行為のルールではあるのだが、問いと深くつながっている。

以上のことから、非常に大雑把にいえば、社会学の理論の根幹にあるのは問いであり、社会学というゲームからみると**判断基準のルール**だということになる。これに対し、調査の方法などが行為のルールに該当する。ただし、第9章第3節でみたように、調査の方法は特定の問いに導かれているので、その意味では調査方法も根幹の部分では判断基準のルールだと見なすことができる。

それでは、あらためて本書が取り上げてきた既存の社会学の判断基準のルール（問い）を確認してみよう。ただし、複雑になりすぎないようにするため、ここでは判断基準のルールだけを対象にしたい。

まず、第6章で取り上げた機能主義だが、その根幹になるのは機能という問いだ。そしてその問いが共有されていれば、それは（共有された方法としての）判断基準のルールの一つになる。第7章で取り上げた構築主義も同様で、構築（どのように構築されるのか）という問いの共有が判断基準のルールになる。第8章で論じたエスノメソドロジーの場合、人々の方法という問いが共有されれば、それが判断基準のルールになる。第9章第3節では、特定の要因の純粋な影響という問い（統計的推論）や、合理的理解という問いを扱ったが、これらの問いが共有されることも、社会学というゲームのルール（判断基準のルール）になる。

もちろん、社会学の理論は本書で取り上げたものがすべてではない。また、機能という問いは現在もなお十分に共有されているのかとか、人々の方法という問いはごく少数の社会学者にしか共有されていないのではないかという問題もある。

共有の方法という側面からのルールの評価

それでは、ルールの評価という本来の論点に戻ろう。

ルールの評価は、共有された方法という側面と、**共有の方法**という側面からおこなう必要がある。共有された方法という側面からの評価とは、ルールの中身、つまり社会学というゲームの場合は理論そのものの評価ということになる。本書の第2部は、まさに社会学のルールである理論を、共有された方法として評価したものだと見なすことができるだろう。

ただ、第2部での評価は、社会学はルールの科学であるという本書の立場を評価の基準としたものだ。現状としての社会学はルールの科学ではないのだから、このような評価は本書が主張する**内から**の評価とはいえない。本書の考え方に基づいて、社会学の理論をルールとして評価するのであれば、評価の基準は実際に社会学界で共有されている社会学というゲームの志向性に基づくものでなくてはならない。では、それはどのようなものだろうか。社会学というゲームの当事者は、どのような志向性を共有しているのだろうか。

この問いに答えることは容易ではない。第5章の冒頭で紹介したように盛山和夫が「自己を見失っている」と評するような社会学の状況では、社会学が共有する志向性を特定することは困難だ。

そこで本節では、共有された方法としての社会学理論の評価は断念し、共有の方法という側面だけの評価を試みたい。共有された方法としての評価については、それを断念するかわりに、社会学というゲームが共有する志向性の検討を、次節でおこなうことにしたい。

社会学教育

例えば、社会学者の大部分は機能という問いや統計的推論という問いを、自分が採用するかどうかはともかくとして、社会学の方法として共有していると考えられるが、その共有はどのようにしてなされたのだろうか。言い換えると、社会学者はどのようにして社会学の方法を身につけたのだろうか。これが社会学というゲームの共有の方法に当たる。

答えとしておそらく真っ先に思いつくのは教育だろう。社会学は、ほかの学問分野と同様に、その構成員の育成システムをもつゲームだと考えられる。社会学を教える学士課程のカリキュラムは全国の大学に存在するし、社会学や関連分野の教育課程をもつ大学院の数も社会科学系のほかの分野より少ないということはない。しかし、実際に社会学教育が共有の方法として機能しているかどうかは、正直いって心もとない。それは、社会学教育のスタンダードなカリキュラムというものが十分に確立されているとはいえないからだ。

ここで、本書での「共有」という言葉の意味について少し補足したい。方法の共有とは、メンバーが同じ方法を知っていて実際にそれを用いている、ということをもちろん意味しているのだが、それだけではない。「メンバーが同じ方法を知っていて用いている」ということを、すべてのメンバーが知っている、ということも、共有の条件として考える必要があるのだ。例えば「機能」という言葉の意味を、すべての社会学者が実際に知っているだけでなく、ほかの社会学者も同じように知っているはずだということをすべての社会学者が知っていなければならない。そうでなければ社会学者同士が円滑にコミュニケーションをとることも、共同作業をすることもできないからだ。

共有という言葉をこのようなものだと捉えたうえで、話を社会学教育に戻せば、社会学教育が共有の方法として機能するためには、単に同様の教育を受けたというだけでなく、自分と同じ教育をほかの社会学者も受けてきたということが確認できなければならない。それはどのようにしてなされるのだろうか。

教育の同質性を確認し、方法が共有されていることを保証するためには、使われる教科書の内容がある程度統一されていなくてはならない。だが、この点で、社会学というゲームにおける方法の共有は良好な状態にあるとはいいがたいと思う。

自然科学、経済学、心理学などの体系化が進んだ学問を学んだ人にはおよそ信じがたいことだと思うが、社会学のスタンダードな教科書というものはほぼ存在しないといえる。多くの大学で長年使い続けることのできるような書籍が乏しいというだけでなく、社会学の教科書ならば必ず載っているはずだと誰もが認める共通要素も（特に近年は）ないに等しい。そのため、社会学の教科書は、社会学というゲームにおける共有の方法として機能しているという評価はできないと思う。(1)

社会学者という資格

教科書に共有の方法としての十分な機能が期待できないとすると、ほかにどのようなものが考えられるだろうか。社会学というゲームは「専門的な」性格のもの、つまり「専門家」というメンバーによっておこなわれるものだという合意が存在すると考えられる。ということは、「専門家」としての資格を得るためのセレクション（選考）が共有の方法としての役割を果たしている可能性がある。この種のものとしては、医師国家試験や司法試験という国家試験があるし、もっと身近なものとしては自動車運転免許も資格を得るためのセレクションだ。しかし、社会学というゲームのメンバーになるための制度的な資格は存在しない。

それでは、誰でも勝手に社会学者を名乗れるのかというと、もちろんそうではなく、実際には専門的教育機関（大学院）でのトレーニングを受けた証しとしての学位と、大学などの研究機関に研究者として在籍していることの、両方またはいずれかが、「専門家」の範囲を形成していると考えられる。そのため、その内実が確認できれば、社会学のルールは十分に共有の方法をもつといえるだろう。

しかしこれらも、共有の方法として十分に機能しているとはいいがたいと、筆者は思う。(2)学位については最低でも修士の、現在では博士の学位を要求される場合が多くなってきているが、学位は基本的に論文（修士論文、博士論文）によってその内実が確認できるはずだ。博士論文のなかには書籍として出版されるものもある。筆者はそうした書籍を何冊かまとめて読む機会があった。書籍として出版される博士論文は、毎年提出される論文のなかでも特に優秀なものだと思われるし、分量的にも大変な労作が多いのだが、書籍化が理論を共有する方法として機能しているとは思えない。

というのも、それらは、主題とする領域の先行研究やその領域固有の理論は踏まえているし、量的または質的な調査の方法論も確かなのだが、社会学という学問に共通する何らかの理論にはほとんど言及していないものが少なからずみられるからだ。つまり社会学にとっての方法である理論の共有が十分にされていなくても、博士などの学位は与えられている可能性があるということになり、その意味で学位は共有の方法としては十分に機能していないという結論になる。

これに対しては、当然様々な反論があるだろう。書籍として出版されるような学位論文はどれも優れた研究だという反論もあるかもしれない。ただ、ここで重要なのは、優れた研究なのだとしても、それはどのような意味で社会学研究だと主張できるのかが明確でなければ、方法の共有としては機能しないという点なのだ。

研究の評価

以上は「専門家」の範囲の確定という観点からの共有の方法の検討だったが、研究成果である論文や学会報告などについて相互批判がおこなわれることによっても、理論の共有はできると考えられる。数多くではなくとも新しい社会学理論は常に生み出され続けているので、それらが発表され、紹介と検討を経て共有されていくというプロセスもまた、共有の方法として位置づけられるだろう。

これについては、専門家の範囲の確定よりはいい評価ができるだろう。例えば第7章で取り上げた構築主義については、学会でも専門誌でも活発な議論がされてきたし、エスノメソドロジーについても構築主義よりはマイナーではあるが、一定程度の議論はされてきたと思う。そういった議論を通じて方法の共有がなされてきたと見なすことができるだろう。

しかし、どれほど多くの研究者が、学会のなかでそういった議論がされる部会に出席していたのかということや、専門誌での議論を丹念に追ってきたのかとなると、心もとない。日本ではそういった議論にまったく触れなかったとしても、十分に社会学者でいることができるだろう。

方法を共有しようとすることについての疑問

繰り返しになるが、ここでの議論はあくまでも十分な調査に基づかない試論であり、その結論は暫定的な仮説としかいえない。しかし、それでもやはり社会学というゲームにおける共有の方法には問題がありそうだと思う。では、それを改善するとしたらどんな方法がありえるだろうか。これまでの議論から考えると、おそらく最も有効なのは学会などの研究者コミュニティが主導してスタンダードな教科書を作って普及させることではないかと思う。また、学位についても学会などでガイドラインのようなものを作ることができれば、共有の方法として機能させることができるかもしれない。

このようなプランがどれほど現実的なのかはわからないが、仮に実現可能だとしても、それに対して抵抗したり反対したりする社会学者が少なからず存在するかもしれないと思う。実は、これまでかなり細部にわたって説明してきたのは、この論点に行き着くためだったのだ。

例えばスタンダードな教科書を制定して、そこに記載された理論こそが社会学者が共有すべき方法なのだと教育することや、学位論文の審査にあたって定められた方法のいずれかを十分に習得していることが学位授与の基準になるという取り決めをするといったことは、多くの社会学者にとってひどく堅苦しく、自由を制限するようなものに思えるのではないだろうか。

もしそうなら、社会学者にとって社会学の方法論的な自由さは守るべき価値なのだろうか。筆者は、このことを、特に現役の社会学研究者に問いたいと思う。

社会学の研究は、必ずしも決まった手順によっておこなわれるものではない。研究対象に合わせて、あるいは自分の問題関心に合わせて自由に選択できるし、自分で新しい方法を開発してもいい。また、方法論的な厳密さよりも、とにかく研究対象についてより深く知ることこそが重視されるべきだ、という考えもあるかもしれない。これも研究方法の自由さ、または多様性という主張になるだろう。読者はどう思うだろうか。

筆者自身は、社会学の方法論的自由さは守られるべきだと考える。そのほうが社会学の研究を活性化させることにつながると思うからだ。ただし条件を二つつけたい。

まず一つは、「現時点では」という条件だ。筆者の認識では、社会学は現時点ではまだ十分な方法論を確立していない（黎明期とさえいえると思う）。そのため、自由であることはそれぞれが新たな方法論を探索することにつながり、社会学の理論的水準を押し上げることになると思うが、現在よりも方法論が整備されてくれば、自由さよりも方法の共有が重視されるべき状況になるかもしれない。

もう一つは、こちらのほうがより重要だと思うが、社会学というゲームの志向性がしっかりと共有されていることだ。方法論的自由さが許容され、さらには推奨されさえするのには、ゲームの志向性が確実に共有されていることが必須の条件になるだろう。何を目指しているのか、何が目的なのかも共有されないまま、方法論的にも自由であれば、ゲームとしての体をなさなくなる。何がいい研究なのか、どうすれば成果を上げたといえるのかがはっきりしていれば、それを達成するための手段（研究方法）は自由でもゲームは成立する。しかし、方法論的にも自由で、研究を評価する基準もあいまいだということになれば、それこそ「なんでもあり」になってしまう。

以上の考察から、社会学のルール（理論）を共有する方法については、そもそも十分な共有が必要なのかどうかという論点がありえることが示された。

新しい理論が普及するプロセスが必要だという点にはおそらく反対する人はいないだろうが、何がスタンダードな理論なのかということまで共有される必要はないという考え方は、十分ありえると思われる。そして、そのことは次節で検討する、志向性の共有という論点とつながっている。

2　社会学というゲームの志向性

検討の準備作業

本節で扱うのは社会学というゲームの**志向性**だが、そのための準備として、まず社会学以外のいくつかのゲームの志向性について考えてみたい。取り上げるのは、**自然科学**と**芸術**だ。

自然科学も芸術も、それがゲーム、すなわち志向的な営みであることには疑問の余地がない。しかし、その志向性のありようには大きな違いがあると考えられる。

自然科学はこれまでも何度か取り上げてきているが、その志向性を言い表すなら、自然現象の規則性をより普遍的な法則によって説明しようとすること、といえるのではないか(3)。選択肢（理論）を評価する基準はきわめてシンプルで、経験的事実と理論（による予測）が一致するかどうかという点にある。自然科学はまさに実証科学なのだ。

一方、芸術の志向性はかなりあいまいだ。ひとことでいえば「美」の追求ということになるかもしれないが、それでは「美」とは何かと問えば、そう簡単に答えは出せないと思う。別の表現で、「人に感動や心地よさを与えること」というのはどうだろうか。おそらくこのような規定の仕方には異論もあるだろうが、それなりに妥当性がありそうだし、ここでは自然科学との対比が目的なので、これで進めていくことにしたい。

もし「人に感動や心地よさを与えること」が芸術の志向性だとすれば、芸術というゲームは質問・応答のゲームではなく、命令・行為のゲームだということになる。もちろん「美とは何か」という問いに答えるという要素もあるかもしれないが、実際に制作される作品は、その問いに対する答えそのものではない。あくまでも制作という行為が主であるはずだ。これに対して、自然科学は「なぜ」や「何が」という問いに答える質問・応答のゲームであることは、いうまでもない。

準備作業として自然科学と芸術の志向性をごく簡単に説明してみたが、それを踏まえておこないたいことは、社会学というゲームの志向性は、自然科学と芸術それぞれの志向性のどちらにより近いのか、という検討だ。そのためには、社会学の志向性をある程度特定する必要があるのだが、すでに説明してきたように、それはなかなか困難なことだ。

そこで、本節では「大学教育の分野別質保証のための教育課程編成上の参照基準」[4]という文書を参考にしたいと思う。この文書（以下、「参照基準」と略記し、同基準からの引用はページ数だけを示す）は、大学教育の質保証という文部科学省の要請を受けて、学術会議が、様々な学術分野について大学教育がどのようなものであるべきかというガイドラインを示すために策定したものだ。「参照基準」は基本的に大学教育のあり方についてのガイドラインだが、冒頭近くに「社会学の定義」と題する二千字ほどの記述があり、社会学という学問そのものについての規定を含んでいる（三ページ）。策定は学術会議の社会学委員会と日本社会学会の社会学教育委員会が合同でおこなっていて、その意味では学会の意志が公的に反映された文書だといえるだろう。もちろん、この文書の内容をどれほど多くの社会学者が知っているかは定かでないし、知っている人のなかにはこれに異論のある人もいるだろうが、現時点では最も公的な（日本の）社会学の定義だといえるだろう。

「参照基準」による社会学の定義は、「社会学は、「社会についての学問」であり、「社会とは何か」という問いに答えるかたちで展開してきた」という記述から始まる。「問いに答える」と明確に述べていることから、社会学が質問・応答のゲームであると規定していることは明らかだろう。さらに、社会学は、①「経験科学であり実証的な学問」、②「理論的な学問」（①と②を合わせて「分析的科学」という記述もある）、③「規範的科学」、④「自己反省的な学問」という四つの性質をもつとしている（三ページ）。①から③まではこれまでの議論（特に第5章）から何を述べているのか理解できると思うが、④については補足する必要があるだろう。「参照基準」では、「社会学という学問自体が社会の中に存在し、社会の一構成要素である」ため、「社会との関係のなかで自らを更新する」必要があり、そのことを指して「自己反省的な学問」だと説明している（三ページ）。これはまさに本章でおこなっている検討そのもの、つまり社会学自体が社会学の研究対象になりえることが、該当すると考えられる。

以上の四つの性質は、おそらく日本の社会学者の考え方の「最小公倍数」的なものだと思う。「最大公約数」なら「すべての人が必ずもっている要素」という意味だが、これはそうではなく「誰かがもっている要素を集めたもの」という意味で「最小公倍数」と表現するのがふさわしいと思う。なぜなら、第5章でみたように「規範性」という要素に賛成しない社会学者もいるからだ。

これで検討対象になる三つのゲームの志向性が一通りそろったわけだが、比較の作業に入る前に、ここで念のためにもう一度本書が用いる「志向性」という概念の意味を確認しておこう。本書では志向性を「方向づける性質」と定義し、志向性の条件として、選択肢、評価基準、能動性の三つを満たす必要があるとした（第2章第2節）。このうちの能動性については、自然科学では研究、芸術では作品制作、社会学でも研究がおこなわれているので当然条件を満たしている。また、選択肢に関してもそれぞれ具体的な研究、作品、社会学理論が存在するので、検討の余地はない。したがってそれぞれのゲームの志向性の違いは主として評価基準の点に現れると考えられる。つまり、研究や作品を評価する基準がどのようなものかが、議論の中心になるということだ。

問いの共有と多様性の重視

準備作業が長くなってしまったが、それではまず、ゲームとしての基本的な性質から比較してみよう。それぞれのゲームは、質問・応答のゲームなのか、命令・行為のゲームなのかという論点だ。この点については、すでに答えは出ているはずだ。自然科学は質問・応答のゲーム、芸術は命令・行為のゲーム、社会学は自然科学と同じく質問・応答のゲームとなる。

しかし、本当に社会学は**質問・応答のゲーム**なのだろうか。

問いの共有

質問・応答のゲームとは、問いが志向性を与えるゲームのことだ。ある問いに対して複数の答え（選択肢）が考えられ、そのなかからよりよい答え（評価基準）が選ばれる。これが質問・応答のゲームの志向性だ。

自然科学がまさにそのようなゲームだということは明らかだろう。例えば「物質とは何か」という問いに対して、様々な「モデル」（元素、分子、原子、素粒子など）が考案され、そのなかからより適切なものが選択されてきた（例えば複数の原子モデルなど）。また、まだ答えがない問いが研究者に共有されていて（例えば現代物理学の大統一理論）、答えを得ようとする努力が続けられている。自然科学はまさに質問・応答のゲームの見本といえる。

では、社会学でも同じことがおこなわれているのだろうか。「参照基準」が述べるように、「社会とは何か」という問いが仮に共有されているとして、それに対する答えを得ようとする努力が続けられてきたのだろうか。物理学に倣って、「社会」を構成すると考えられる様々な要素として、組織、集団、制度などを概念化し、それらについて詳しく調べるといった研究は確かにある。第6章で扱った**機能主義**の系譜のなかの、パーソンズやルーマンなどの「社会システム論」がそうだ。これは「社会とは何か」という問いに答えを得ようとする努力だと見なすことができるだろう。社会システム論の内部では、基本的に自然科学と同様の、問いによって志向性が与えられるものとしてのゲームの展開が起こりえる。たとえそれが「ルーマンの学説の検討」というものだったとしても、質問・応答のゲームとしての形態は保たれていると思う。

しかし、日本の社会学界で、社会システム論を研究している、もしくは社会システム論に依拠した研究をおこなっている研究者は、ごく少数だろう。では、社会システム論に関わっていないほかの社会学者は、「社会とは何か」という問いについて別の答えを提示しようとしているのだろうか。もしそうならば、それはそれで質問・

応答のゲームとして健全な状態だといえるが、残念ながら筆者には現状はそうだとは思えない。「社会とは何か」という問いに対して、社会システム論が「社会とはシステムである」という明確な答えをもつのに対して、何か別の理論、例えば構築主義やエスノメソドロジーなどが、「いや、そうではなくて社会とは○○なのだ」という反論をしているとは、到底いえないだろう。つまり、「社会とは何か」という問いが社会学というゲーム全体で共有されている状況（一つの問いに複数の答えが競合するという状況）は存在しないということになる。

それでは、おのおのの理論の内部でなら問いの共有はされているのだろうか。例えば構築主義であれば、ある社会状態（社会問題など）がどのように構築されるのかという問いが、確かに共有されているといえる。しかし、一つの問いに複数の答えが競合するという状況はどれほどあるだろうか。また、まだ答えが得られていない問いが共有され、多くの研究者がその問いにチャレンジするという状況が、どれほどみられるだろうか。

筆者は実際にはどちらもほとんどみられないと思う。例えば社会問題（の構築）についての研究であれば、ある人は「○○という問題の構築」を研究し、別の人は「△△という社会問題の構築」を研究するというように、棲み分けをしようとする。そして、両者は一つの問いをめぐる複数の答えという競合関係にはない。

もちろん、社会学にも論争はある。むしろ自然科学よりも活発だといえるかもしれない。しかしそれらが、同じ問いに対する複数の答えの競合という構図であることは、まれではないだろうか。

以上の考察から導かれるのは、社会学というゲームでは「問いの共有」が欠如している、もしくは非常に希薄である、という結論だ。これはおそらく研究分野によって濃淡があると思われる。例えば緻密な量的調査を積み重ねてきた分野では、ある程度の問いの共有はあると思う。しかし、社会学全体としては問いを共有しようという意識が非常に希薄だということは否めないだろう。

多様性の重視

社会学は質問・応答のゲームであるはずなのに、なぜ問いを共有しようとしないのだろうか。この点について考察を深めるために、もう一つの比較対象である芸術の志向性について考えてみよう。

芸術は質問・応答のゲーム、つまり何らかの問いに答えるゲームではない。それでは何が芸術という営みを方向づけているのだろうか。本書では先ほど仮に「人に感動や心地よさを与えること」という志向性を指摘した。志向性として抽象的すぎるのだが、これ以上具体的にするには、おそらく音楽や美術などそれぞれの芸術ごとに論じなければならなくなるだろうし、専門家ではない筆者には荷が重すぎる。そこで、おそらくどの芸術にも共通する要素だと思われるオリジナリティ、つまり独創性を取り上げたいと思う。独創性は芸術というゲームの中核になる志向性ではないが、志向性の一部を占めていて、どの芸術分野にも共通する要素だと思われる。これは、「模倣」が基本的には芸術だと見なされないことからもわかるだろう。この独創性という志向性（の要素）は、自然科学と芸術の違いを特徴づけていると、筆者は考えている。

自然科学でも独創性は重要なはずだと思われるかもしれないが、あるとしてもそれはあくまでも手段の独創性であり、答えである研究結果が独創的であることは、評価の対象にはならないと思われる。求められるのはあくまでも正しさであり、誰も思いつかなかった正解を見つけたことを「独創的」と呼んでいるだけだ。これに対して、芸術は手段だけではなく作品というアウトプットに独創性が求められる。いままでになかったものだということそれ自体が、人々に驚きや新鮮な感動を与える。また、独創性を追求することは、作品というアウトプットに多様性をもたらす。これは、答えを一つに収斂させていこうとする自然科学とは対照的な性質だ。

独立した作品を制作しようとする社会学

以上の考察を踏まえて、もう一度、社会学についての考察に戻ろう。

先ほど社会学は問いを共有しようとする意識が乏しいという評価を下したが、その一方で、独創性を評価し、アウトプットの多様性を重視する傾向があるように思える。ある問いに対して、唯一の正しい答えを追い求めるのではなく、多様な答えが存在する可能性を示す。あるいは、ある問題に対して様々な角度から問いを立て、多様なものの見方があることを明らかにする。社会学では、そういったことが重視されているのではないだろうか。ただし、以上のようなことは「参照基準」の社会学の定義からはまったく読み取れない。「参照基準」で提示されている社会学の特徴のうち①と②は、社会学を自然科学的な質問・応答のゲームとして定義づけているといえる。それによれば、社会学は「要因や構造を経験的・実証的にあきらかにする学問」であり、「実証的研究と理論的研究を両輪とし、相互に検証し合うことで社会への認識を深めていく」（三ページ）ものだとされる。そのようなことを実際におこなっているとしたら、確かに社会学も自然科学と同様のゲームだといえるかもしれない。

しかし、現実には大部分の社会学者はそんな研究はしていないのではないかと筆者は考えている。これを読んでいる社会学研究者はぜひ自分の仕事を振り返ってみてほしい。それは「要因や構造を経験的・実証的にあきらかにする」研究なのか。「実証的研究と理論的研究を両輪とし、相互に検証し合うことで社会への認識を深めて」いるのだろうか。前者は「構造」という部分を抜きにすれば、経験的・実証的研究をしていると主張できる研究者はそれなりにいるだろう。しかし、後者は、実証的研究と検証し合うような「理論的研究」というのは、ハードルが高すぎる。そのような理論的研究とはどのようなものなのだろうか。筆者の考えではこの条件を満たす理論的研究は、現状では社会システム論しかありえない[5]。つまり、社会システム論だけが社会学を自然科学的な質問・応答のゲームにする可能性をもっているのだ。にもかかわらず、少なくとも日本の社会学界では、社会システム論のプレゼンスはそれほど高くない。大多数の社会学者が共有する理論だとはとてもいえないだろう。大多数の社会学者には、「実証的研究と理論的研究を両輪とし、相互に検証し合うことで社会への認識を深め」るという研究は不可能だと思う。

以上の主張は、基本的には筆者が社会学者として活動してきた経験に基づくものであり、十分な根拠に支えられた主張であるとはいえない。そのため、ここから先はかなり強引な主張だということを理解したうえで読んでほしい。

大多数の社会学者にとって、自分の（経験的）研究が、何らかの理論として結実することを想像するのは難しい。なぜなら、そもそもそのような回路（理論枠組み）が存在しないからだ。社会学界という大きなチームの一員として、社会とは何かといった大きな問いに答えるためにある部分を担当するという意識をもつことができない。したがって、自分の研究は理論構築を経由せずに直接社会に貢献するのだと主張せざるをえない。つまり、社会学には「基礎研究」は事実上存在しないのだ。

一つひとつの研究は、社会学全体の発展に関与するようにデザインされることはなく、そのため問いの共有もおこなわれない。そのかわり、それぞれが独立した「作品」として社会に対して自己主張することを求められていて、[6]そのことが多様性を重視する背景になっているのではないかと思われる。

かなり複雑な議論になってしまったが、この項の結論をまとめておこう。

社会学は、公式には自然科学と同様の質問・応答のゲームのはずだが、実際には問いを共有するための回路（理論）を（大部分の社会学者が）もたないため、一つひとつの研究を独立した作品として、直接社会に還元できるものにしようと考えざるをえなくなる。そのため、問いを共有しようとする傾向が乏しいのではないだろうか。ある意味では社会学は（ゲームとしての形式的な性質としては）自然科学よりも芸術に近くなっているといえるかもしれない。

もしそうだとすれば、これをどのように評価すればいいのだろうか。この論点については第3節で考えてみたい。

ゲームとしての発展モデル

三つのゲームを比較するもう一つの論点は、志向性の要素としての評価基準がもつ性質だ。そしてこの論点はそれぞれのゲームにとって「発展」がどのようなものかということに関わってくる。

真理への接近という発展モデル

まず、自然科学から考えていこう。自然科学の評価基準は、経験的事実と理論（による予測）が一致するかどうかであり、客観的で普遍的な評価基準をもつゲームであることがわかる。評価で参照されるのは経験的事実であり、その規則性は変化しない（と考えられている）。追い求めている真理が変化しないのだから、それにどれだけ近づいたのか、どれだけ完璧に真理を明らかにできたのか、という基準でゲームの全体的な状況を評価することができる。これが自然科学に「発展」という概念がある理由だ。例えば物理学であれば、過去のニュートン力学に対して現代物理学は、いわば上位互換であり、経験的事実に対してより大きな説明力をもっている。どんな研究分野でも、過去にわからなかったことが現在はわかるようになったという例は枚挙にいとまがない。こうしたことを「発展」と呼ぶのはごく自然なことだろう。

一方、芸術の評価基準を、本書では「人に感動や心地よさを与えること」だとしたが、これは評価の基準が、その芸術が存在する時代の、あるいは地域の人々だということを意味している。そのため、異なる時代や異なる地域では、優れた芸術の基準も変化する。例えば音楽であれば、現在の日本のＪポップのなかでどの曲が優れているかの優劣をつけることはできるかもしれないが、Ｊポップと十七世紀から十八世紀ヨーロッパのバロック音楽を比較して、どちらが（技術的にはともかく）芸術として優れているかを議論することには意味がないだろう。そういう意味で、芸術には、少なくとも自然科学のような「発展」はない。

それでは、社会学というゲームの発展は自然科学と芸術のどちらに近いのだろうか。この論点については、社会学の特徴として「参照基準」で挙げられていた①から④のそれぞれについて考えてみたい。ただし、④はそもそも発展とは関係がない特徴だと思われるので除外し、①から③についての考察をおこなうことにする。

まず①について考えてみよう。①は「要因や構造を経験的・実証的にあきらかにする」ということなので、これまでわからなかった要因や構造が明らかになったり、以前より詳しく理解できるようになれば、自然科学的な発展が社会学にもあるということになる。具体的な個別の社会現象や、ある範囲の社会現象についてはそのような意味での発展は確かにあるだろう。しかし、例えば社会学の草創期である十九世紀と現在を比べて、何かの解明が進んだということはあるのだろうか。

これはかなり難しい問題だ。というのは当時の社会と現在では社会が変化しているため比較が難しいからだ。例えば「貧困」はかなり普遍的な社会問題だが、それでも十九世紀の貧困と現代の貧困はまったく様相が異なる。そのため、貧困についての新しい実証研究があっても、それが普遍的な真理への接近という意味での進歩だとは必ずしもいえない。

以上の説明からわかるように、社会学が実証研究だとしても、その対象になる経験的事実は、自然科学が対象にする経験的事実とは異なり、時代とともに変化していく。それは評価の基準が変わってしまうということなので、真理への接近としての発展モデルは成立しないと考えるべきだろう。これは、②「理論的な学問」についても同様だ。経験的事実に対してより説得力がある理論モデルを探究するというのは、同じ時代、同じ地域のなかならば可能だろうが、社会が変化していくことを考えると、普遍的真理への接近という発展モデルは現実的ではない[7]。

それでは③の「規範的科学」についてはどうだろうか。これは「社会的現実を評価し、それに働きかけようとする」（三ページ）ことなので、そもそも「真理への接近」という発展モデルはなじまない。よりよい評価（公正な評価など）やよりよいはたらきかけ（社会の改善など）という基準を設定したとしても、どの時代や地域でも変わらない普遍的な基準を作ることができるとは思えない。

以上のことから、社会学というゲームは、自然科学のような真理への接近という発展モデルをもつことができないことがわかる。それでは、社会学は芸術のように、時代を超えた発展モデルがないゲームなのだろうか。草創期の社会学、二十世紀の社会学、そして現代の社会学を考える場合、それらはそれぞれの時代に合った社会学というだけで、優劣をつけたり「発展してきた」と評価したりすることができないものなのだろうか。もしそうだとしたら、それは「学問」のあり方として許容されることなのだろうか。

もしかしたら、この点は意見が分かれるところなのかもしれないが、少なくとも筆者は学問であるかぎりは何らかの発展モデルをもつ必要があると思う。そして、社会学にも自然科学とは異なる発展モデルがある程度は共有されているのではないかと考えている。それはどのようなものなのかを説明したい。

多様な視点という発展モデル

十九世紀の社会学と現代社会学の違いは、現代社会学は十九世紀の社会学を知っているが、十九世紀の社会学は現代社会学を知らない、ということではないかと思う。あるいは、現代社会学は現代の社会と十九世紀の社会を知っているが、十九世紀の社会学は現代の社会を知らない、といってもいい。この考え方に立てば、現代社会学が十九世紀の社会学を上書きするものでなくても、むしろ上書きするものでないからこそ、より多様なものの見方を可能にするという意味で、ある種の発展が社会学にもあると、主張することができる。

社会学の（学説紹介型の）教科書で必ずといっていいほど扱われる初期の社会学者は、エミール・デュルケム、マックス・ウェーバー、ゲオルグ・ジンメルなどだが、彼らの学説は互いに継承関係にあるわけでもないし、明確な対立関係にあるわけでもない。むしろ異なる問いをもつ異なるゲームといっていいほど、相互に干渉しない。そして、それらの相互に異質な理論は、その後の社会学の展開のなかで完全に統合されるわけでもなく、いずれかが生き残って残りが淘汰されるわけでもなく、現在でもなおすべてが社会学の有力理論の一角を占め続けている。これはその後に生まれた多くの社会学理論についても同じことがいえる。

このような社会学のあり方は、社会学というゲームには自然科学のような真理への接近という発展モデルが当てはまらないことを、明確に示している。経験的事実に照らしてデュルケムの理論とウェーバーの理論のどちらがより正しいのかという検討は、されることはない。そして、ある意味では、それをしないことこそが、社会学の発展モデルだと考えざるをえないのではないだろうか。

ある理論が作られると、それを（経験的事実と照らし合わせて）検討し、十分に正しければ共有され、正しくない部分があればその点を修正する理論が作られ、上書きされていくという発展モデルに対し、ある理論が作られると、それに対して異なる角度から別の問いを立てるような理論が生み出されるという発展モデルもありえるのではないか。もちろん理論に不備があれば淘汰されることもあるだろうが、いくつかは生き残り、理論的な多様性を生み出していく。これこそが社会学の事実上の発展モデルだと考えることができる。

このような考え方が社会学者にどれだけ受け入れられるのかはわからない。ただ、それを否定するならば、社会学には多様な視点という発展モデル以外にどんなものが当てはまるのかを考えてみてほしい。真理への接近なのか、発展モデルは存在しないのか、それともまた別の発展モデルがあるのだろうか。このように、消去法で考えていくと、多様な視点という発展モデルを採用するしかないと筆者は考える。

しかし、社会学の発展モデルが多様な視点の創出だとすると、多様な視点を得ることが、なぜ「発展」につながるのだろうか。多様な視点は私たちに何をもたらしてくれるのだろうか。

社会学の教科書などでは、社会学を学ぶ意義として、しばしば「多様な視点」の獲得が挙げられる。大学教育のガイドラインである「参照基準」もこの点に触れている。「社会学の学びを通じて獲得すべき基本的な能力」の一つとして、「多様性を理解する能力」を挙げているのだ。確かに、社会学の教育効果として、「他者への想像力」を身につけ、「複数のパースペクティブを考慮したうえで、行動することができる」(一三ページ)ようになることは、十分期待できる。しかし、それは理論の多様性と直接結び付くことではないし、教育効果として多様な視点の獲得が期待されたとしても、それは学問自体の目標といえるのだろうか。仮にそうだとすると、社会学は人々の「教養」であることを目指す、ということなのだろうか。

実際に一部の社会学者は、自覚的に、あるいは結果として、そのような方向性を選択しているのかもしれない。そしてこのことは社会学者が独立した「作品」を制作しようとしているということとも符合する。社会学の研究は研究者コミュニティのなかで共有され、理論構築されていくようなものではない。それぞれの研究成果は直接人々に訴えかける作品なのだ。そしてその作品は人々に多様な視点をもたらし、人々の生活を豊かにすることに寄与するだろう。社会学はそのような営みとして、社会のなかでの存在意義を主張するべきなのだろうか。次節でこのことを詳しく考えてみたい。

3　社会学というゲームの発展のために

まず、これまでの議論を整理しておこう。

ルールの共有についての（共有の方法という観点からの）検討では、社会学では共有の方法が十分には機能していないことが明らかになった。その背景には、あまり積極的にルールの共有を進めなくてもいいのではないかという考え方があると思われる。むしろ、様々な方法が競合する状況は、互いを刺激し合い、全体として社会学というゲームのクオリティを向上させる可能性もある。ただ、それはあくまで過渡的な状況であるべきだし、より重要なことは、社会学というゲームで志向性が共有されていなければ、多様な方法が競合することがなく生産的な効果ももたないということだ。

現状では社会学というゲームの志向性はどのようになっているのかというと、まず社会学では問いを共有しようという意識が希薄であり、この点で社会学は自然科学とはゲームとしての形式的な性質がまったく異なっている。社会学は「社会とは何か」という問いに導かれた質問・応答のゲームのはずだが、実際には多くの社会学者がそのような問いとは無関係に研究をするようになってきている。そのため、自分の実証的研究で何らかの理論に寄与するという形態をとることができなくなり、人々に直接訴えかける独立した「作品」として研究をまとめざるをえなくなっているのではないか。これが前節での分析だった。

要するに、社会学というゲームは、「社会とは何か」という大きな（実証的な）問いを共有し、そのもとで研究するということがないため、真理への接近という発展モデルを採用できなくなっている。そこで、多様な視点の創出という発展モデルをとらざるをえないのだが、この発展モデルがどのように正当化できるのかは、まだ十分に明らかになっていないと思う。

以上のように、社会学という学問は、ゲームとして分析してみても、これまで多くの社会学者が指摘してきたのと同じように、あまりいいとはいえない状況にあるという結論になる。そこで、これまでの分析を踏まえて、今後どのような方向に進んでいくべきかを提案してみたい。

whatの問いとhowの問い

現代の社会学というゲームが抱える最も根本的な問題は、「社会とは何か」という問いが共有されていないということにあると思う。しかしこれは、本来は共有されるべきなのに何らかの要因があって阻害されているということではなく、本来は共有できないものであるにもかかわらず、そのことが理解されていなかったり、無理やり共有しようとしたり、あるいは共有されているかのように見せかけたりすることによって、問題が生じていると考えるべきだというのが、筆者の考えだ。

「社会とは何か」という問いは、基本的に社会を何らかのモノ（本書の言葉では存在物）として外から観察することによって生じる問いだ。そして、その手法は基本的に自然科学に範をとるようなものになる。社会学の理論としてこの問いに対応しているのは、本書で**機能主義**の系譜として扱った理論、現代ではニクラス・ルーマンの社会システム論がその代表といえるだろう。

しかし、実際には多くの社会学者がこの問いを共有していない。すでに別の問いに導かれ、別のゲームを始めてしまっているのだ。では、その問いとは何か。これは「社会的な営みとはどのようなものか」という問いではないかと思う。これを「社会とは何か」という問いと対比させるために、第7章では「what の問い」「how の問い」という言葉で説明している。(8)

how の問いを自覚的に採用しているのは、構築主義やエスノメソドロジーだが、実際にはフィールドワークや参与観察で調査をおこなう研究者や言説分析をおこなっている研究者の間でも、共有されている認識ではないかと思う。「いや、私はフィールドワーク（あるいは言説分析）をしているけれど、「社会とは何か」という問いを共有している」という研究者は、以下のように自問してみてはどうだろうか。社会学者（「筆者」でもいい）が主として注目しているのは、「社会」（システム、権力、メディアなど）なのか、それとも「人間」（の活動／営み）なのか、と。

現代の社会学者の大多数は、基本的に「社会」ではなく「人間」に注目するようになってきていると思う。もちろん、社会学であるかぎりその人間とは社会的存在としての人間であり、背景としての社会が意識されなくなることはないが、社会学者が明らかにしたいと考えているのは、抽象的な「社会」ではなく、具体的な人々の営みなのではないだろうか。

現代の社会学者の多くが how の問いに関心をもっていることが事実だとしても、いまもなお what の問いに関心を持ち続けている社会学者がいることもまた事実だろう。では、この二種類の問いの関係はどのようなものだと理解するべきだろうか。

両者は両立不可能な対立関係にあるのだろうか。あるいは、何らかの形態で統合される、もしくは社会学というゲームの二つの下位ゲームとして並立するのだろうか。

次の項では、この点について筆者の考えを明らかにするとともに、社会学がこれから進むべき方向について提言をしたい。

社会学の二つの道

まず、what の問いと how の問いが両立可能かといえば、それはまったく不可能であり、両者の違いを明確に意識する必要があるというのが、本書の主張だ。本書では、この二種類の問いは、それぞれ自然科学の発想と（ルールの科学としての）社会学の発想に対応していて、社会学の方法を**自然科学**の考え方と対比させながら解説してきた。この自然科学との発想の違いという点は、本書全体を貫く三つのモチーフのうちの一つだ。

二つの問いをはっきりと分けなければならない理由は、両者の違いが非常に根本的なものであるため、一方（特にhowの問い）にもう一方の考え方を持ち込むと大きな混乱が生じるからだ。その一例として本書で何度か言及したのが**権力**である。人々の営みに関して「how」という問いを立てて分析しているところに、（本来はwhatの文脈の概念である）「権力」という言葉を持ち込むと、理論的な混乱が生じる。人々の具体的な営みを理解しようとしているときに安易に「権力」という概念を導入すると、何も説明できていないのに説明できているかのような分析になってしまい、むしろ重要な要素を見逃してしまうこともあるだろう。筆者としては、howの問いに導かれた研究では「権力」という言葉の理論的概念としての使用を禁止してもいいくらいだと思う[9]。

では、whatの問いとhowの問いによって社会学を二つのゲームに分離した場合、それらは併存し続けるのだろうか、それともどちらか一方だけが生き残るのだろうか。筆者個人は、whatの問いは捨ててhowの問いだけに絞っていくべきだと考えるが、それはこれまでの社会学の伝統を無視したあまりにも過激な意見だと自分でも思うし、実現可能性はまったくないだろう。そのため、少なくとも当面は両者が並立する形態をとりながら、より穏やかなものとして社会学の将来を模索していくことになるのではないだろうか。そのようなイメージを前提として、いくぶん現実的な改革プランを提示したいと思う。

現在、社会学の、そしてそれぞれの社会学者の前には、二つの道があると考えられる。

一つは、「社会とは何か」というwhatの問いに導かれ、自然科学と同様の実証的研究を進めていく道だ。本書の立場としては、この道には第1章で示したような多くの困難があると考えるが、「社会」のなかでも相対的に変化の少ない根幹の部分を**法則**に準じるものだと捉えるなら、自然科学に準じた実証主義（的な）研究を進めるというプランが可能なのかもしれない。その場合、現状で最も大きな課題だと思われるのが、「参照基準」で「社会学は実証的研究と理論的研究を両輪とし、相互に検証し合うことで社会への認識を深めていく」と記載されている理論と実証の相互検証だ。この道を進もうとする人は、この点を強く意識して研究を進めるべきではないかと思う。つまり徹底して実証主義を貫くべきだ、ということだ。

もう一つの道は、how の問いに導かれ、具体的な人々の営みを詳細に記述するというものだ。個々の具体的事実についての認識を社会学の知としてとりまとめる理論は存在しないため、基本的に個別の事象に限定した研究になるが、だからこそより詳細な、より深い記述が生み出されるだろう。そして、理論構築を経由することなく、それぞれの研究が独立した作品として、読者に訴えかけ、そのことによって社会的意義を獲得しようとする。理論的バックグラウンドが希薄なため、ジャーナリズムや文学とどこが違うのかと批判されるかもしれないが、それは厳密な調査方法と理論的な語彙の使用によって乗り切るしかない。

以上の二つの道は、いずれもある程度は現実的であり、そして実際にほとんどの社会学者がどちらかの道を進んでいるのだと思うが、あまり明るい未来を見通せるものではないと思う。

前者は自然科学に範をとるので志向性は明確だが、それに沿った実践（実証）をおこなうのは困難だろう。一方、後者では実証研究は活発におこなわれるが、志向性が共有されず、社会学としてのアイデンティティを保つことが困難になる。

そこで、本書ではこれらの二つの道とは別に、第三の道を提案したいと思う。

社会学の第三の道

筆者が提案する第三の道とは、第二の道（how の問いに導かれる道）をベースとして、その道に欠けている二つの要素、基礎理論（グランドセオリー）と**社会的意義**を補おうとするものだ。

まず、基礎理論についての提案を説明したい。

what の問いに導かれた研究では、「機能」や「システム」という概念によって全体社会の大まかな「構造」をイメージすることができた。そのため、例えば家族について研究している人は、家族というシステムが全体社会というシステムのなかのどの部分に位置するのかを理解することができ、家族について調べることが「社会とは何か」という問いにどのように寄与するのかを説明することができた。

これに対して、how の問いに導かれる研究は、現状ではそれぞれの研究テーマがばらばらに存在しているだけで、相互に関連づけることが難しい。「機能」や「システム」という概念は、how の問いとはまったく相いれないので採用することができないし、かといってそれにかわる理論もない。

そこで筆者は、how の問いのための基礎理論を新たに作り、それを、人々の営みを研究する人たちが相互に研究を参照して結び付け、研究者の共同作業としての社会学というゲームを実質化するためのプラットフォームとすることを提案したい。これが、本書全体を貫く三つのモチーフのうちの一つである、「ルールの理論」だ。本書が提案する「ゲーム」「ルール」「志向性」「方法の共有」という概念は、少なくとも「機能」や「システム」という概念よりも、how の研究にとってずっと使い勝手がいいはずだ。そして、これらの概念は、研究対象のある程度の抽象化を可能にし、得られた知見を相互に参照することを可能にするだろう。

この文脈では、ルールの理論を構成する諸概念のうち最も重要なのは、**志向性**だ。社会学者は、具体的な人々の営みを調査する過程で様々な志向性に出合う。それは組織や活動の「目的」かもしれないし、人々の「思い」や「希望」かもしれない。あるいはそこから逃れたいという志向性と、そのもとになる「苦しみ」や「困難」の可能性もあるだろう。how という問いは、そのような志向性を前提としている。目的、希望、苦しみがなければ、そもそも how という問いは生まれないはずだ。だからこそ、志向性という抽象的な概念や、それに基づくルールの理論は、how の問いに導かれた社会学的な諸研究を緩やかに結び付けるはたらきをすることが期待されるのだ。

次に、社会的意義を補うという点について説明しよう。

現状では、how の問いに導かれた研究は、理論構築を通じて社会に貢献するという形態をとることができず、そのため自らの研究はそれ自体として、つまり一つの作品として、社会的な意義をもつものだと主張せざるをえなくなっている。しかし、そのような主張に説得力をもたせるのはかなり困難なことだし、なによりそれが学問としての本来の意義なのかという疑問を拭いきれない。

前述のルールの理論が仮に共有されたとしても、この問題は解決しない。ルールの理論はhowの問いに導かれた研究を相互に結び付けて、「理論体系」の構築を可能にするかもしれないが、「社会的な営みとはどのようなものか」という問いが社会的意義をもつことを自明にしてくれるわけではないからだ。「社会とは何か」という問いは、社会という、自分たちとは別の、まだよく知らない存在について、それが何かを知ろうとするということなので、「物質とは何か」という問いと同様に、それ自体に意義があることのようにみえる。それに対し、「社会的な営み」とは自分たちがおこなっていることなので、それを知ること自体にどのような意義を見いだせるのかが不明確なのだ。

もちろん、このことはすでに十分自覚されていることだ。だからこそ、盛山和夫は規範理論の必要性を主張しているわけだし、「参照基準」でも「規範的科学」という特徴が記載されているのだ。

ただ、規範性というだけではまだ漠然としすぎているだけでなく、学問として規範的判断に踏み込むことについては、客観性のうえに成り立っているはずの学問というゲームのあり方を根本から揺るがしかねない。そのため、この点に関しては、相当に慎重な議論が必要なのだ。

このような問題に対する本書の解答は、社会学が規範性に踏み込むための確固としたロジックを作り上げるということだ。もうおわかりだと思うが、それが本書全体を貫く三つのモチーフのうちの最後の一つである「社会的意義」だ。

社会学が規範的科学だからといって、どんな主張をしてもいいというわけではない。問題の発見、解決策の提示、処方箋から制度設計と「参照基準」ではいろいろ列挙されているが、社会学が学問として主張できる範囲は厳密に定めておく必要がある。本書が提示する学問としての主張が可能な範囲とは、「ルールの評価」だ。「参照基準」にある多様な規範的活動と比べればかなり限定されていると感じられるだろうが、もちろんこれには正当な理由がある。

まず、ルールの評価に限定するという点についてだが、評価という活動は評価基準さえ明示されれば、原理的には実証的な研究によって客観的におこなうことができるからだ。例えば公共の場ではマスクをするというルールを、ウイルスの感染を予防できるかという基準で評価するなら、実際にどの程度感染を減らすことができたのかという客観的なデータで評価することができる。問題は評価基準をどのように設定するのかということだが、これは評価の対象がルールに限定される点と関わっている。本書の考え方ではルールはゲームの（共有された）方法である。方法とは常に何かのための方法なので、その何か（本書では志向性）が方法を評価する基準である。つまり、評価の対象をルールにすれば、それを評価する基準は初めから準備されているということになるのだ。

以上のように、ルールの評価という設定によって、社会学という学問が評価という活動をおこなううえでの足場が作られる。そして、基本的にはそこから逸脱しないことが学問としての分を守るためには必要だと思う。

また、評価という足場からは、「参照基準」が要求している「問題の発見」や「解決策の提示」などもある程度はおこなうことができる。例えば、ルールを評価している過程でそのルールに何か問題があることがわかれば、それは「問題の発見」になるだろう。また、すでに実施されているルールだけでなく、まだ実施していないルールを評価してみることによってその評価が高ければ、実質的には「解決策の提示」になるだろう。このように評価という確かな足場が確保されていれば、そこから様々な規範的活動を実質的におこなうことができるのだ。

このような道を選ぶことによって、社会学はどのような発展モデルを得ることができるだろうか。筆者は、それは大まかには「真理への接近」と「多様な視点」という二つの発展モデルを折衷するようなものになると考えている。

まず、この第三の道は共通の基礎理論をもつので、その理論を常によりよいものに更新していかなくてはならない。この点では自然科学と同じような収斂のベクトルをもつといえる。しかし、社会（ゲームやルール）は常に変化するので、真理への接近を唯一の評価基準とするわけにはいかない。それでは何を基準に評価し、発展の方向を示せるのかというと、それは、「ルールの評価」という志向性に照らしてより有用であるという基準しか考えられない。現時点では、筆者はこれ以上具体的に説明することができないが、何らかの意味でよりよい基礎理論を作ることが、発展モデルの一つの要素になることは間違いないだろう。

これに加えて、多様な視点という要素もまた必要だ。これは、ルールを評価するには**多面的な評価**が必要だということ（第4章）と関係している。社会が複雑になり、かつ変動していくなかでルールの評価をおこなうには、常に新たな視点での評価が必要ではないかを検討しなくてはならない。ルールの評価とは、完璧な物差し（理論）が一つあればそれでどんなルールでも評価できるという性質のものではないのだ。現実社会を理解するための知識を蓄積し、その知識を背景にして様々な角度から多面的に評価しなければならない。そのためには「多様な視点」という要素も必要だ。

社会というものをより適切に理解するための理論の更新という発展要素と、多様な視点からの評価を可能にするために現実社会についての知識を蓄積するという発展要素、この二つを含むのが第三の道が採用すべき発展モデルではないだろうか。

以上が本書の提案する第三の道だ。

おそらく、how の問いをベースとすることや、評価によって社会的意義を獲得することについては、それほど違和感はないのではないかと思う。すでに自分はそのような研究をしているという社会学者も少なくないだろう。しかし、それぞれの要素をより厳密に考えようとすれば、ルールの理論が必ず必要になる。how の問いをベースとすること、評価をすること、ルールの理論を採用することは、相互に深く結び付いていて、それらをセットにして考えなくてはならないというのが本書の主張だ。そして、この三つが、本書の「はじめに」で提示した三つのモチーフ、「社会的意義」「自然科学との関係」「基礎理論」にそれぞれ対応している。

以上のことから、本書は全体として、日本の社会学の現状を踏まえたうえで「第三の道」を指し示すことを目的にしていることが、わかってもらえたのではないだろうか。

本章の冒頭で、この章は本書のまとめであると同時にある意味では出発点でもあると書いたのは、こういう意味だ。

注

(1) ただし、例外的に量的調査の方法についてだけは、教科書が共有の方法として機能していると思われる。これは、社会調査や統計解析の技法が社会学だけのものではないこととも関係しているだろう。

(2) 以下、紙幅の関係で学位に絞って考察する。研究者として在籍しているかどうかは採用選考がどのようにおこなわれているのかという問題であり、学位以上に調査は困難だと思う。

(3) 筆者は自然科学の専門家ではないので、これはあまり厳密とはいえないのかもしれないし、ほかにも「ある対象の性質をその要素によって説明すること」という志向性もありそうな気がする。ただ、十分に正確ではなくても議論には支障がないと思うので、このまま進めたい。

(4) 日本学術会議社会学委員会社会学分野の参照基準検討分科会「大学教育の分野別質保証のための教育課程編成上の参照基準――社会学分野」日本学術会議社会学委員会社会学分野の参照基準検討分科会、二〇一四年(http://www.scj.go.jp/ja/info/kohyo/pdf/kohyo-22-h140930-5.pdf)

(5) 例えば構築主義の「理論」は経験的研究によって実証されるような性質のものではないし、エスノメソドロジーも同様だ。

(6) このことは、おそらく社会学者が論文よりも本を書こうとする傾向があること(少なくとも自然科学の研究者より本を書く人が多いはずだ)とも関係していると考えられる。

(7)「社会」というものに、時代や地域を超えた一般法則が存在すると考えれば、自然科学同様の発展モデルが想定できるが、本書はそのようなものは存在しないという考え方をとる。実際のところ、そのような社会像を追求している社会学者はほとんどいないだろう。

(8)「社会秩序はいかにして可能か」という問いが社会学の根本的な問いである、という考え方もある。例えば入門書として広く読まれている書籍に、橋爪大三郎／佐藤郁哉／吉見俊哉／大澤真幸／若林幹夫／野田潤『社会学講義』（〔ちくま新書〕、筑摩書房、二〇一六年）があるが、そのなかでも、社会学を社会学たらしめている主題として、「社会秩序はいかにして可能か」という問いが挙げられている（同書五九ページ）。これは、「いかにして」という表現があることでhowの問いであるようにもみえるが、その答えとしては「規範」や「権力」という概念が想定されているので、実質的にはwhatの問いだと思う。

（9）もちろん、人々が「権力」という言葉を使っているかぎり、その言葉を記述や説明から除外してしまうわけにはいかない。あくまでも理論的な語彙としての使用禁止だ。

練習問題――「行列」について考えてみる

すでに筆者が本書で伝えたいと思ったことはすべて述べたが、読者はどのように受け止めただろうか。本書は「ルールの科学」を提案しているのだが、これもまた本書の言葉でいえば一つのゲームだ。ゲームを理解できたかどうかは、それを実際にやってみればすぐにわかる。そして、自分でやってみればそのゲームを自分なりに評価することもできるだろう。評価はおもしろいかどうかでもいいし、自分にとって役に立ちそうかどうかでもいい。

そこで、本書を締めくくるにあたって、読者が「ルールの科学」を実践してみることを提案したい。課題はこちらで用意し、どのように考えていけばいいのかというガイドラインも提示したい。しかし「解答」は書かない。見つけた題材によって異なる解答が得られるはずだし、もしかしたらすぐに答え合わせをせずに長く考え続けようと思う人が出てくるかもしれないと思うからだ。

筆者が用意した課題は、「行列」だ。これは数学の行列ではなく、何かを買うときや施設を使うときなどに「並ぶこと」を意味している。

行列は、様々な状況で使われる、非常に汎用性の高い方法だ。そう、方法として行列を捉えてみるのだ。それが最初の一歩になる。

行列は何らかのゲームのなかで、何らかの必要性があってとられる方法だ。そのため、まず具体的にどのようなゲームのどのような状況のなかでの行列を考察の対象にするのかを考える必要がある。世の中には実に様々な行列があるので、探してみてほしい。

ここで少しだけヒントを出すと、行列といっても現実空間に人が並ぶものだけとはかぎらない。例えば自宅にいながら、事実上行列を作って待っていることもある。それはどのような場合だろうか。そういうものも含めて行列を考えると、より深く行列を捉えられると思う。

考察の対象になる行列が決まったら、それを詳細に記述してみよう。その行列はどんな行列なのだろうか。行列を記述するには、第4章第1節が参考になるはずだ。

まず、ルールの根拠を明らかにしよう。どうしてそこに行列を作るというルールがあることがわかるのだろうか。どこかにそのことが書いてあるのだろうか。それともそれ以外のことが根拠になっているのだろうか。

次に、実践の記述をしよう。実際に人々はどんなふうに並んでいるのだろうか。列は一つなのか複数なのか。一列の幅は一人なのか複数なのか。列が長くなるとどの方向に延びていくのだろうか。物理的な行列ではない場合は、どのような仕組みで列が作られているのか。このように考えていくと、行列とはそれほど単純なルールではないことがわかるはずだ。

観察された行列を評価するには、**ルールの相対化**による特徴づけが必要だ。ほかの行列とどこが違うのか、どういう特徴があるのかをうまく表現できるだろうか。さらに、行列ではない方法と比較してみるという考え方もある。行列以外に行列が必要とされる状況に対応する方法はないのだろうか。

社会の記述としては、実際に人々が行列というルールを守っているのか、どのように守っているのか、あるいは守っていないのかを明らかにする必要がある。多くの人がきちんと並んでいるのに、「横入り」をする人がいるとか、行列が崩れて人々が入り口に殺到しているといったことだ。また、長くなった行列が周囲にどのような影響を及ぼしているのかということも、社会の記述として必要だろう。また、行列ができることによって周囲に何らかの影響を与えていないかということも、考慮すべきかもしれない。

ルールの**共有の方法**としての側面にも注目する必要がある。ルールはどのように守られているのだろうか。誰かが呼びかけているのか、柵などで誘導しているのかなど、様々な共有の方法が考えられる。また、違反者にどのように対処しているのかも、共有の方法としては重要だ。

最後に、**評価の基準**を明確にしよう。本書での評価の基準とはゲームの**志向性**だ。例えば切符の自動販売機に並ぶ行列であれば、「切符を販売する（購入する）」というゲームの志向性が問題になるのだが、行列を作る理由として考えられる志向性は、「スムーズな販売／購入」ということだろう（ほかにもあるかもしれないので考えてみてほしい）。だとすれば、行列によってスムーズな購入が実現しているのかというのが評価の（一つの）基準になる。

そして、いよいよ最後に、明らかになった評価の基準、ルールの記述、社会の記述、共有の方法の記述などをすべて組み合わせて、最終的な評価をおこなう。その行列の方法は、いい方法なのだろうか。あるいは、行列という方法は、ほかの方法と比べてそのゲームにとっていい方法なのかなどについて考えるのだ。特に、共有の方法という観点を含んでいることがルールの科学の特徴なのだから、その点も忘れずに考えてほしいと思う。できれば、記憶に頼って頭のなかだけで考えるのではなく、実際の行列を観察して（体験して）考えてみてほしい。もしかしたら意外な発見があるかもしれない。

「行列」はなかなか奥の深いテーマだと思う。行列についての調査や考察はことによると一冊の本にできるほどの研究へと結実するかもしれない。そして、もしそういう本ができたら、それはルールの科学の基本文献になるだろう。行列について系統的な知識が蓄積されれば、それは様々なルールの評価に用いることができるからだ。

実際にそんなふうに発展してくれるかどうかはわからないが、筆者が考えるルールの科学のあるべき姿とは、まさにそのようなものなのだ。

参考文献

五十嵐素子「「教示」と結びついた「学習の達成」——行為の基準の視点から」、酒井泰斗／浦野茂／前田泰樹／中村和生／小宮友根編『概念分析の社会学2——実践の社会的論理』所収、ナカニシヤ出版、二〇一六年
江原由美子『女性解放という思想』勁草書房、一九八五年
片桐新自「現代社会の危機と社会学の役割——素朴な社会学主義者の呟き」、関西社会学会編「フォーラム現代社会学」第一巻、関西社会学会、二〇〇二年
岸政彦／北田暁大／筒井淳也／稲葉振一郎『社会学はどこから来てどこへ行くのか』有斐閣、二〇一八年
酒井泰斗／浦野茂／前田泰樹／中村和生／小宮友根編『概念分析の社会学2——実践の社会的論理』ナカニシヤ出版、二〇一六年
Sacks, H., Schegloff, E.A., Jefferson, G., "A Simplest Systematics for the Organization of Turn-Taking for Conversation," *Language*, 50(4), 1974.（H・サックス／E・A・シェグロフ／G・ジェファソン「会話のための順番交替の組織——最も単純な体系的記述」、H・サックス／E・A・シェグロフ／G・ジェファソン『会話分析基本論集——順番交替と修復の組織』所収、西阪仰訳、S・サフト翻訳協力、世界思想社、二〇一〇年）
佐藤裕「三者関係としての差別」、日本解放社会学会編「解放社会学研究」第四巻、日本解放社会学会、一九九〇年
佐藤裕「権力と社会的カテゴリー——権力行為論（1）」「富山大学人文学部紀要」第五十号、富山大学人文学部、二〇〇九年
佐藤裕『ルールリテラシー——共働のための技術』新曜社、二〇一六年
佐藤裕『新版 差別論——偏見理論批判』（明石ライブラリー）、明石書店、二〇一八年
佐藤裕「ルールとは何か」、富山大学人文学部編『人文知のカレイドスコープ』（「富山大学人文学部叢書」Ⅱ）所収、桂書房、二〇一九年
佐藤裕『人工知能の社会学——AIの時代における人間らしさを考える』ハーベスト社、二〇一九年
盛山和夫『社会学とは何か——意味世界への探究』（叢書・現代社会学）、ミネルヴァ書房、二〇一一年
平英美／中河伸俊編『新版 構築主義の社会学——実在論争を超えて』（世界思想ゼミナール）、世界思想社、二〇〇六年
太郎丸博「書評『叢書・現代社会学③社会学とは何か——意味世界への探究』盛山和夫著」、数理社会学会編「理論と方法」第二十六巻第二号、数理社会学会、二〇一一年
筒井淳也「計量社会学と因果推論——観察データに基づいた社会の理解に向けて」、数理社会学会編「理論と方法」第三十四巻第一号、数理社会学会、二〇一九年
都築一治「書評 盛山和夫『叢書・現代社会学③社会学とは何か——意味世界への探究』」、社会学部論叢刊行会編「流通経済大学社会学部論叢」第二十三巻第一号、流通経済大学社会学部、二〇一二年

中河伸俊／赤川学編『方法としての構築主義』勁草書房、二〇一三年
日本学術会議社会学委員会社会学分野の参照基準検討分科会「大学教育の分野別質保証のための教育課程編成上の参照基準――社会学分野」日本学術会議社会学委員会社会学分野の参照基準検討分科会、二〇一四年（http://www.scj.go.jp/ja/info/kohyo/pdf/kohyo-22-h140930-5.pdf）
橋爪大三郎／佐藤郁哉／吉見俊哉／大澤真幸／若林幹夫／野田潤『社会学講義』（ちくま新書）、筑摩書房、二〇一六年
浜日出夫「盛山和夫著『社会学とは何か――意味世界への探究』」、日本社会学会編「社会学評論」第六十三巻第二号、日本社会学会、二〇一二年
前田泰樹／水川喜文／岡田光弘編『エスノメソドロジー――人びとの実践から学ぶ』（ワードマップ）、新曜社、二〇〇七年
Merton, Robert K., *Social theory and social structure: toward the codification of theory and research*, Free Press, 1949.（ロバート・K・マートン『社会理論と社会構造』森東吾／森好夫／金沢実／中島竜太郎訳、みすず書房、一九六一年）
森一平「授業の秩序化実践と「学級」の概念」、酒井泰斗／浦野茂／前田泰樹／中村和生／小宮友根編『概念分析の社会学2――実践の社会的論理』所収、ナカニシヤ出版、二〇一六年
好井裕明「分野別研究動向（差別）」、日本社会学会編「社会学評論」第六十四巻第四号、日本社会学会、二〇一四年
吉田民人「ポスト分子生物学の社会科学――法則定立科学からプログラム解明科学へ」、日本社会学会編「社会学評論」第四十六巻第三号、日本社会学会、一九九五年
吉田民人「「プログラム科学」と「設計科学」の提唱――近代科学のネオ・パラダイム」、社会と情報編集委員会編「社会と情報」第三号、東信堂、一九九七年
吉田民人「新科学論と存在論的構築主義――「秩序原理の進化」と「生物的・人間的存在の内部モデル」」、日本社会学会編「社会学評論」第五十五巻第三号、日本社会学会、二〇〇四年

おわりに

本書の主張は、非常にシンプルなものだ。

社会学が対象とするのは法則ではなく規則であり、規則は発見するものではなく評価するものだ。そして、規則、すなわちルールとは、ゲームの一部でありゲームの志向性を基準として評価できる。ただし、その評価は共有された方法という側面だけではなく、共有の方法としての側面も考慮して多面的におこなわなくてはならない。

ざっとこんなところで、ほぼ言い尽くされているだろう。

しかし、既存の社会学の考え方が、このようなシンプルな主張の理解を阻んでいる。自然科学を範として、実証科学たらんとしてきたこれまでの社会学とは、かなり根本的なところから異なる考え方なので、うまく折り合いがつけられないのだ。

そのため本書は、社会学についてよく知っている人ほど混乱しやすく、理解しにくいかもしれない。もしかしたら、初学者のほうがすんなり理解できるのかもしれないと思う。

だが、本書の主張を受け入れがたいと感じる人はぜひ考えてみてほしい。いまの社会学は、このままでいいのだろうか。吉田民人や盛山和夫などの重鎮がいまのままではまずいと考えてあえて問題提起をしたことも、あまり気にする必要がないということなのだろうか。筆者にはそうは思えない。

やや挑発的な物言いになってしまうが、そうした「社会学の危機」に対して、本書のほかに本書以上の答えを提示したものがあるのだろうか。もちろん、筆者も本書の主張が完璧で非の打ちどころがないとは考えていない。様々な「穴」があることを自分でも気づいているし、まだまだ具体化できていない部分が多い。むしろこれはまだほんの第一歩にすぎないので、ぜひこれを乗り越える研究が現れることを期待したい。

最後に本書執筆の経緯を書いておきたい。

筆者はもともとは本書のような社会学の基礎理論というべき分野に興味をもっていたわけではない。筆者の最初の研究テーマは差別問題だったし、それも当初は理論研究ではなく計量的な調査に基づく研究だった。

しかし、差別問題の計量研究を始めてすぐに、筆者はつまずきを経験した。調査で明らかにしようとする「偏見」や「差別意識」という概念に疑問をもってしまったのだ。そのため、やむをえず理論研究へと進み、エスノメソドロジーに刺激を受けながら、なんとか自分なりの結論を得ることができた。それが第10章で取り上げた『差別論』だった。

『差別論』を書き上げたあと、筆者はいったん差別問題の研究から離れることにした。その理由は、二つほどあったと思う。

一つは、「自分が何をしているのかわからなくなった」からだ。第10章でも書いたように、『差別論』を書いた当時、筆者は自分がどのような方法で研究をしているのかよくわかっていなかった。エスノメソドロジーに刺激を受けながらも、おそらくほかのエスノメソドロジーの研究者とは違うことをしているのではないかという気がしていた。にもかかわらず、どこが違うのかはうまく説明できない。このような状況を何とか解決したいと思っていた。そしてもう一つの理由が、第10章でも述べたように『差別論』の「限界」に気がついたことだ。

後者の問題関心は、権力概念の再検討から、「ルール」の研究に結び付いた。それをまとめて発表したのが『ルールリテラシー』だ。前者の方法論の問題意識は、ウィトゲンシュタインへの関心を経由して、そこから（筆者独自の）「言語ゲーム」概念（本書では「ゲーム」）の提唱につながった。言語ゲームについても本を執筆したいと考えていたが、おそらくそれでは出版は難しいだろうと思い、苦肉の策として考えたのが「人工知能」というテーマだった。実際に読むとわかると思うが、『人工知能の社会学』という本は、表向きのテーマは人工知能ではあるが、実際には「言語ゲーム」という考え方を説明した本なのだ。

この二つの系統の研究は、組み合わせることによってより普遍的な理論枠組みになりそうだと、いつごろからか漠然と考えるようになっていたのだが、それに具体的な形を与えようと思ったのは、社会学界の「危機意識」を共有するようになったことが関わっている。本書でも取り上げた盛山和夫や吉田民人の著作もきっかけだったが、学会大会のシンポジウムなどで語られることや、学会大会の一般発表を聞いていて感じること、若い研究者の著作をみて思うことなど、様々な契機が積み重なって、筆者自身も日本の社会学はこのままではまずいのではないかと思うようになった。そういったことから、筆者は「ルールの科学」を構想するようになった。

ただ、「社会学のグランドセオリー」などという大それたプロジェクトを自分がおこなうことについては、かなりの迷いがあった。本来筆者は、（通常の）理論研究にはあまり向いていない人間だと思う。本を読むことがあまり好きではなく、長大な本はなかなか読み通せない。外国語が苦手で、英語の文献でさえ短い論文を辞書と首っ引きで四苦八苦して読むほどなのだ。英語以外の外国語はまったく読めない。そういう人は普通は理論研究に手を染めたりはしないはずだ。実際、筆者は自分のアイデアをいろいろな場で発表しながら、誰かがこれを引き継いで発展させてくれないかと勝手な期待をしていた時期もあった。

たぶん筆者は、自分自身で考えたいと思う傾向が非常に強いのだと思う。だから、ほかの人の主張を読んだり聞いたりしていても、「答え」よりも「問い」により強く反応してしまう。おもしろい「問い」、ユニークな「問い」、奥が深い「問い」に出合うとそれに引かれ、つい自分ならどのように考えどのような答えを出すだろうかと考えてしまう。そんな「問い」に出合えない文章にはすぐに飽きてしまうし、心引かれる「問い」に出合うと、自分の思考が活性化されてしまって、読むこと自体がなかなか進まなくなってしまう。

それはそれで、「あり」なのではないか。そういう筆者だからこそできることもあるのではないか。そういう開き直りをしたからこそ、筆者は本書を書くことができたわけだが、そこに至るまでには相当な時間がかかっているし、いまでも完全に吹っ切れているわけではない。それでも本書を世に問おうとしたのは、現在の社会学にはこのような主張が求められていると信じているからだ。

筆者の手元に残っている本書の構想につながる最初のメモは、二〇一八年十二月に書いたものだ。その内容は法則と規則の対比というアイデアだったので、そのころに本書の執筆に向けた考察を始めたのだと思う。ただ、そのころはまだ人工知能に関する研究の出版に向けた作業をしていたので、本格的な考察を始めたのは、二〇一九年の秋くらいからだと思う。

そして、構想がある程度まとまった二〇二〇年の四月に、富山県と石川県在住の社会学者を中心にした私的な研究会を開いて筆者の主張を聞いてもらった。筆者だけが長時間発表するという、まったくわがままな研究会だったにもかかわらず、我慢強く聞いてくださった参加者には本当に感謝している。もちろん、そこでいただいた意見は本書の原稿執筆で大いに参考にさせていただいた。

また、その研究会にも出席してくださった富山大学の同僚の伊藤智樹さんには、そのあとにも原稿を読んでコメントをしていただいた。そこまで深く読んでもらえるのかと驚かされるようなコメントで、本書のレベルアップにつながったと思う。特に感謝を申し上げたい。

本格的な原稿執筆は、二〇二〇年の夏くらいからだったが、当時は（そして「おわりに」を書いているいまでも）新型コロナウイルス感染症が猛威を振るっている時期で、そのことが本書に大きな影響を与えていることはみてのとおりだ。考察のために取り上げた事例も、ウイルスやマスクに関するものが多くなってしまった。これに関してはあまりにも執筆時の状況を反映した事例はまずいかもしれないと考えたが、新型コロナウイルス感染症の世界的流行というのは世界史に残るほどの重大なできごとで、とても一年や二年で記憶が薄れるようなものではなく、むしろこの時期の教訓が今後の社会に生かされていくのは当然だろうと考えた。

筆者がこの「おわりに」を書いている二〇二一年六月現在は、まだウイルスの流行が収まっていない。私たち人類は、この危機を自らの知恵によって乗り越えていかなければならないにもかかわらず、その知恵、特に社会科学の知恵は、まだ十分なものではないのだと強く感じている。この危機をきっかけに、私たちがよりよい知恵を手に入れることができるように願っている。

＊＊＊

本書の原稿を書き上げたのは二〇二一年の春頃だが、昨今の厳しい出版事情のなか、出版が決まるまでに一年近く、実際に出版されるまでには一年半以上の月日が経過してしまった。

この間に、本書の主題と関わる書籍が複数出版されており、本書の読者にとっても関心があることではないかと思う。その書籍とは次の三冊だ。

吉田敬『社会科学の哲学入門』：勁草書房から二〇二一年八月に刊行。
筒井淳也『社会学――「非サイエンス」的な知の居場所』（シリーズソーシャル・サイエンス）：岩波書店から二〇二一年十一月に刊行。
北田暁大『実況中継・社会学――等価機能主義から学ぶ社会分析』：有斐閣から二〇二二年十月に刊行。

吉田氏と筒井氏の著作は、どちらも社会学（社会科学）と自然科学の違いを主要なテーマとしていて、本書と併読することでより理解を深められるのではないかと思う。すでに原稿を書き上げたあとなので、詳しい論評はかなわないが、本書の立場からそれぞれについてひと言だけコメントしておきたい。

吉田氏の著作は、自然科学と社会科学の違いに関して、「社会科学の主要な目的の一つが行為の意図せざる結果を説明すること」（二一一ページ）だと述べている。これについて本書の立場からは、「説明すること」を目的だと考えていいのだろうか、という疑問を提出したい。本書では（社会科学の目的として）「説明」という言葉は用いていないが、社会学（社会科学）はただ事実関係を明らかにすることだけでは社会的意義を見いだせず、「評価」にまで踏み込む必要があると主張している（第1章）。

筒井氏の著作は、自然科学が「距離化戦略」をとるのに対して社会学は「反照戦略」をとり、その特徴は「対象の側から問いを受け取る」ことだとする。これについて本書の立場からは、「問いを受け取る」こと以上に「答えを返す」（研究対象に研究成果を還元する）ことをより重視すべきではないか、という疑問を提出したい。社会科学は「内から」の研究であるため、（研究対象に答えを返すことになり）研究成果が研究対象（社会）に影響を与えてしまう。本書ではこのことが自然科学と社会科学の重要な違いをもたらすと考える。

以上のように、これらの著作と本書とでは結論に違いがあるものの、社会学（社会科学）と自然科学の違いについて考えようとする問題意識は共通している。同じ時期にこのような書籍が次々と出版されたことは、偶然ではないだろう。

北田氏の著作は氏の等価機能主義についての考え方をより詳しく紹介していて、本書第6章の「機能主義」をより深く理解するために役立つと思う。氏の著作で興味深いのは、「準拠問題」という概念を重要なキーワードとして位置づけている点だ。この言葉を使えば、本書の考え方が「ある意味では機能主義を逆転させたもの」であることが理解しやすくなるかもしれない。

北田氏はルーマンによる機能的説明の方法を、まず「分析対象を設定」し、「それが解決の一つになるような問題（準拠問題）を立てる」と説明している（一四五ページ）。これは本書における「機能主義」のイメージとも合致するが、一方では、準拠問題は分析者が（あらかじめ）立てる問題であるようにも書かれている（例えば二八ページ）。つまり、分析対象と準拠問題のどちらが先にあるのかがはっきりしていないように見えるのだ。本書では「まず分析対象ありき」であることが機能主義の特徴だと考えて、本書の考え方はそれを「逆転させたもの」だとしたが、北田氏はこの論点についてどう考えているのだろうか。このように、本書と読み比べれば、この本もより刺激的なものになると思う。

また、この間に、筆者自身の研究も進展している。本書が社会学の中核理論として提案している「ルールの理論」は、もともとは命令・行為のゲームに関する理論（行為規範としてのルールの理論）であり、それを質問・応答のゲームに拡張することでより普遍的な理論枠組みにしようとしたのだが、それは第3章の冒頭でも書いたように「めどが立ったという段階」だった。そこで、質問・応答のゲームに関する基礎理論をより確固たるものにするべく、筆者は「問い」をテーマとした研究をこの間進めてきた。その最初の成果はすでに紀要論文として公開済みであり（「問いの基礎理論序説」「富山大学人文科学研究」第七十七号、富山大学人文学部、二〇二二年。富山大学人文学部ウェブサイトからダウンロードできる）、さらに第二弾を同じ紀要の次の号に掲載予定である。本書との関わりとしては、「問いの語彙」や「問いの先取り」といった概念についてさらに掘り下げており、第二弾では問いと社会との関わりについて考察するなど、より社会学に寄せた議論を展開している。本書の内容についてより深く理解したい方は、ぜひ参考にしてほしい。

二〇二二年十二月

佐藤 裕

索　引

［著者略歴］
佐藤 裕（さとう ゆたか）
1961年、大阪府生まれ
富山大学人文学部教授
専攻は社会学で、社会調査法、差別論、ルールの理論、問いの理論などについて研究を発表している
著書に『差別論――偏見理論批判』（明石書店）、『ルールリテラシー――共働のための技術』（新曜社）、『人工知能の社会学――AIの時代における人間らしさを考える』（ハーベスト社）など

ルールの科学《かがく》　方法を評価するための社会学

発行――2023年4月12日　第1刷
定価――3000円＋税
著者――佐藤 裕
発行者――矢野未知生
発行所――株式会社青弓社
〒162-0801 東京都新宿区山吹町337
電話 03-3268-0381（代）
http://www.seikyusha.co.jp
印刷所――三松堂
製本所――三松堂

ISBN978-4-7872-3518-3　C0036